歴史文化ライブラリー
276

農耕の起源を探る

イネの来た道

宮本一夫

吉川弘文館

目　次

6 東北アジア初期農耕化／縄文から弥生へ

あとがき

農耕とは何か——プロローグ

1　農耕とは何か

農耕の起源を探る――。対象となる時代も地域も壮大なテーマではあるが、私は考古学の立場から、この課題に挑んでみたいと考えている。考古学の調査方法は、石器や土器、あるいは炭化したコメなどの物質資料を丹念に解読することであるが、農耕の始まりがどのようなものであったかを復元することは、大きな困難が伴う。さらに、農耕とは個人ではなく複数の人間で行うものであり、当然、社会集団を前提とする。本書では、限られた資料をもとに、農耕の始まりと同時に人間社会の進化という大きな問題について考えてみたいと思う。

世界の農耕は、それぞれ個別の地域で始まっている。西アジアではコムギやオオムギ、東アジアではアワ・キビあるいはコメ、中米ではトウモロコシ、南米ではジャガイモなど、それぞれ地域固有の農耕が存在したのである。先史社会に生まれた固有の農耕作物は、その後の歴史的な交流と伝播《でんぱ》により、現代ではこれらの農耕作物が世界で共有されている。本書では、この中でも東アジアの農耕、とりわけ日本列島で穀物農耕が始まる過程を、考古学の立場から描いていくことにしたい。

ところで、農耕社会の成立が、人類の進化において重要な転機になったことはいうまでもないことであろう。農耕社会が生まれることにより、生産から管理・所有に至るまでその単位が集団を核として行われ、集団による組織的な社会生活が始まっている。食料生産のための労働や所有が集団によって組織的に為されたのである。このことが、次第に社会の階層差を生み、血縁集団すなわちリネージ（血縁家族単位）やそれらを束ねる氏族（クラン）単位での格差を生むことに繋《つな》がっていく。他集団を搾取しながらそれを享受する一部の氏族と、その傘下にひれ伏し生産物を貢納する多数の氏族という社会構図が成り立つ。この過程で、階層差をいかに正統化し、それを維持していくかという社会システム上のさまざまな工夫が試みられる。そして、最終的には古代国家という形で集団のまとまりが形成されていく。

農耕社会の成立はこのような一連の社会変化における基点であるとともに、加速度的に変化していく社会のなりたちとしても評価されている。それゆえ、かつてゴードン・チャイルドが新石器革命という呼び名で、農耕の始まりを評価したのである。しかし、農耕への過大な評価が影を落とすことになる。

栽培食物の存在が農耕を意味するというある意味では安易な解釈が、農耕という名前に酔うがごとく、新たな革新的な社会が到来したかのような錯覚を私たちに与えがちである。農耕は社会進化の基点となったことは確かではあるが、農耕が一時に始まるわけではない。農耕にも各種の段階性があり、初期の農耕は各種生業の補助的なものでしかなかった。あるいは特別な祝い事や祭りのようなときに、仲間たちで食される特別な食べ物でしかなかったのである。

農耕という名称にわれわれが抱く概念や印象が、実態に反して過度にその社会を思い描いている可能性が高いのである。その意味では、栽培化や野生食物の馴化《じゅんか》が始まって以降には、社会生活上に農耕植物や家畜動物というものがどのぐらいの役割を担っていたのか、あるいはどのぐらいの重みを持っていたのかを考えねばならないであろう。私としては、農耕の始まりから集約的な農耕へと移り変わっていく段階性を確認する必要があると考えている。

いわゆる「縄文農耕」という名称も、単に人間が採集に都合のよいように管理した植物が存在するという意味では、なりたつ名称ではあるが、それが当時の社会生活においてどれほどの意味をなしていたのか、知る必要がある。また、近年、九州では縄文土器から穀物の圧痕《あっこん》が発見されている。熊本県天草市大矢《おおや》遺跡からは縄文中期末から後期初頭のイネの籾《もみ》圧痕が発見されたと報じられている。イネの同定に疑義を挟む意見もあるが、仮に縄文時代にも栽培穀物が存在するとすれば、その農耕とは縄文社会においていかなる意味があったのであろうか。あるいは弥生社会のそれとは同じであったのか、それとも違っていたのかを考える必要性があろう。

また、コメやコムギといった栽培穀物が弥生時代から一般化することは、教科書的な常識となっているが、これらの栽培穀物が生まれるにはそれらの祖先である野生穀物が存在していなければ、自主的には穀物の栽培化は難しい。その意味では、日本列島には野生穀物は存在していない。栽培穀物に限れば、ヒエを除いては他地域からの伝播を考えざるを得ないのである。したがってこの問題は日本列島のみでは解決しない問題である。本書では東アジアとりわけ東北アジア全体の農耕化過程と日本列島の農耕化の問題を考えてみたいのである。東北アジアでの農耕化の問題を考えるとき、山東半島は重要な基点と考えられる。ここ四、五年、山東大学東方考古研究センターとこの問題を考えるため、共同研究を行ってきた。山東省棲霞《せいか》県楊家圏《ようかけん》遺跡で行ったボーリング調査も、その共同研究の一環である。こうした最新成果を織り込みながら、東北アジアの農耕化の過程を復原したいのである。

そして、東アジアの農耕化と日本列島の農耕化は決して分離したものではなく、一連の動きとして位置付けることができる。このように主張することも、本書の狙いの一つである。さらにこのことが、日本農耕文化の起源を見いだす試みに繋がるのである。

縄文から弥生が意味するもの

二次的農耕社会

弥生社会の始まり

縄文社会から弥生社会への変革は確かに革新的なものであり、その変化の大きさに驚くところである。北部九州に見られるその変化には、遺構としては環濠《かんごう》集落《しゅうらく》、支石墓《しせきぼ》、水田の出現が挙げられるであろう。それぞれ集落、墓葬、生産遺跡において大きな変化が見られたのである。そればかりではない。生活に欠かせない土器においても、壺形土器の出現といった器種構成上の大きな変化が見られる。煮沸具である甕《かめ》、貯蔵具である壺、供膳具である鉢や高坏《たかつき》といった器種が成立するのもこの段階であり、縄文時代からの伝統であった深鉢と浅鉢からなる土器構成とは大きく内容を異にすることになる。

また、土器の作り方においても、縄文時代が粘土紐を内側へ貼り足して整形していく内傾接合であるのに対して、弥生時代は粘土紐を外側から貼り足していく外形接合へと変わるような変化（家根祥多「縄文から弥生へ」帝塚山大学考古学研究所編『縄文から弥生へ』一九八四年）が見られる。さらに、土器の器面を最終的に撫で上げて調整する際に、板の木口を使って撫で上げるハケ目と呼ばれる手法が開始された（横山浩一『古代技術史攷』岩波書店、二〇〇三年）のも、この段階であるし、縄文土器と弥生土器では土器の野焼きの仕方すなわち焼上げの仕方が異なっている（小林正史ほか「北部九州における縄文・弥生土器の野焼き方法の変化」『青丘学術論集』第一七集、二〇〇〇年）という指摘もある。それだけではない。大陸系磨製石器と呼ばれる磨製石器が同時に現れるのもこの段階である。穀物の穂積み具と考えられる石包丁《いしぼうちょう》、伐採斧と考えられる断面が厚い太型蛤刃《ふとがたはまぐりば》石斧《せきふ》、加工斧と考えられる扁平片刃《へんぺいかたば》石斧や柱状《ちゅうじょう》片刃石斧（抉入《えぐりいり》柱状片刃石斧）といったものが大陸系磨製石器である。

こうした変化のさまざまな要素は、すべてが同時期の朝鮮半島南部の無文土器文化に求めることができる。弥生前期後半以降に認められる甕棺墓《かめかんぼ》の人骨が渡来系弥生人と呼ばれるように、北部九州の農耕地帯の弥生人は、朝鮮半島の大陸系統の人々と在来の縄文人の交配によって生まれたことが形質人類学的に明らかとなっている（中橋孝博『日本人の起源』講談社、二〇〇五年）。無文土器文化に直接の文化要素の起源が求められるように、弥生文化の成立に当たっては一定の朝鮮半島南部からの渡来人の役割が認められるところである。

しかし、一方こうした変化の大きさとともに、その変化は一過性のものでもある。土器や大陸系磨製石器などは、弥生早期の段階にはまさに朝鮮半島南部のものと同じものが見られるものの、すぐさま在来の縄文文化と融合するように在地的な土器様式や磨製石器の変化（下條信行『大陸系磨製石器論―下條信行先生石器論攷集―』下條信行先生石器論攷集刊行会、二〇〇八年）が認められる。土器においても弥生早期ないし縄文晩期終末期の北部九州の山ノ寺式などを介して、板付《いたづけ》Ⅰ式土器（図1）が成立するがこれは在来の土器様式であり、地域の独自性が時間軸を追うにつれて顕著となっていく。

縄文文化から弥生文化への転換は、文化的には外的な影響と内的な改革という二つの側面が強い。そういった点から、明治維新の大きな変革に対比して眺めようとする動きも見られる。また、弥生文化の成立において、外的な影響よりは縄文以来の在地に見られる主体的な動きをより重視して弥生の始まりを捉えようとする見直しも見られる（金関恕、弥

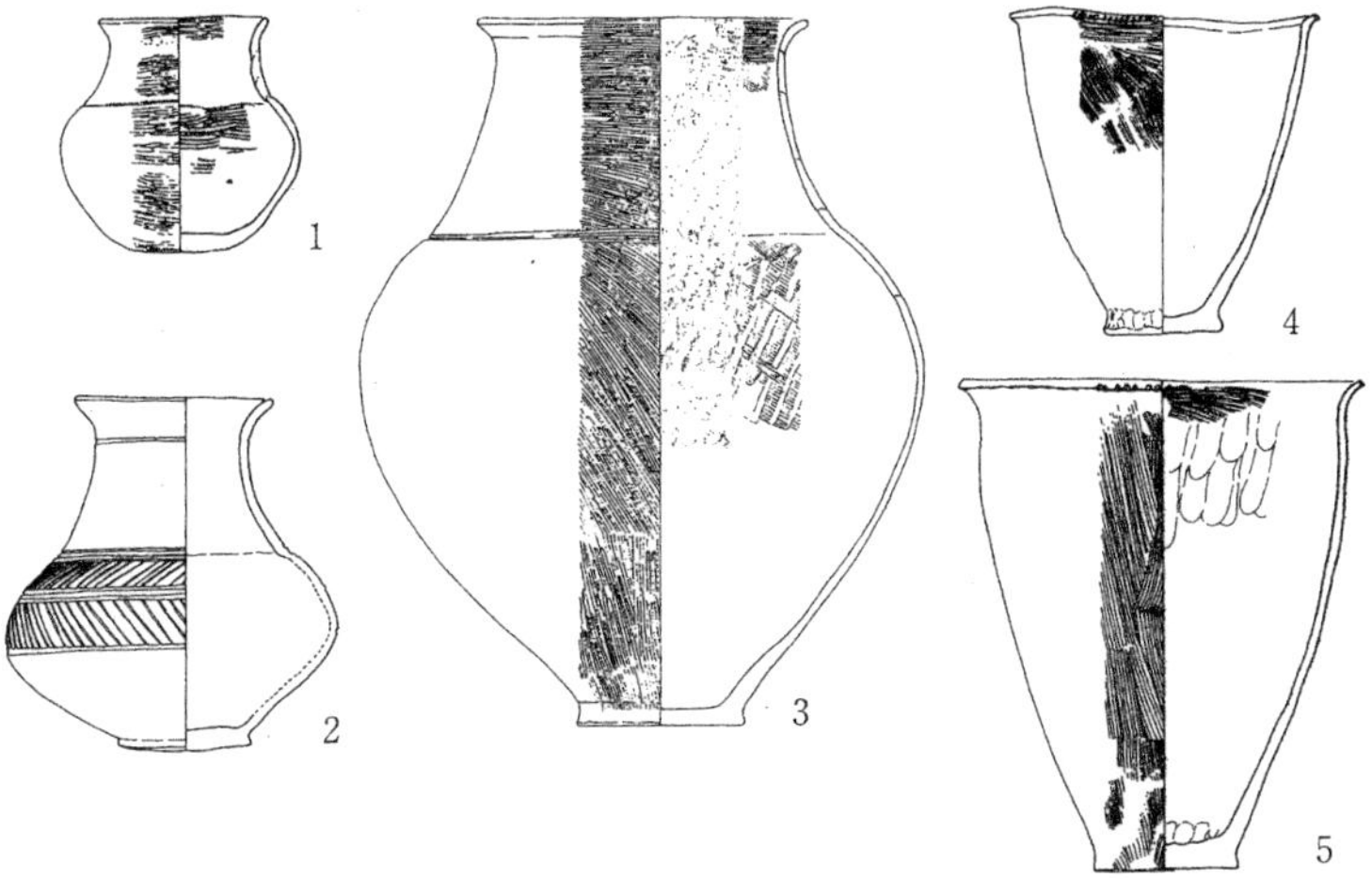

図1　板付Ⅰ式土器

生博物館編『弥生文化の成立―大変革の主体は「縄文人」だった―』角川書店、一九九五年）。その点では、弥生文化の成立の問題は、現代の国民国家的なナショナリズムをも刺激している可能性がある。

ところで、このような外的な影響は、朝鮮半島南部からの影響であることは間違いないが、朝鮮半島南部ですらこれらの文化要素すべてを自己開発したものとは思われない。朝鮮半島の無文土器文化の成立も、その成立時の文化要素は縄文から弥生へといったような大きな変革が見られる時代であり、これらの文化要素の系譜は外的な地域に認められるのである。朝鮮半島の新石器時代から無文土器文化（青銅器文化）への変化も、縄文から弥生の変化とほぼ相似しているということができるのである。しかし、こうした類似した状況はいったいどのような背景から始まるのであろうか。その大きな要因は、朝鮮半島から日本列島が、もともと栽培穀物などを自己開発した農耕社会ではなく、二次的に中国大陸から農耕が伝播した地域であったからである。そこでこうした地域を私は二次的農耕社会地域と呼んでいる（宮本一夫「漢と匈奴の国家形成と周辺地域」『九州大学COE21世紀プログラム「東アジアと日本：交流と変容」統括ワークショップ報告書』二〇〇八年）。

東アジアの先史社会における地域区分

東アジアで農耕が始まったのは中国大陸である。中国大陸も気候や地形環境から大きく二分できる。北緯三三度の淮河《わいが》流域から秦嶺《しんれい》山脈にかけての東西線によって北と南に分けることができる。この淮河—秦嶺山脈以北から長城地帯までが華北である。そして淮河—秦嶺山脈以南が南方であるが、南方はさらに湖南《こなん》省と広東《カントン》省の境に聳《そび》える南嶺山脈によって、その北の華中とその南の華南に分けることができる。栽培穀物が開発されたのは華北と華中であり、それ以外の地域は同時期には狩猟採集社会であった。華北ではアワ・キビが栽培化され、華中ではイネが栽培化されている。

キビの野生種は知られていないが、アワはエノコログサが野生種であり、イネは野生イネが栽培化されることになる。それぞれが華北と華中で自生していたものを、栽培化したのである。こうした野生種における自生域の違いは、環境の差を背景としたものであり、同時に社会集団の文化的な背景も異にすることになる。華北や華北以北では旧石器時代後期には細石刃《さいせきじん》などの石刃文化からなり、華中や華南では礫石器《れきせっき》や剝片石器《はくへんせっき》からなる異なった文化を有していた。

こうした異なった社会の領域的には縁辺部で、紀元前一万五〇〇〇年前頃の更新世《こうしんせい》から完新世《かんしんせい》へという環境の大きな変動期以降に栽培穀物が開発されることになる。それが華北のアワ・キビであり、長江中・下流域のイネの栽培であった。それぞれの地域で、まず更新世から完新世へという大きな変動期において、野生穀物が人類の採集戦略において重要な対象となったのであろう。華北では旧石器末期において、山西《さんせい》省吉《きつ》県柿子灘《ししだん》遺跡S九地点では新石器時代に典型的である脱穀・粉食具である磨盤・磨棒がすでに出現している。この段階にはまだ栽培化されたアワやキビは開発されていないところから、それらの野生穀物の脱穀・粉食具として、このような道具がすでに作られるようになったことを示している。

野生種から栽培種への転換は、明確な年代が知られていない。おそらく一万年前というのが一般的な考え方である。一説によると、氷河期が終わり温暖化していった完新世初頭における一万二八〇〇年前から一万一五〇〇年前頃のヤンガー・ドリアス期という汎ユーラシア規模での気候の一時的な寒冷現象の中で、最も気候変化の影響を受けやすい生態の辺彊域《へんきょういき》で野生穀物が減少したことによって栽培化を果したというモデルが最も納得しやすいものである。

アワやキビも華北の中でそれぞれ起源地が異なる可能性があり、より寒冷地に適応しやすいキビは、最近の発掘例からすれば内蒙古《ないもうこ》東部の敖漢旗《ごうかんき》興隆溝《こうりゅうごう》遺跡など中国東北部の遼西がその起源地と考えられている。アワの起源地はそれらより南の華北ということになろう。また、栽培化が始まったからといって急激に栽培に依存することはなく、徐々に依存率が高まっていったものと思われる。栽培化の始まった地域は決して豊かな地域とはいえず、狩猟採集に耐えられない地域での開発であり、栽培化当初はそれらの生産量や食料源としては他の地域の狩猟・栽培の量より低いものであったろう。近年の研究では、長《ちょう》江《こう》下流域における栽培イネが本格化するのは、紀元前四〇〇〇年頃の崧沢《すうたく》文化以降であり、それ以前にたくさんの炭化米が発見された河姆渡《かぼと》文化などでも、相当量の野生イネが採集されていたという見解がある（Dorian Q Fuller, Emma Harvey & Ling Qing 2007 Presumed domestication? Evidence for wild rice cultivation and domestication in the fifth millennium BC of the Lower Yangtze rigion. In *Antiquity*（312）81：316–331.）。

イネの広がり

このように中国大陸の華北と華中でそれぞれ始まった栽培穀物による農耕は、次第に拡散していくことになる。特に、長江中下流域で始まった栽培イネは次第に北へあるいは東北方向へと伝播し、その栽培領域を広げていく。こうしてイネは、従来のアワ・キビ農耕地帯へと広がっていくのである。新石器時代中期の紀元前四〇〇〇年頃には黄河《こうが》中流域や渭水《いすい》流域などまで広がるが、それより北の黄土台地には拡散していかない。これは気温とともに降水量によるイネの生態適応の限界が、黄河中流域や渭水流域までということによるものであろう。さらに東方の山東の東端に位置する大《だい》汶口《ぶんこう》文化後期から龍山《りゅうざん》文化期の楊家圏《ようかけん》遺跡では、炭化米などが確認されており、遅くとも紀元前二五〇〇年頃の新石器時代後期にはイネが山東半島の東端の煙台《えんだい》地区まで達していたということができるであろう。すなわち黄河流域を北限とする形で、従来のアワ・キビの初期農耕地帯にさらにイネが栽培穀物として加わっていくのが、新石器時代中期から後期であったということができ、華北と華中でそれぞれで始まった初期農耕がその接する領域で融合していく過程が見てとれるのである。

それればかりではない、それぞれの地域ではぐくまれていた文化が、次第に接触あるいは交流していく過程が見られる。それは玉器など威信財《いしんざい》や祭祀《さいし》具における広がりであったり、土器の器種に見られる組成の斉一《せいいつ》化など情報の共有現象が認められる。この過程については、別書（宮本一夫『中国の歴史01神話から歴史へ』講談社、二〇〇五年）で詳しく述べているのでそちらを参考にしていただくこととして、初期農耕という技術情報の融合とともに、諸地域の社会集団での交流、特に情報の共有過程が認められることにある。それはたとえば日常使う土器組成で見るならば、鬹《き》や盉《か》といった酒器がこれらの地域で認められることにある。こうして農耕社会が地域社会としてまとまっていくのであり、そこに政治的な統合体として夏《か》王朝に比定《ひてい》される二里頭《にりとう》文化、さらに殷《いん》王朝や周《しゅう》王朝が成立していくことになる。

紀元前三〇〇〇年頃の新石器時代後期になると完新世の安定した気候に変動が見られる。寒冷化と乾燥化である。特にこの影響を受けるのは緯度の高い地域であり、中国の西北部の新疆《しんきょう》や甘粛《かんしゅく》といった地域から長城地帯の内蒙古や遼西《りょうせい》地域にかけてである。これらの地域は寒冷化と乾燥化の中で森林の後退と草原化の現象が見られるようになる。その結果、狩猟対象の鹿類が食べ物を失って激減することになるし、農耕社会の北限地域として栽培穀物への影響も見られるようになる。そこに登場するのが、羊や牛などの牧畜であり、コムギなどの新たな栽培穀物である。これらはユーラシア草原地帯との接触の中で中国西北部からもたらされたものである可能性が高い。

二次的農耕社会の出現

このように旧石器時代以来の生業を維持する狩猟採取社会と、その中で点的に生まれた農耕社会が次第にその活動地域を広げていった。そして完新世に見られる冷涼乾燥化という気候変動の中に農耕地帯の北限地帯あるいは北側の境界において、農耕地帯から分離する形で牧畜を主体とする牧畜型農耕社会が生まれていった（図2）。この社会は後には牧畜に特化する形で遊牧社会を形成していくが、ユーラシア大陸北半の狩猟採集社会と農耕社会の中間地帯に牧畜型農耕社会という新たな生業域が生まれたのである。この生業域は北ユーラシアの草原地帯に相当しており、東アジアの東端と西アジアの東端に奇しくも生まれたそれぞれの農耕地帯を繋ぐように位置づけられ、広い情報帯を有していた。それは馬の飼育から騎馬に見られるような機動性によって広範な情報網を生み出すことができたのであろう。この牧畜型農耕社会こそがユーラシア草原に類似した青銅器《せいどうき》文化を生み出す背景となったのである。これが北方青銅器文化

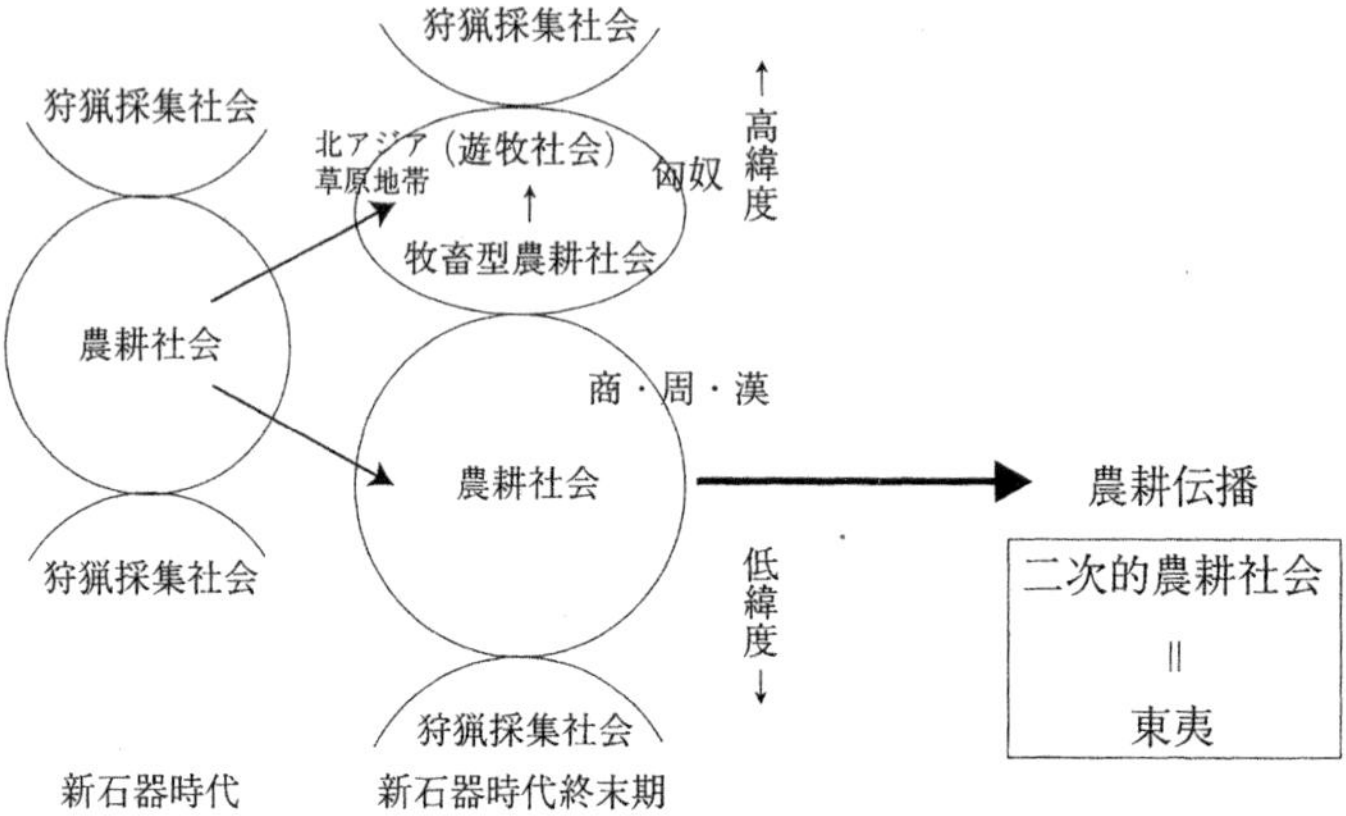

図２　二次的農耕社会の分節過程

である。

一方、こうした農耕地帯と牧畜型農耕地帯といった棲み分けに対し、さらにこの周辺に狩猟採集社会が存在していた。狩猟採集社会内でも、ドングリやクリなどの堅果類を中心として豊かな植物食料を背景とする縄文社会では、東日本を中心に縄文前期など早い段階から定住型の社会を築いていった。こうした狩猟採集社会に農耕社会から新たな生業である穀物農耕が広がっていくのが二次的農耕社会である。図２に示したのが、農耕社会とそこから中国新石器時代後期に分離して出現した牧畜型農耕社会、さらに農耕社会から狩猟採集社会に漸移的に農耕が拡散していく二次的農耕社会という生業上の地域区分である。

二次的農耕社会とは東アジアでは沿海州南部、朝鮮半島、日本列島など東北アジアに相当する地域が当たっている。同じことは、ユーラシア大陸の西端においても認められ、西アジアに生まれた穀物農耕が広がっていくヨーロッパが二次的農耕地帯なのである。ユーラシアは両端に農耕地帯が発生し、それを繋ぐようにユーラシア草原地帯を中心に牧畜型農耕社会が存在する。そして農耕地帯はそれぞれの核から狩猟採集社会へと次第に農耕が広がり、二次的な農耕社会が東北アジアやヨーロッパに成立していくのである。さらにこうした地域の周縁に、頑として農耕を受け入れない狩猟採集社会が存在するのである。こうした先史社会の地域構図が成立し、これが基層となってその後の人類史の発達やそれに伴う歴史的展開が認められるのである。

土器の広がり

さて、東アジアに話を戻そう。先史社会にあって、東アジアは、農耕社会と牧畜型農耕社会、さらに農耕社会から農耕が伝播する二次的農耕社会という大きく三つの社会体系に分離することができる（図3）。そして、東北アジアの大半がこの二次的農耕社会に相当している。こうした分離は生業のみならず先史社会に展開する土器の器種構成にも反映している。

すでに述べたように、農耕社会が展開した黄河流域と長江流域はそれぞれがアワ・キビ

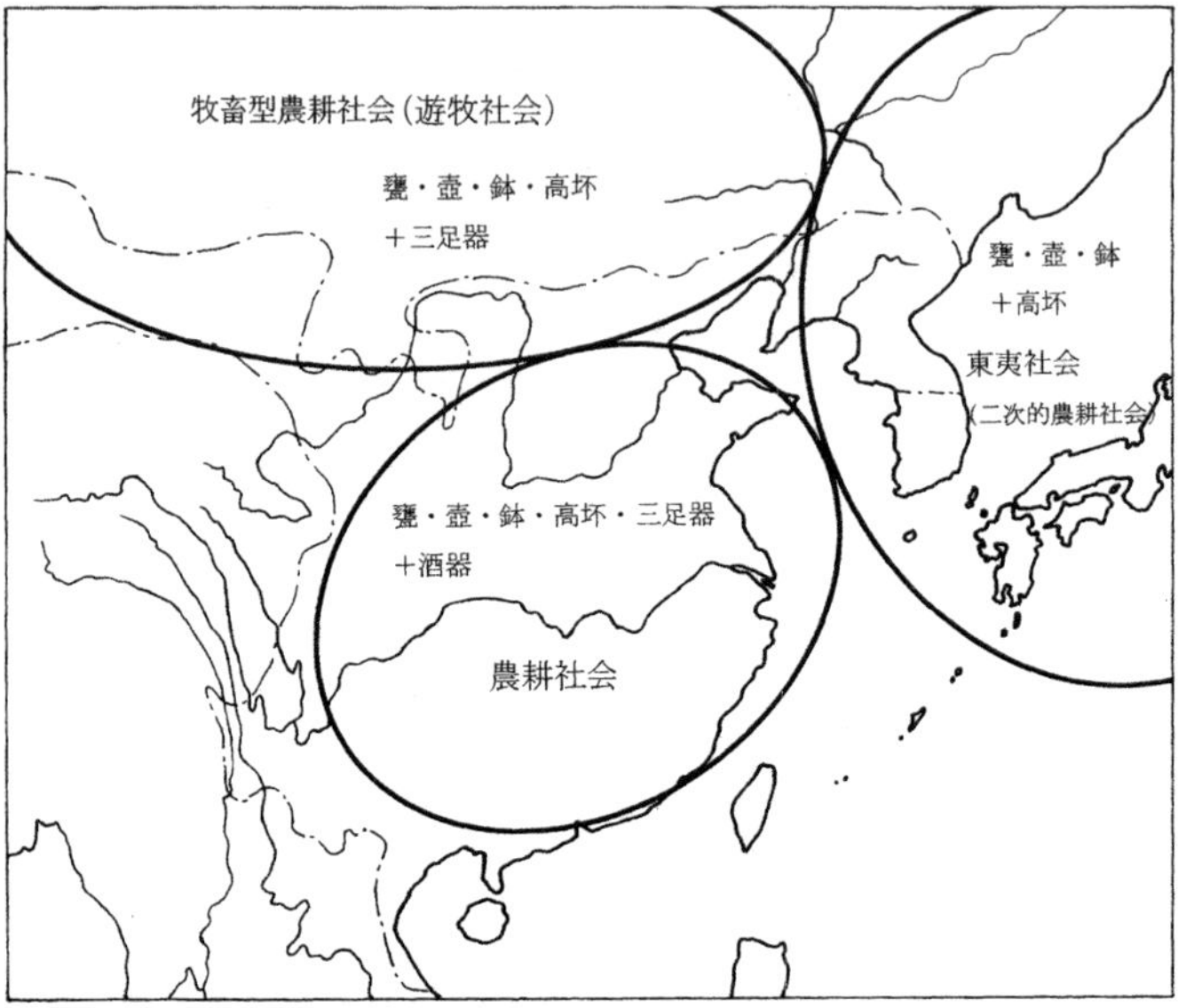

図3　東アジアの三つの社会区分

農耕と稲作農耕を主とするが、イネの栽培領域が広がることにより、黄河中・下流域を中心としてアワ・キビにさらにイネが加わるといった栽培穀物が混合していく現象が認められるように、土器の器種においてもその混合が認められる。南方で生まれた高坏が次第に北上していく。黄河中・下流域で生まれた三足器《さんそくき》の鼎《てい》が南方へあるいは北方へと広がっていく。黄河下流域で生まれた鬹《き》などの酒器が西方や南方へと広がっていく。あるいは牧畜型農耕社会と農耕社会の接触地帯で生まれた三足器の鬲《れき》が農耕社会全体へと広がる。このようにして農耕社会には罐《かん》などの煮沸具、壺などの貯蔵具、鉢・盆などの供膳具に加えて、鼎や鬲などの煮沸具、高坏などの供膳具、さらに鬹や杯などの酒器が農耕社会全体で共有されるようになる。

一方、牧畜型農耕社会では鬹や杯などの酒器が農耕社会に比べ欠落していることが大きな特徴である。この地域の土器は、罐、壺、鉢、高坏、鬲などから成り立っている。さらに鬲といった三足器が存在しないのが、二次的農耕地帯の土器構成である。次第に土器の器種を少なくしている二次的農耕地帯は、罐（甕）、壺、鉢、高坏などから成り立ち、鬲・鼎など三足器が存在しないとともに、鬹や杯《はい》などの酒器が存在しない地域なのである。この二次的農耕地帯は、農耕社会である殷周社会あるいはそれに続く漢《かん》王朝からは東夷と呼ばれた地域でもある。『三国志』魏書東夷伝では「東夷飲食の類に皆俎豆《そとう》を用い、ただ揖譲《ゆうろう》せず、法俗最も綱紀無き……」と語られ、東夷では俎という膳と、豆すなわち高坏が飲食においてよく用いられたという。

繰り返すが、土器といった日常生活道具から見ても先史時代の東アジアには、大きく三つの地域圏が存在したことになる。農耕社会とそこから分離した牧畜型農耕社会、さらに農耕社会から農耕やそれに伴う技術・文化、社会制度や風習あるいは思考といったものが広がっていく二次的農耕社会である。

ちなみに、東北アジアの二次的農耕社会には、農耕が広がってのち、青銅器といった新来の文化が広がっていく。この青銅器は牧畜型農耕社会との接触によって生まれている。紀元前二〇〇〇年紀に広がる北方青銅器文化の系統にあり、農耕の伝播とは異なったベクトル線上にあることを理解していただきたい。さらにこうした地域に農耕社会である殷周社会からの青銅器文化の広がりが見られるのは、紀元前六～五世紀の燕《えん》の領域拡大に伴う動きからである。これも段階性を持っており（図4）、紀元前三〇〇年頃には現在の中国との国境に近い北朝鮮の清川江《せいせんこう》以北にその領域が広がり、この地域に遼東郡が設置されるなど郡県支配が広がった段階に、より強い影響を受ける。最終的に前漢の紀元前一〇八年

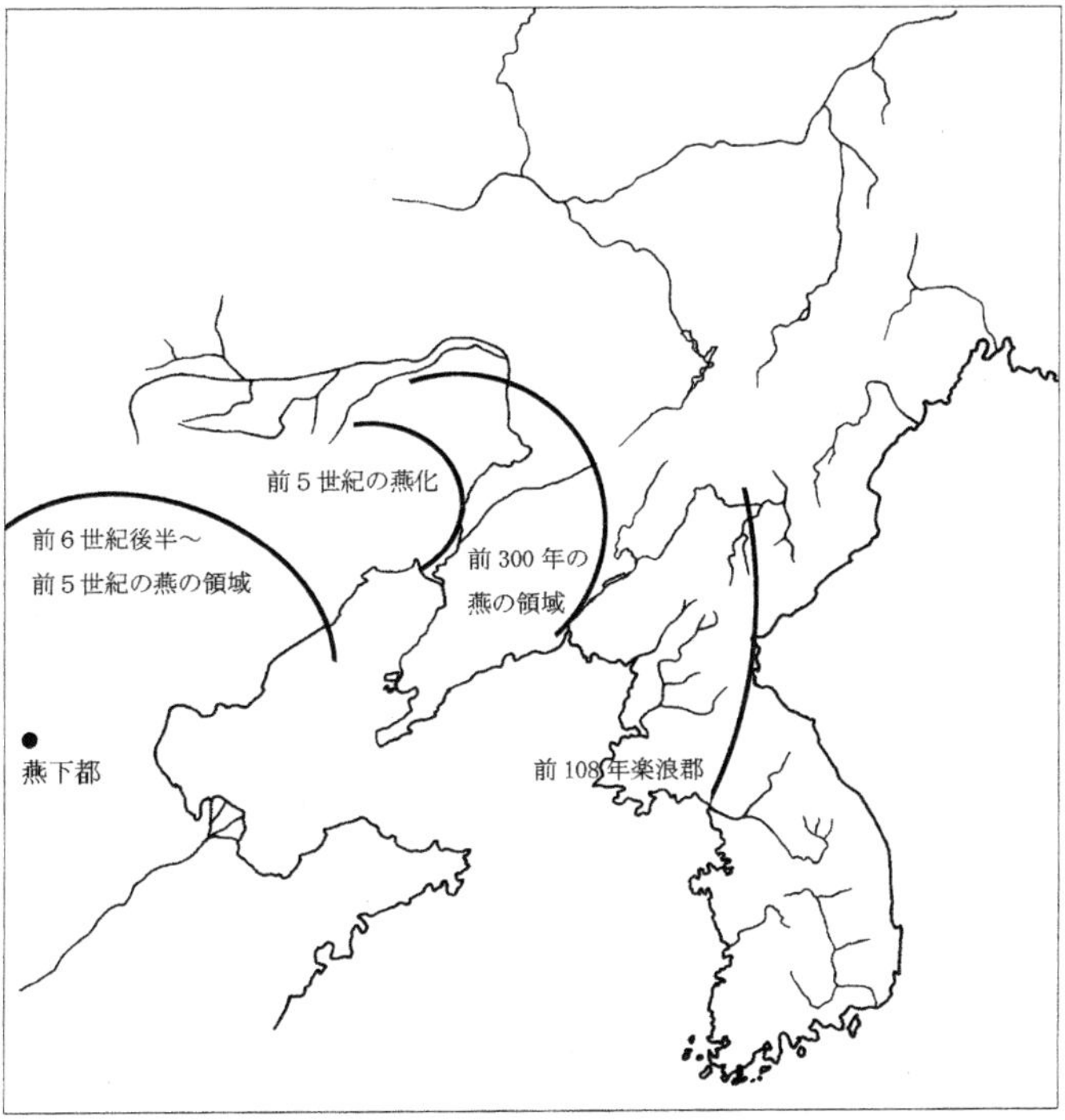

図4　農耕社会（殷周社会）の領域拡大

には現在の北朝鮮平壌《へいじょう》一帯を中心に楽浪郡《らくろうぐん》が設置され、漢王朝の版図がより広がる。すなわち、農耕社会の直接的影響が東夷内部まで広がったのである。この段階以降に北部九州の弥生中期の甕棺などに漢鏡の副葬が始まるのであり、漢文化が列島に流入するのは楽浪郡の設置以降のことであった。

東北アジアの初期農耕化

話がやや横道に逸れた感がある。本書ではこの二次的農耕地帯にいかにして農耕が広がっていくかという道筋を述べてみたいのである。その農耕化を実証する考古学的な証拠というものがどういうものであるのか、さらには、そうした農耕化を引き起こした背景、あるいはその引き金といったものが何であったかについては後の各章で順次述べることにしたい。現象的には東北アジアの農耕化を次に述べる四段階にまとめることができる（図5）。

東北アジア農耕化四段階説

東北アジア農耕化第一段階とは、アワ・キビ農耕が遼西・遼東など中国東北部から朝鮮半島西北部を介して、中南部から東部海岸地域や南海岸地域に広がるとともに、ほぼ同じ

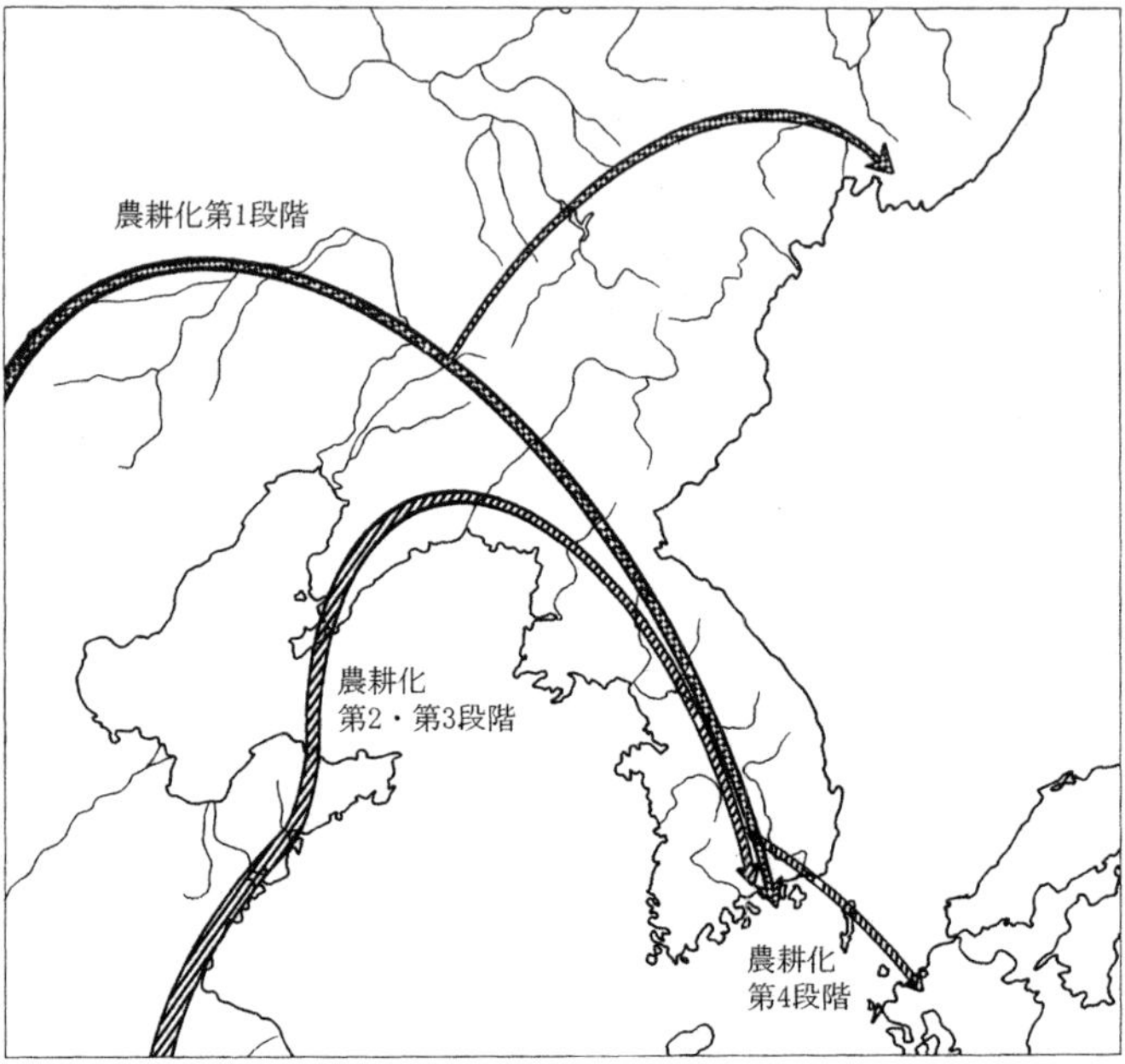

図5　東北アジア農耕化4段階説

段階に中国東北部からアワ・キビ農耕が沿海州南部からその海岸平野に広がる段階である。その年代はおおよそ紀元前四〇〇〇年紀後半に当たっている。

このようなアワ・キビ農耕が朝鮮半島南海岸の狩猟採集社会にまで広がってのち、さらに山東半島の黄海沿岸から山東半島東部の煙台《えんだい》地区を通り、またさらに遼東半島を経由して朝鮮半島中南部にイネが広がる段階が紀元前三〇〇〇年紀後半に当たる。これが第二段階で朝鮮半島においてアワ・キビといった栽培穀物にさらにイネが加わった段階である。

こうした段階を経て、水田や畠さらにそれに伴う農耕具やそれを加工する加工石器が、やはり山東半島から遼東半島を経て朝鮮半島に広がる段階が、東北アジア農耕化第三段階である。紀元前二〇〇〇年紀半ばのことである。いわば灌漑《かんがい》農耕が広がっていく段階であり、さらには朝鮮半島において無文土器文化といった新来の文化が生まれていく段階である。日本列島の農耕化が始まるのは弥生社会からであるが、これは最初の段階から水田などの灌漑農耕を持っていた。そしてそうしたものが朝鮮半島南部の無文土器文化の影響にあることは衆目の知る事実となっている。無文土器文化とりわけ無文土器時代後期初頭の先松菊里《せんしょうぎくり》段階の影響によって、あるいはこの時期から北部九州に灌漑農耕を持った社会が出現していく。

この北部九州における農耕化段階こそ東北アジア農耕化第四段階なのである。その年代は私の朝鮮半島の青銅器の編年や年代観からいえば、前八世紀に相当している（宮本一夫「遼東の遼寧式銅剣から弥生の年代を考える」『史淵』第一四五輯、二〇〇八年）。弥生社会の開始年代については、国立歴史民俗博物館の土器付着炭化物によるAMSによる放射性炭素年代によって、紀元前九五〇年頃という年代測定がなされている（春成秀爾・今村峯雄編『弥生時代の実年代』学生社、二〇〇四年）。その真偽に関しては考古学界においても激論を呼んでいるが、ここでは私の年代観に基づいて議論している。土器付着炭化物の放射性炭素年代による年代観との齟齬《そご》や本書で立脚している年代観に関しては、後に関連するところでふれられればと思う。なお、放射性炭素年代値を示す場合には、それが測定値そのものであるのか、樹木年輪年代との比較からそれらの誤差をなるべく少なくした較正《こうせい》年代値とでは、大きく年代を異にする。本書では基本的により暦年代に近いとされる樹輪年代較正値を使うことにし、同一の基準で年代を示したい。

これまでの学説と農耕化四段階説

先ほど述べたように、もともと東北アジアの農耕化は、東アジア全体を見渡した場合に二次的農耕地帯にとって特徴的に見られる農耕化現象であったということができる。東アジア先史社会は、三つに社会的にも生産構造的にも区分できることをすでに述べた。黄河・長江流域の農耕社会と、長城地帯以北からユーラシア草原地帯までの牧畜型農耕社会、さらに朝鮮半島や日本など農耕社会から狩猟採集社会に二次的に農耕技術や農耕に関する社会・文化・制度が広がった二次的農耕社会という三地域に先史社会を地域区分できるのである。このうち東北アジアがまさに二次的農耕地帯に相当している。それゆえ、弥生社会の成立とは、この二次的農耕社会の農耕化に見られる道筋の必然性として生まれてきたものである。歴史的な必然性の中に弥生社会の成立があることを述べようとするものである。

ところで、水稲農耕がどのような伝播過程で列島の弥生文化にもたらされたかには、大きく三つの考え方があった。いわばこれは日本文化の基層やその系統を求める議論でもあり、戦前から戦後にかけてそれらの仮説の大半が確立していた。一九六〇年代には九州大学の故岡崎敬先生が稲作農耕の伝播ルートを大きく三つにまとめている（岡崎敬「コメを中心としてみた日本と大陸」『古代史講座』一三学生社、一九六六年、岡崎敬『稲作の考古学』第一書房、二〇〇二年再録）。北方説、直接説、南方説の三つである（図6）。北方説には華北から遼西・遼東などを伝わり朝鮮半島に入るもの（Ⅰa説）、山東半島から遼東半島を経由して朝鮮半島から北部九州へ流入するもの（Ⅰb説）、山東半島から海路を伝わり朝

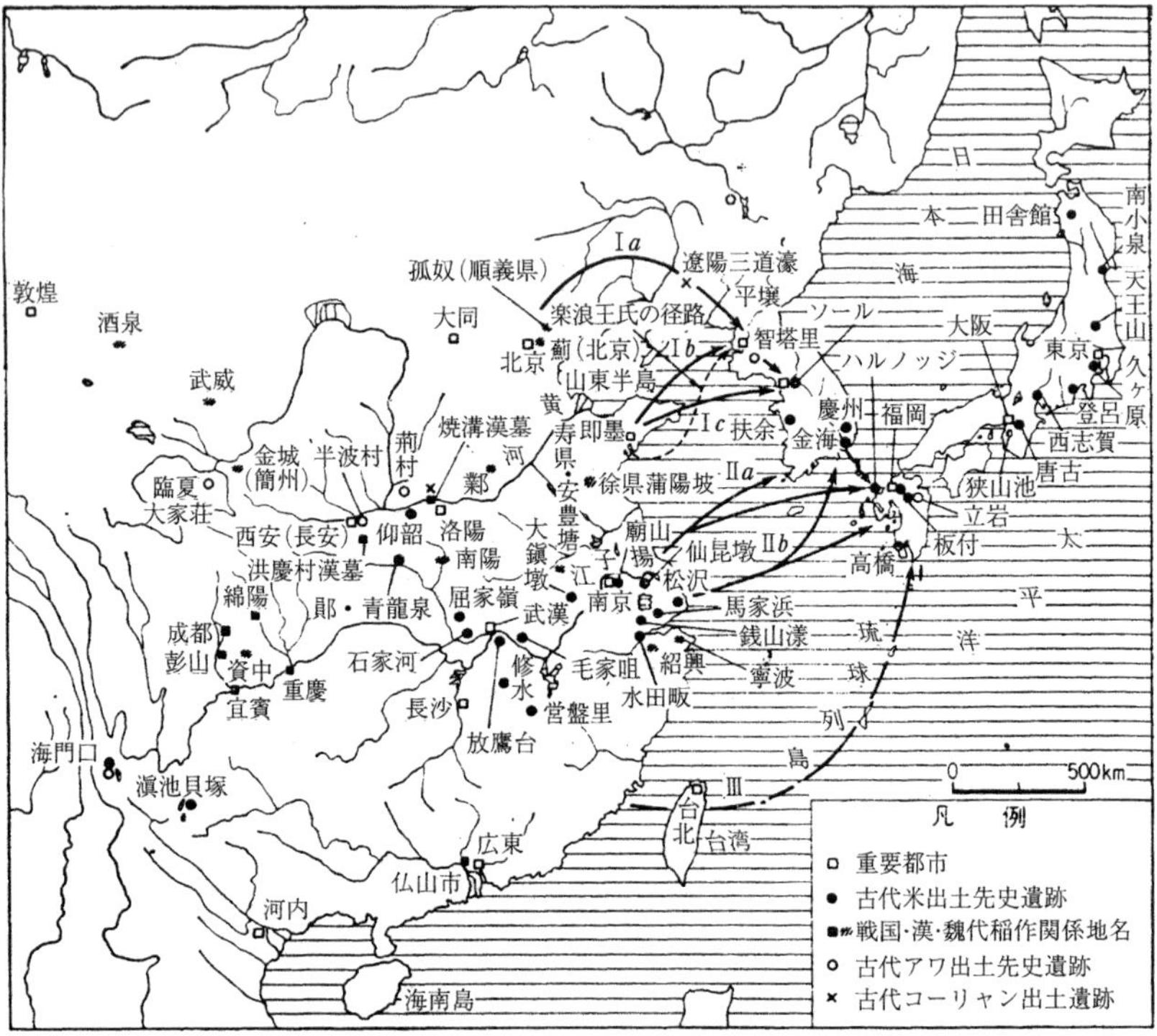

図６　稲作農耕伝播の３説（北方説，直接説，南方説，岡崎1966）

とができる。

鮮半島中南部から半島南部をへて北部九州に至るという（Ⅰc説）三つにさらに分けるこ

直接説は長江下流域の江南から東シナ海を横断して九州に水稲農耕が伝播するものであるが、さらにそのルートが二つに分かれる。江南から朝鮮半島南海岸地域をかすめて北部九州に伝播する説（Ⅱa説）と、江南から直接東シナ海を渡り、有明海など九州の北西海岸に達するもの（Ⅱb説）である。

また、南方説は柳田国男によって説かれ、近年ではジャポニカのうち熱帯ジャポニカが南西諸島を伝わり南九州から縄文時代に到達するとする農学者の仮説（佐藤洋一郎『DNAが語る稲作文明　起源と展開』日本放送出版協会、一九九六年）などがある。イネなどの実物資料の発見からすれば、南方説を支持する材料はない。奄美《あまみ》や沖縄へのイネの伝播経路はむしろ九州など列島側にあり、その出現も一〇世紀頃の平安末期にも降るものであり、とうてい弥生時代に遡るような考古学的な資料はない（高宮広土『島の先史学　パラダイスではなかった沖縄諸島の先史時代』ボーダーインク、二〇〇五年）。また台湾まで到達していた栽培穀物が、台湾から肉眼視もできる宮古諸島に伝わらなかった理由として、農耕民の移動がなかったことを挙げる考え方も見られる（陳有貝「オーストロネシア語族の研究から見た台湾と琉球の先史関係」『九州と東アジアの考古学―九州大学考古学研究室50周年記念論文集―』二〇〇八年）。いずれにしろ弥生時代の稲作伝播を示す南方説は成り立たない。

直接説も、遣唐使《けんとうし》以降の時代は別として、考古学的資料からすれば江南《こうなん》と九州あるいは江南と朝鮮半島南海岸を結びつける資料が存在しない。意図せぬ漂流や漂着ということはあったかもしれないが、人の移動や社会・文化の接触を証拠立てる同時代の遺物が存在しないことは、物質文化から見た場合に、その両地域に直接的な関係を求めることはできないのである。

残りは北方説ということになる。岡崎敬先生は一九六〇年代当時、水稲稲作の伝播ルートとして山東半島から朝鮮半島中南部へという道のりであるⅠｃ説の可能性を何ら根拠を示さないまま述べている。今となれば、その文化的な類似性と稲作栽培の生態的な条件から最も可能性があるルートとして提起されたのであろう。このたびの私の学説では、やはり北方説に落ち着くことになったが、そこには農耕化の段階性が存在していて、決して一方向からの農耕化の流れがあったわけではないことを述べたい。

こうした二次的農耕地帯への朝鮮半島を介しての農耕化の段階的な説明は、これまでに重要な学説をなしていた照葉樹林文化論における日本列島の縄文から弥生に見られる焼畑《やきはた》農耕から稲作灌漑農耕という学説（佐々木高明『照葉樹林文化とは何か』中公新書、二〇〇七年）とも異なっている。佐々木高明先生の照葉樹林文化論では、プレ農耕の第一段階、雑穀栽培を主とする焼畑農耕段階の第二段階、稲作が卓越する第三段階に整理され、この内の第一段階と第二段階を照葉樹林文化と捉えられている。第一段階が縄文前・中期であり、第二段階が縄文後・晩期である。第一段階にウルシなどの照葉樹林文化が伝来し、第二段階に照葉樹林文化焼畑農耕文化が伝来するとするものである。佐々木先生が「東亜半月弧」と呼ぶ雲南・アッサムから、長江流域の華中には照葉樹林帯が広がる。この照葉樹林帯を背景とする照葉樹林文化が、日本列島に波状的に伝来するとする学説である。

しかし、縄文前期以降、西日本では落葉広葉樹林帯から照葉樹林帯へと生態環境が変化するものの、そこでは長江中流域と西日本を直接繋ぐ物質文化は存在しない。また、縄文後期以降の焼畑農耕の可能性はあっても、それが長江流域から九州へ直接伝播したという証拠はない。かつて取り上げられたウルシはむしろ日本列島の方が古い資料が出土しているし、玦状耳飾り《けつじょうみみかざ》に関しても中国東北地方に起源が求められている。縄文時代における長江流域との直接的な交流を示す考古資料は存在しないのである。したがって、同じ生態系に見られる文化的な同質性は認めることができても、そこに人間を介した直接的な文化伝播を認めることはできない。

本書では、いわば考古学的資料を多角的に検討した結果から、初期農耕の広がりを探ることとし、その結果として提出されたのが東北アジア農耕化四段階説であるということができる。まずは、二次的農耕地帯である東北アジアに四段階という段階性をもって農耕が広がっていくという仮説を実証するところから、始めていかなければならない。

次章から各農耕化の段階とその内容、さらにはそれを実証するためのさまざまな考古学的事実や分析結果を示していくことにしたい。その上で、縄文から弥生への日本列島での転換が、日本列島に納まる変化事象ではなく、東北アジア全体の農耕化の一環であり、東アジアにおける農耕地帯から二次的農耕地帯への文化伝播現象による結果であることを理解できるのではなかろうか。このことこそが、東北アジアにおいて時間軸上の差異はあるものの、共通して見られる現象としての「縄文から弥生への変化」が理解できると考えるのである。

環境の変動と農耕の広がり

第一段階

東アジアの農耕の始まり

東北アジア農耕化四段階説のうち、ここではまず第一段階についてふれる。

栽培穀物の登場

東アジアで栽培穀物が登場するのは、黄河中下流域と長江中下流域といった中緯度地帯にある。前者がアワやキビなど耐寒性があり乾燥に適した栽培穀物。後者がイネであり、これは皆さんがよくご存じの栽培穀物である。これらが栽培化された原因は、氷河期が終息し暖温化していく更新世から完新世という約一万五〇〇〇年前を境とした大きな気候変動と関連している。

旧石器時代末期である更新世末期には、華北でも山西省の下川遺跡で石皿《いしざら》が出土しているように、ドングリといった堅果《けんか》類など植物食への関心が次第に高まっていく。同じことは日本列島の旧石器時代後期にも当てはまり、静岡県磐田市池端前《いけはたまえ》遺跡のように縄文時代におなじみのドングリの粉砕・製粉具である石皿と磨石《すりいし》が、旧石器時代にすでに出土している。

中国では石皿のことを磨盤《まばん》と呼んでいる。これには磨棒《まぼう》という棒状の磨石がともなうが、この磨棒は縄文時代の円盤状の磨石とは異なり、棒状で石の一面のみが使用され、一定の前後方向のみに研磨されるものである。縄文時代の磨石が不規則に多面的に磨面や叩き面をもっているのとは大きく異なっている。華北の新石器時代の代表的な穀物製粉のための石器と見なされるものである。この磨盤と磨棒がすでに華北の旧石器時代末の山西省柿子《しし》灘《だん》遺跡S九地点で発見されている。すでに穀物が食料のターゲットになっていたことを示している。しかしこの段階にはまだ栽培穀物は出現していない。これらは野生の穀物である。

同じ段階、東アジア各地では土器が作られ始めていった。これも更新世末期あるいは更新世から完新世への移行期という大きな気候変動期に対応している。日本では青森県大平《おおだい》山元《やまもと》I遺跡で一万五〇〇〇～一万六〇〇〇年前の較正年代（樹木年輪年代によって放射性炭素年代測定値を較正した年代）、沿海州でガーシャ遺跡やグロマトゥーハ遺跡などから一万六五〇〇〜一万四一〇〇年前の較正年代、中国湖南省玉蟾岩《ぎょくせんがん》遺跡で一万四四九〇±二三〇年前の較正年代といった土器に伴う炭素年代が判明しており、約一万五〇〇〇年前に遡る土器が東アジア各地に知られるようになってきている。土器の製作が始まったことに関しては、限定的な用途や季節的使用などいくつかの因果関係が考えられているが定説はない。むしろその初期の段階には土器の製作量が非常に少なく、縄文社会では紀元前九〇〇〇年頃から急激に土器量が増えてくる（谷口康浩「日本列島初期土器群のキャリブレーション[14]C年代と土器出土量の年代的推移」『考古学ジャーナル』八月号、二〇〇四年）。この段階こそ土器が一般化しているのである。煮炊き道具としての用途は、炊具としてと同時に、縄文社会ではドングリ類のアク抜きのための加熱に使われたものとして用途が高まったのであろう。

気候の変化

アワ・キビ農耕は淮河《わいが》以北の華北にその起源地があり、稲作農耕は長江中・下流域が発生地であると考えられている。ともに、これらの栽培化は野生穀物を馴化《じゅんか》することにより栽培穀物が生まれる。アワの野生種はエノコログサであり、キビの野生種は不明である。イネの野生種は野生イネである。それらが淮河以北の華北と長江中・下流域以南の華中や華南に自生していたのである。人類は、氷河期から後氷期にかけて環境が変化する段階に、新たな適応戦略としてこれら野生穀物の採集への関心を高めたということができるであろう。そしてそれら栽培穀物が起源した場所は、ともにそれぞれの植物生態系の中心地ではなく、周縁地あるいは他の生態系に接するような境界域であった。森林帯と平原域の境界域という地点であったのであろう。ドングリなどの堅果類と平原域や河川流域の沖積《ちゅうせき》地に繁茂する野生穀物が、採集戦略の格好な対象物となったと考えられる。東京大学の大貫静夫氏は、華北の採集植物を脂質系の堅果類と炭水化物系の穀物の共存であるとする（大貫「極東先史社会の野生食料基盤」『ロシア極東の民族考古学―温帯森林漁撈民の居住と生業―』六一書房、二〇〇五年）。そして野生食料源の貧しさが農耕化を促したものと想定している。

後氷期の開始は温暖化の始まりであったが、環境変動にいくつかの揺り戻しがあり、後氷期が始まってまもなく一時的な冷涼乾燥期が訪れる。この段階をヤンガー・ドリアス期と呼ぶが、この時期、野生穀物の生態周縁域ではそれぞれ成長に影響があり、収穫量が減少していく。これが人類が野生種から栽培種への馴化への動機であると一般的に考えられている。

野生種と栽培種の穀物の違いは、種実の大きさに表れる。野生種は小粒であり、栽培種は比較的大粒である。野生種の場合、種実が実った後に鳥や動物に食べられる前に速やかに落下して翌年の発芽に備える必要がある。種を保存するための自然の英知であるが、このため実は太らない。そして、種実が落ちやすいように穂軸が弱くなっている。また、芒《のぎ》が長くなっており、容易に動物の毛に絡んで種実が抜けやすくなっている。これは脱粒化といって野生種の特徴である。

これに対して栽培種は脱粒しにくい特徴になっており、穂軸が発達し、さらに芒が短くなっている。そして脱粒しにくい分だけ実が太くなっている。これは自然の摂理とは反対であり、実が太いだけ人類にとって栄養価が上がっている。突然変異によって生じた大きい実の野生種を人類が馴化した結果、栽培種として生存することとなった。栽培種とは人類の嗜好を示しているのである。

ユーラシアの西端に位置する現在のイスラエルを含んだレバント地域では、この段階にコムギやオオムギの栽培化がなされる。同じ時期ユーラシアの東端ではアワ・キビとイネが栽培化されたことになる。このような過程で約一万年前に中国大陸に始まった穀物栽培は、大きく黄河中・下流域に見られるアワ・キビ農耕と長江中・下流域の稲作農耕に分離して登場することになる。

ところで、キビに関しては華北でもより高緯度地帯で栽培化がなされたという考え方もある。それは内蒙古東部赤峰《せきほう》地区に位置する紀元前六〇〇〇年頃の敖漢《ごうかん》旗《き》興隆溝《こうりゅうごう》遺跡の事実からいうことができる。興隆溝遺跡では土壌の水洗浮遊選別法により、一五〇〇〇個以上の大量のアワ・キビが発見されている。その内、キビが九〇%以上を占めるという。キビはアワに比べより耐寒性に強い栽培穀物であり、また興隆溝遺跡発見の栽培穀物の大半がキビであることからも、キビとアワの栽培起源地が異なるのではないかと推定されている。さらに興隆溝遺跡のキビは小型であり、野生種に近いものである。栽培起源地が異なる可能性は十分あるが、それとともに栽培穀物の生態に応じ、中国東北部ではキビが主体となり、黄河中下流域ではアワが主体となるわけである。

農耕と社会

さて、華北におけるアワ・キビと華中におけるイネは、約一万年前に野生種から栽培種へと栽培化され初期農耕が始まるが、その後、栽培食物が補助的な生業から主たる生業へと変化し、農耕社会が発展していく。農耕社会の発展は単なる生業における栽培食物への依存度の高まりということだけではなく、それを成り立たせるための社会集団の組織化の歴史でもあった。

さらに、完新世の湿潤温暖期である紀元前六〇〇〇年から紀元前三〇〇〇年のヒプシサーマル期には、それぞれの地域の農耕が生態環境的に発達する段階でもある。栽培に適応する生態環境がこれまでに比べより緯度の高い地域で可能になるのと軌を同じくするように、次第に緯度の北の地域へと農耕が拡散していく。

こうして始まった農耕がどのようにして二次的農耕地帯である東北アジアに広がっていくのであろうか。

東北アジアへの農耕の伝播

朝鮮半島の農耕化第一段階

ヒプシサーマル期である温暖湿潤期の紀元前六〇〇〇年紀には、黄河中・下流域で生まれたアワ・キビ農耕は、華北を北上するように、遼西の興隆窪《こうりゅうわ》文化さらには遼東の新楽《しんらく》下層文化に広がっている。あるいは遼西を中心にキビの農耕化が出現し、黄河中・下流域に生まれた栽培アワとともに、遼西・遼東経由で朝鮮半島西海岸へ広がった可能性がある。

もう一つの伝搬ルートに山東半島から遼東半島という可能性があるが、この段階の生業を示す石器の内容からして、山東半島の東端である煙台地区（膠東《こうとう》半島）と遼東半島では、漁撈《ぎょろう》を中心とした狩猟採集社会を示している（宮本一夫「膠東半島と遼東半島の先史社会における交流」『東アジアと『半島空間』―山東半島と遼東半島―』思文閣出版、二〇〇三年)。山東半島の東端まで農耕が広がっていなかったということを示している。したがって、アワ・キビ農耕の伝播経路としては陸路である遼西・遼東という経路を推定せざる得ない。

華北のアワ・キビ農耕には単に栽培穀物やその栽培化が伝播するだけでなく、この伝播時期には農耕に関係する石器も伝播していく。土を掘り起こすための耕起具である石鏟《せきさん》、製粉具である磨盤・磨棒である。磨棒とは棒状の擦り棒であるが、その一面のみに磨面が認められる。棒状の石器の両端を手で握りながら前後の方向に磨盤上を擦り込むものである。磨棒の一面にのみ認められる擦り面を、顕微鏡などで細かく観察すると、棒状の長軸方向に対し直交する方向にのみ擦った痕跡が認められ、規則的な反復運動がなされていたことがわかる。

道具の形態

また、磨棒と組になる磨盤は、磨棒が身体に対して前後方向に擦られるという動きに呼応して、磨盤の長軸に対して直交方向はほぼ水平であるのに対し、長軸方向は緩やかなカーブを描くことがある。かつてそのような形態が馬に乗るための鞍《くら》のような形をしていたことから、鞍形磨臼とも呼ばれた。このように磨盤の擦り面の形態も縄文の石皿の磨面とは異なり、擦り面の痕跡も縄文社会に見られる石皿と磨石に見られる使用痕跡とは異なるものである。縄文の石皿と磨石がドングリなどの堅果類を粉砕して殻を剥《む》くための道具であることと、大きく異なる機能を持っているためである。

華北の磨盤・磨棒はアワ・キビなどを粉にして粉食するための道具であることが一般的に考えられている。弘前大学の上條信彦氏は朝鮮半島南部で新石器時代中期以降に出現する磨盤と磨棒の顕微鏡観察を行った（上條信彦「朝鮮半島先史時代の磨盤・磨棒における使用痕分析」『日本水稲農耕の起源地に関する総合的研究』九州大学人文科学研究院、二〇〇八年）。磨盤や磨棒の擦り面の顕微鏡観察では、たとえば江原道地境里《こうげんどうチギョンリ》遺跡の磨棒では、図7に見えるように、長軸に対して直交するように一定方向の線状の使用痕跡が明瞭であり、磨棒の両端を握りながら前後方向に反復運動がなされたことを示している。また、光沢面が明瞭に認められるが、これはコーングロスという珪酸《けいさん》体の付着によるものである。珪酸体は籾殻《もみがら》などに多く存在しているものであり、籾殻を加工した際に付着したと想定できる。上條信彦氏は使用実験によって、磨盤・磨棒を用いてアワを脱穀すると、このような光沢面と線状使用痕が生まれることを証明している。磨盤・磨棒が穀物の脱穀や製粉などの加工に関わる道具であることは間違いない。

こうした粉食具の磨盤・磨棒と耕起具の石鏟は、華北の新石器時代前期の裴李崗《はいりこう》・磁山

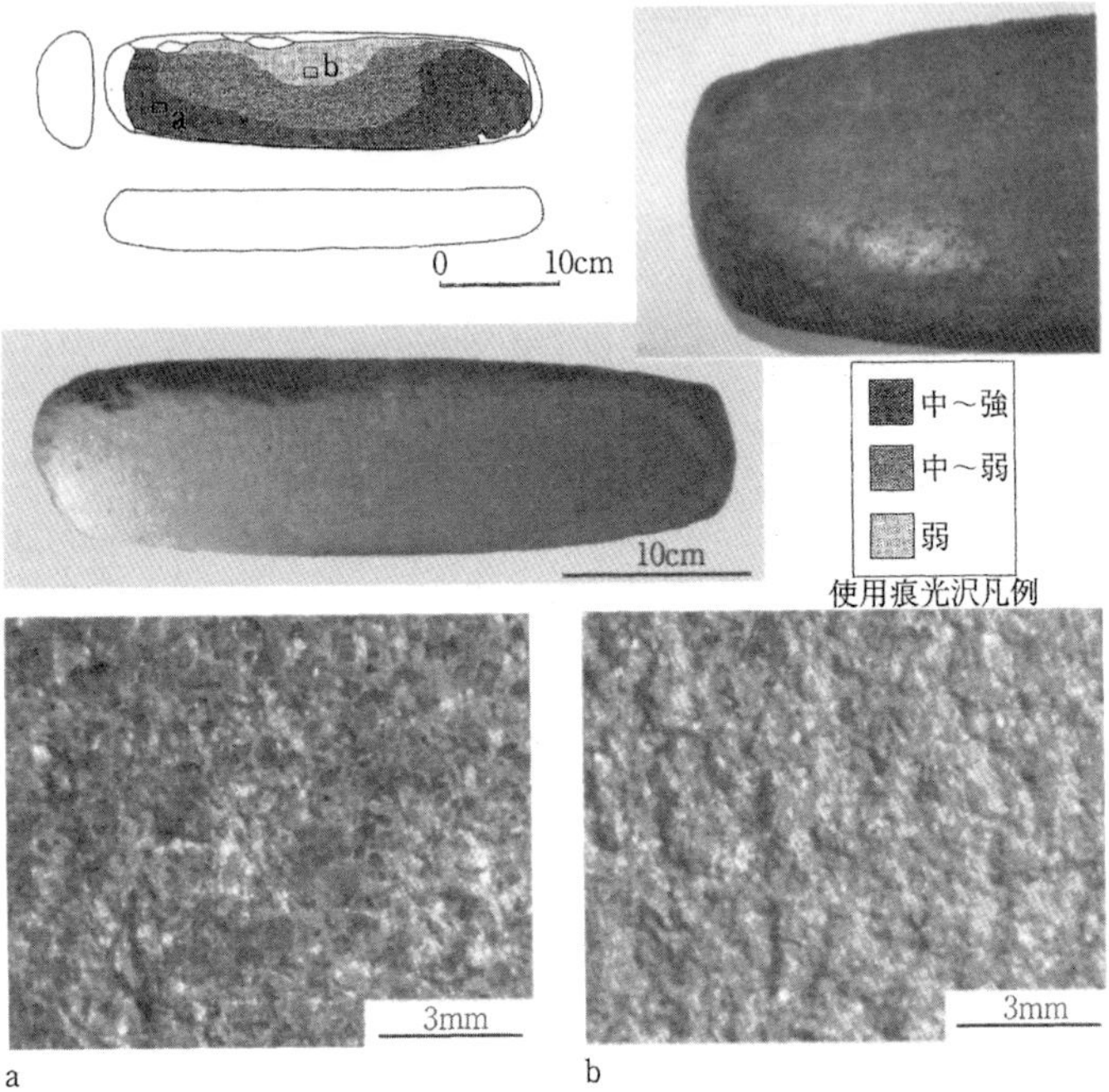

図7　韓国地境里遺跡出土磨棒

文化、遼西の興隆窪文化に一般化している。この段階に華北から遼西ではアワやキビの栽培穀物が一般化することからも、アワ・キビ農耕に伴う石器であるとすることができる。そのため、私は石鏟（石製鋤・石製鍬）と磨盤・磨棒を華北型農耕石器と呼んでいる。こうした石器は華中の同時期の稲作農耕地帯には基本的に認められない石器である。アワ・キビ農耕に伴う石器であり、アワ・キビ農耕の拡散とともにこれらの石器も広がっていく。こうした流れの中、アワ・キビ農耕は次第に遼東を経て、朝鮮半島へも広がる。この流れは、一方では遼西・遼東を北上して沿海州南部へも広がっている可能性がある。

朝鮮半島への伝播

さて、表1に示すように、朝鮮半島北部では黄海北道鳳山郡《ほうざんぐん》智塔里《チタンリ》遺跡や黄海北道峰山面《ほうざんめん》馬山《マサン》遺跡においてアワが出土しているように、紀元前四〇〇〇年頃にはアワ・キビ農耕が遼東から伝播している。朝鮮半島南端の釜山《プサン》市東三洞《トンサンドン》貝塚に農耕が伝播したのは紀元前三三〇〇年頃である。韓国新石器時代中期に属する東三洞貝塚一号住居址ではアワ七五粒、キビ一六粒が住居址内埋土の土壌の浮遊選別法によって発見された。そのうちのアワそのものの放射性炭素年代は紀元前三三六〇年であり、紀元前三三〇〇年頃には朝鮮半島南端までアワ・キビなど栽培穀物が伝播していたことが明らかとなったのである。

出土栽培穀物
アワまたはヒエ
アワ
アワ
ヒエ？
アワ
アワ，オオムギ４粒， コムギ３粒
アワ75粒，キビ16粒
アワ55粒，キビ13粒 アワ４粒，キビ３粒 アワ10粒，キビ５粒 アワ９粒，キビ１粒 アワ16粒，キビ１粒 アワ７粒，キビ１粒 アワ１粒，キビ１粒
アワ１粒
アワ１粒
アワ17粒，キビ６粒

これらの農耕伝播は、半島の北から南に向けて西海岸を主なルートとして広がる農耕伝播ではあるが、その伝播は、農耕のみならず土器様式の拡散や磨盤・磨棒、石鋤など華北型農耕石器や柳葉形磨製石鏃《せきぞく》を含んだ複合的な文化伝播であった（図8）。この時期は、西北朝鮮を発信源とした尖底の櫛目《くしめ》文《もん》土器が地域ごとに拡散していく段階である（宮本一夫「朝鮮有文土器の編年と地域性」『朝鮮学報』第121輯、一九八六年）。土器様式や華北型農耕石器は地域間を徐々に繋ぐように系統的に変化していく。おそらくは農耕の伝播に伴い人々の移動や交流があったものと想定できる。その動きは大局的に見ればアワ・キビ農耕の華北から遼西・遼東地域への拡散の延長であり、一つは遼東から西北朝鮮、そして朝鮮半島の西海岸を主としたルートとして南へ東へと農耕文化が拡散した動きである。ただし、農耕の拡散は実体的に認められるが、こうした農耕が生業の中心となっていたかはその出

表1　朝鮮半島新石器時代出土雑穀集成

遺　跡　名	所　在　地	年代(暦年代)
智塔里第Ⅱ地区2号住居址	黄海北道鳳山郡	智塔里Ⅱ地区
馬山7号住居址	黄海北道峰山面	智塔里Ⅱ地区
南京31号住居址	平壌市三石区	南京1期
蘇井里4号住居址	黄海南道青丹郡	
佳峴里	京畿道金浦市	BP4010±25(未補正値)
大川里	忠清北道沃川郡沃川邑	BC3502-2658，中朝鮮Ⅴ期(新石器後期)
東三洞1号住居址	釜山市	BC3360(新石器中期)
上村里3地区竪穴全体	慶尚南道晋州市上村里	BC2920-2200(新石器後期)
〃　98号竪穴	〃	〃
〃　106号竪穴	〃	〃
〃　133号竪穴	〃	〃
〃　144号竪穴	〃	〃
〃　145号竪穴	〃	〃
〃　180号竪穴	〃	〃
飛鳳里Ⅳトレンチ1貝層	慶尚南道昌寧郡	新石器前期？
飛鳳里Ⅰトレンチ野外炉址	慶尚南道昌寧郡	新石器中・後期
漁隠1地区6号野外炉址	慶尚南道晋州市大坪里	BC2880-2285(新石器後期)

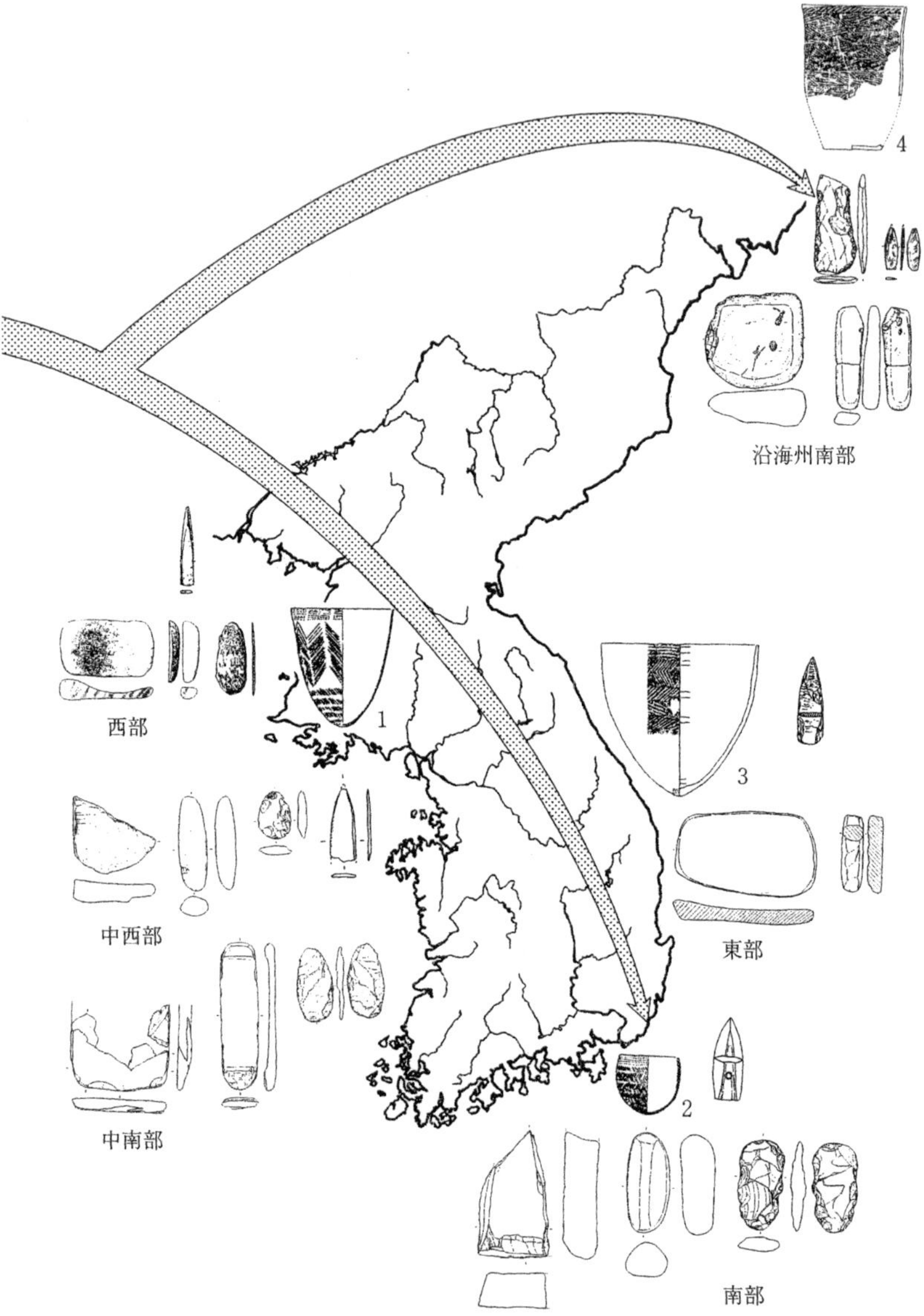

図８　東北アジア農耕化第１段階（１智塔里，２東三洞，３地境里，４ザイサノフカ１）

土量からしても否定せざるを得ない。狩猟採集民が農耕を受容しているが、狩猟採集の補助的な生業として農耕が位置づけられる段階であった。農耕技術を持った狩猟採集民という段階にしかすぎない。スミソニアン研究所のブルース・スミス氏が低レベル食料生産段階と位置づける（Bruce Smith D. 2001 Low-Level Food Production. In *Journal of Archaeological Research.* 1 (9) pp. 1-43.）段階に相当し、未だ農耕を主体とする農耕社会に達していない段階と理解すべきであろう。

もう一つのアワ・キビ農耕伝播は、遼西・遼東を介して北上し沿海州南部へ至る。ここでは、朝鮮半島への広がりが起きた同時期のロシア沿海州（図9）について見ていくことにしたい。

沿海州の農耕化

極東という高緯度地帯に農耕がいつの段階に広がったかは重要な問題である。かつて紀元前二〇〇〇年紀半ばのロシア沿海州キロフ村遺跡からキビや土器底部のアワ圧痕が検出されたという情報があり、初期農耕化したヤンコフスキー文化（沿海州南部の初期鉄器文化）やクロウノフカ文化（ヤンコフスキー文化に続く沿海州南部の初期鉄器文化）以前にも栽培穀物が存在する可能性が知られていた（加藤晋平『シベリアの先史文化と日本』六興出版、一九八五年）。近年では新石器時代末期のノヴォセリシェ4遺跡からキビが発見され、新

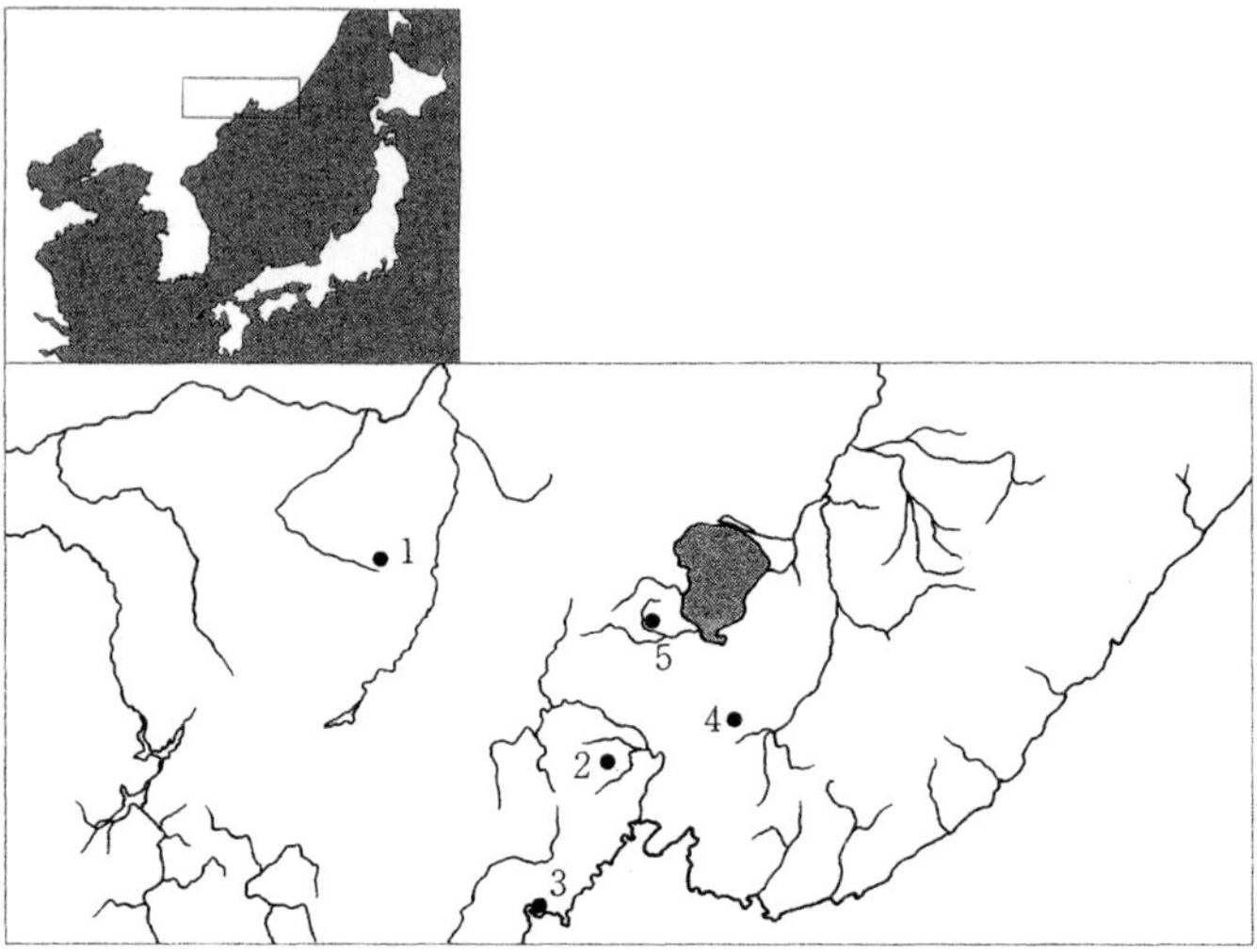

図9　ロシア沿海州の新石器時代農耕関連遺跡
（1亜布力，2クロウノフカ1，3ザイサノフカ7・1，4レッティホフカ・ゲオロジチェスカヤ，5シェクリエヴァ）

石器時代まで農耕が遡る可能性が出て来たが、ノヴォセリシェ4遺跡では石包丁を伴う青銅器時代文化層も包含していることから、発見されたキビもその時期の混入である疑いもあった。しかし、同じ新石器時代末期のレッティホフカ・ゲオロジチェスカヤ遺跡でもアワ・キビが多量に発見されたことから、栽培穀物は新石器時代末期には存在することが確かめられた。さらに、クロウノフカ1遺跡でのアワ・キビの発見、ザイサノフカ7遺跡での磨盤・磨棒や石鏟といった朝鮮半島でもみられた華北型農耕石器の発見によって、新石器時代後半期のザイサノフカ文化期にすでにアワ・キビといった栽培穀物が始まっていることが明らかになりつつある（宮本一夫「沿海州南部における初期農耕の伝播過程」『地域・文化の考古学―下條信行先生退任記念論文集―』二〇〇八年）。

ロシア沿海州南部スイフン河流域のクロウノフカ1遺跡は、初期鉄器時代のクロウノフカ文化の標識遺跡として有名であるが、クロウノフカ文化層の下位に厚い間層を挟んでその下に新石器時代文化層が存在していた。新石器時代文化層はさらに二つの層に分かれており、下部は新石器時代前期のボイスマン期に属しているがほとんど文化遺物が検出されていない。上部の新石器時代文化層は、発見当時あまり知られていなかった縄線文からなる土器群をもった住居址二棟が発見された。4号住居址と5号住居址である。

住居址内覆土からフローテーション（水洗浮遊選別法）によって炭化種子を採集することができた。4号住居址からキビ一一点とアワと思われる炭化種子一点、5号住居址からはキビ一六点が発見された。二つの住居址は、住居址内で発見された土器に多少の型式差がある。ハンシ1式（5号住居址）とクロウノフカ1式（4号住居址）という土器型式であり、5号住居址の方が4号住居址より相対的に古い。これらはザイサノフカ文化（沿海州新石器時代後半期の文化）前期に属するということもできる土器である（図10）。ハンシ1

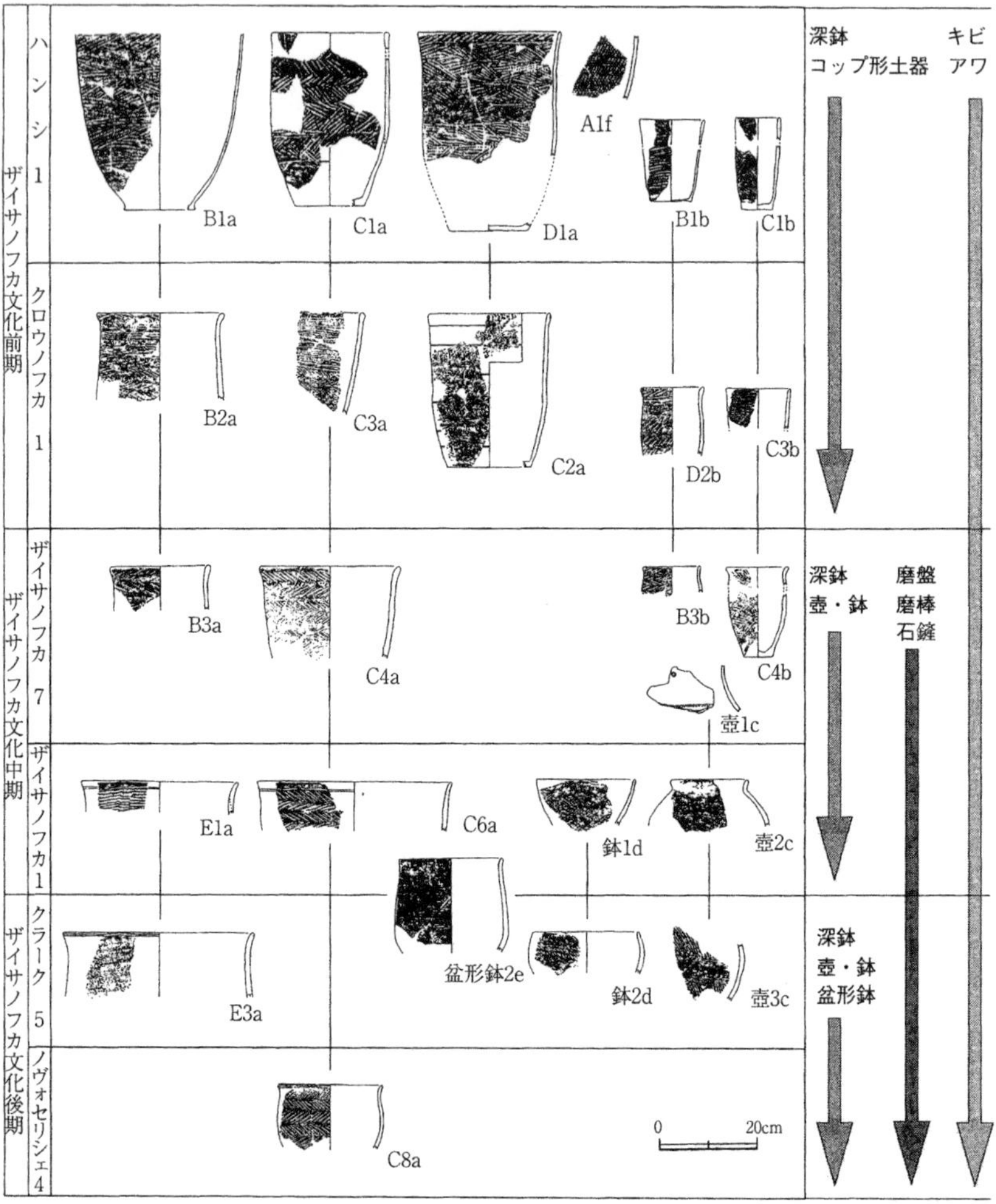

図10　ザイサノフカ文化期の農耕化

式は縄線文と沈線文からなる深鉢とコップ形土器からなり、平行横線で区画された平行横帯にハッチング状の文様（文様が交互に構成されるような幾何学文様）が施されるものである。このような文様が沈線あるいは縄文土器の撚《よ》り糸文と同じ施文方法である縄線文によって施された土器が、ハンシ1式である。クロウノフカ1式はさらにこのような文様構成が簡略化し、横帯区画の平行線文がなくなり、綾杉状の文様が多段に施されるもので、器種などの違いはないが、相対的に縄線文の割合が減って沈線文が多くなる傾向にある。

このような土器の型式的な違いが時間差を示すが、時間差に応じてキビの種実の大きさに変化が認められる。フローテーション分析を行ったロシア科学アカデミー極東支部のセルグシェーワ氏によれば、図11にあるように種実の大きさが5号住居址に比べ4号住居址の方が大きくなっている。年代的には4号住居址（クロウノフカ1式）の方が5号住居址（ハンシ1式）より新しい段階のものであり、キビの種実が時間軸上より新しい段階ほど大きくなっている。この形態変化は、栽培穀物がより馴化され栽培化が進んだことを意味し、農耕化がより伸展していることを端的に示している。新しい段階の4号住居址の炉近くの炭化物の放射性炭素年代は紀元前三五二〇～三三五〇年頃である。

このような栽培穀物の存在が明らかとなったとともに、やや時間的に遅れながらも、ク

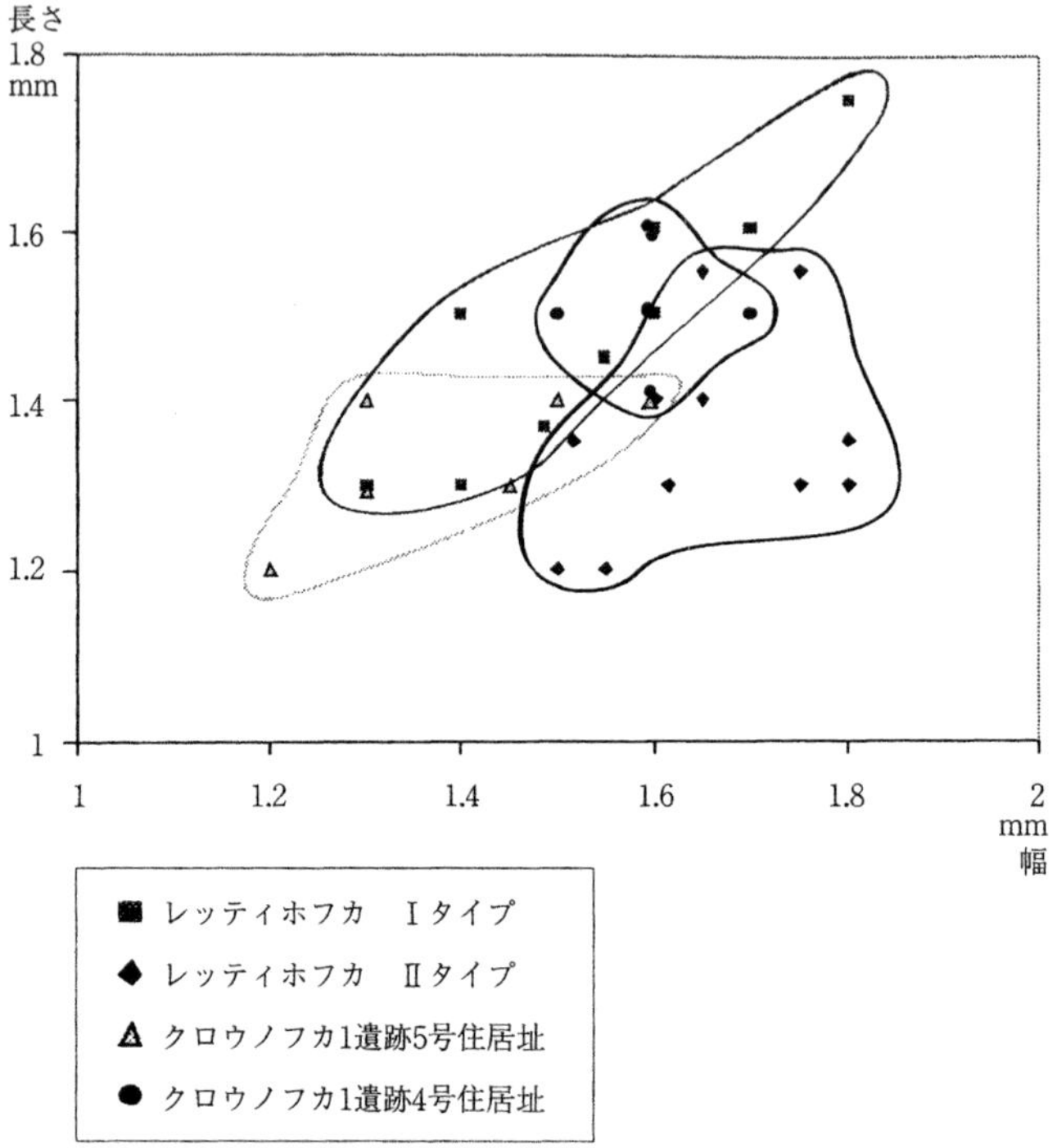

図11　沿海州南部新石器時代のキビの形態変化

ロウノフカ1式土器に続くザイサノフカ7式土器段階のザイサノフカ7遺跡からは、磨盤や磨棒さらには石鋤といった華北型農耕石器がまとまって出土している。出土した土器は、縄線文は僅かに見られるが、大半が沈線文で文様も幅広の綾杉文様が多段に施されるもので、クロウノフカ1式土器より型式的に新しいザイサノフカ7式土器である。

このザイサノフカ7式土器というザイサノフカ文化中期段階から、沿海州南部でも華北型農耕石器が認められるのである。その年代は放射性炭素年代によれば紀元前三三五五～三〇九〇年と測定されている。一方、残念ながら、フローテーションの結果、今のところアワ・キビなどの栽培穀物は発見されていない。しかし、ザイサノフカ7式の土器底部に見つかった圧痕を、シリコンで型どりし、それを走査電子顕微鏡で観察することによりその形態を細かく観察するレプリカSEM法によって、この土器圧痕がキビまたはアワの実であると同定されている。この段階にも栽培穀物は存在していたのである。

さて、ザイサノフカ7遺跡で発見された磨棒を観察すると、磨棒は一面のみが磨面をなし、金属顕微鏡の観察結果からも、図12に示すような全体的な摩耗が顕著であり、華北の磨棒と同じ磨面の特徴を示す。また、磨盤も一定方向に磨棒を使って磨られていたことが、金属顕微鏡の観察で示される線状痕によって知ることができる。華北や朝鮮半島の磨棒や

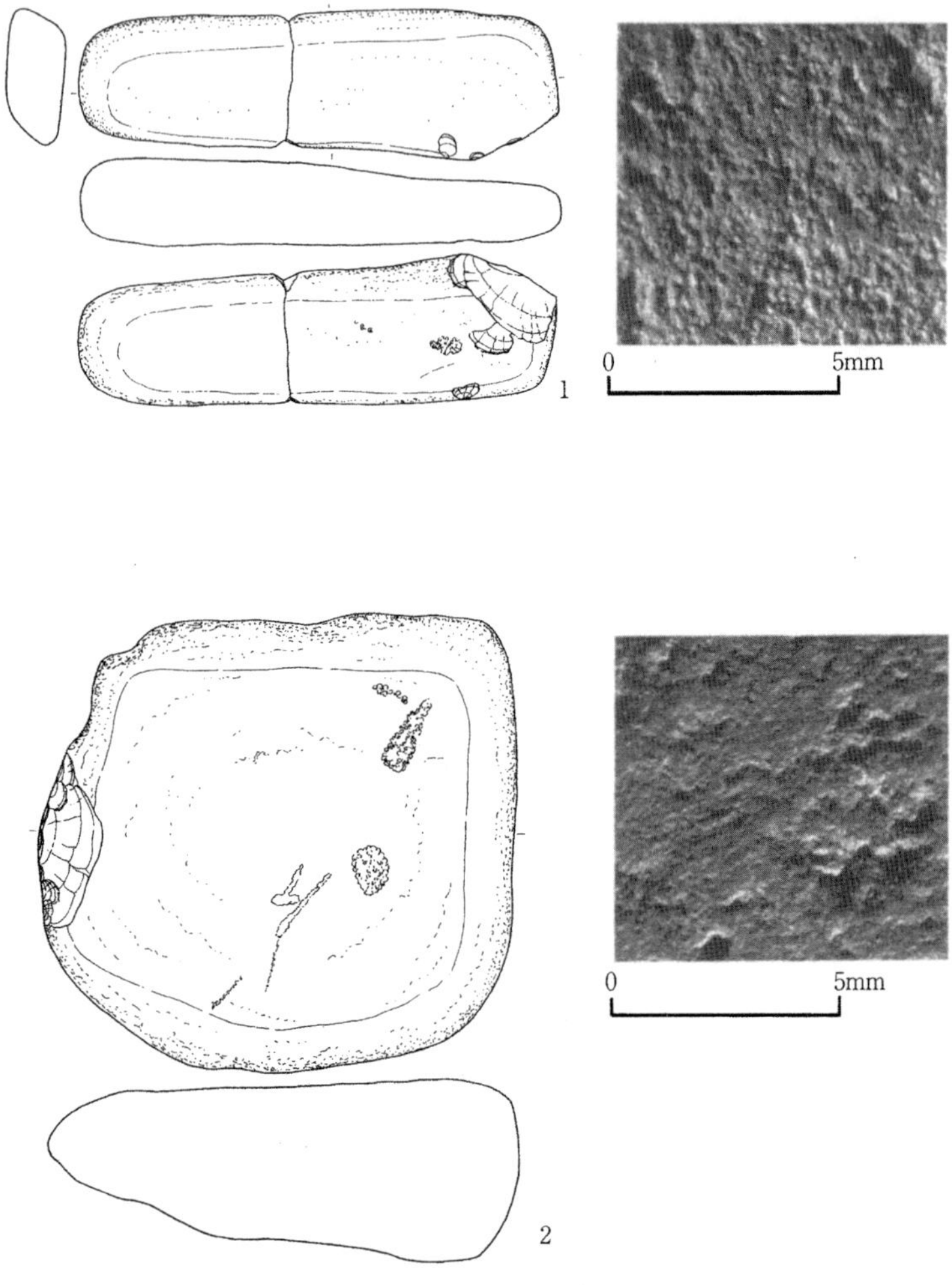

図12　ザイサノフカ7遺跡出土磨棒（1）・磨盤（2）

磨盤の場合、明確なコーングロスが認められる場合が多く、磨盤・磨棒はアワ・キビを粉食させるだけでなく、その前にこれらの道具で脱穀を行っていたことが理解される。ザイサノフカ7遺跡の磨盤・磨棒の場合、使用期間が短いか使用頻度が少ないせいか、コーングロスが残っていなかった。

ザイサノフカ文化

ザイサノフカ7式土器とそれに続くザイサノフカ1式土器が出土するのがザイサノフカ文化中期であるが、この段階には栽培穀物に加えて、上記した華北型農耕石器をもつようになる段階である。土器文様も縄線文から沈線文にほとんどが変化しており、典型的なザイサノフカ文化の土器が成立している。深鉢の規格も多様化するとともに、この段階から壺という新しい器種が登場するのも、この時期の特徴である。社会が確実に進歩しているといえよう。

こうした社会進化には栽培穀物を含む農耕が一定の役割を果たしていようが、実体的な生業活動からいえば、栽培穀物が出現するクロウノフカ1式などザイサノフカ文化前期段階でも、主体は狩猟採集にある。事実、キビを発見した際に用いるフローテーションの結果では、栽培穀物であるアワ・キビなどに比べ、マンシュウクルミ・ドングリなどの堅果類が圧倒的に多い状況にある（表2）。生業的には狩猟採集が主であり、補助的に栽培穀物がとりいれられている段階なのである。いわば農耕化した狩猟採集民であるということができよう。

続く沿海州南部のザイサノフカ文化後期はクラーク5式土器やノヴォセリシェ4式土器が相当するが、器種的には深鉢、鉢、壺に加え、幾何学文が施される盆形鉢といったいわば精製土器といったものも出現するように、より社会的な複雑化を認めることができる。

新石器時代上部文化層 クロウウノフカ4号住居址		ザイサノフカ7遺跡	
67		26	
個体数	比率	個体数	比率
11	2.11%	—	—
1(?)	—	—	—
5	0.96%	—	—
1	0.19%	—	—
1	0.19%	—	—
—	—	—	—
453	86.78%	105	28.85%
23	4.41%	22	6.04%
2	0.38%	125	34.34%
1	0.19%	13	3.57%
		63	17.31%
1	0.19%	4	1.10%
2	0.38%	1	0.27%
2	0.38%	—	—
3	0.57%	—	—
		2	0.55%
		3	0.82%
17	3.26%	26	7.14%
—	—	—	—
522(+1?)	100%	364	100%

表2　沿海州新石器時代の植物遺体

	クロウノフカ1遺跡新石器時代下部文化層		クロウノフカ1遺跡	
	クロウノフカ1南地区		クロウノフカ5号住居址	
分析資料数(袋)	41		129	
植物名	個体数	比率	個体数	比率
キビ *Panicum milaceum*	—	—	16(5?)	3.56%
アワ(?) *cf. Setalia italica*(?)	—	—	—	—
不明キビ類			8	1.78%
ヒエ *Echinochloa crus-galli*	—	—	1	0.22%
不明野生キビ類	—	—	3	0.67%
シソ・エゴマ *Pellila frutescens*	—	—	43	9.56%
マンシュウクルミ *Juglans mandchurica*	24(1?)	60.0%	179	39.78%
ハシバミ *Corylus sp.*	1	2.5%	160	35.56%
ドングリ *Querqus sp.*	—	—	1(3?)	0.22%
アムールキハダ *Phellodendron amurence*	10	25.0%	—	—
リンゴ属 *Malus sp.*				
アムール野ブドウ *Vitis amurensis*	—	—	—	—
アカザ属 *Chenopodium sp.*	—	—	6	1.33%
ヒユ属 *Amarantus sp.*	—	—	—	—
リンドウ属 *Polygonum sp.*	1	2.5%	—	—
マメ科				
カヤツリグサ科				
不明穀物類	3	7.5%	33	7.33%
不明堅果類	1	2.5%	—	—
総個体数	40(+1?)	100%	450(+8?)	100%

この段階のハンカ湖近くのレッティホフカ・ゲオロジチェスカヤ遺跡では、多量のアワ・キビが住居址内部の貯蔵穴から出土している。それらの住居址内部で採集された木炭の放射性炭素年代が測定されているが、樹木年輪年代補正を行うと、紀元前一七〇〇～一六〇〇年頃のものである。これらキビの炭化種実の大きさに着目したセルグシェーワ氏によれば、キビの大きさが、ザイサノフカ文化前期のクロウノフカ5号住居址出土キビ、クロウノフカ4号住居址出土キビ、さらにはザイサノフカ文化後期のレッティホフカ・ゲオロジチェスカヤ遺跡出土キビに至って確実に大きくなっている（図11）。

また、レッティホフカ・ゲオロジチェスカヤ遺跡出土キビには大きさから見て二タイプが存在しており、Ⅰタイプ、Ⅰタイプに比べ種実が横長のⅡタイプとセルグシェーワ氏によって区分されている。これらの内、Ⅰタイプがクロウノフカ遺跡出土のキビから見て直線的に形態が大型化したものであるが、ⅡタイプはⅠタイプから分離するように新たな形態変化を示しているようにも見られる。

ともかくキビの形態が時間軸上大型化し、品種分化していくように認められるのは、確実に栽培化が伸展していることを示している。セルグシェーワ氏は、このレッティホフカ・ゲオロジチェスカヤ遺跡段階から本格的な農耕社会に移った可能性を想定しているが、生業全体で穀物栽培が主たる段階には未だ至っていないであろう。この段階には未だ定型的な穂摘み具である石包丁も出現していない段階である。

東北アジア農耕化第一段階

このように、東北アジア農耕化第一段階とは、華北型農耕石器を含めたアワ・キビ農耕が朝鮮半島から沿海州南部の狩猟採集社会へと拡散していく段階である（図8）。沿海州南部では、キビを中心とする農耕穀物の出現、遅れて磨盤・磨棒や石鋤などの華北型農耕石器の出現が見られるが、農耕穀物の出現時には、これまでこの地域に認められなかった縄線文土器が出現している。

朝鮮半島と沿海州　沿海州南部より出土したものより型式学的に古い縄線文土器は、牡丹江《ぼたんこう》上流域の亜布力《あふりき》遺跡（図9―1）に認められ、縄線文土器の故地《こち》はこのあたりに今のところ求められる。すなわち牡丹江上流域にこれら縄線文土器文化の情報の発信地が考えられるのである。また、縄線文土器様式だけではなく、ザイサノフカ文化前期にはこれまでこの地域に認められなかった磨製の細長い葉のような柳葉形《りゅうようけい》磨製石鏃《ませいせきぞく》が出現している。この柳葉形磨製石鏃も、亜布力遺跡には存在している。したがって沿海州南部でも朝鮮半島南部や東部と同じ状況で、土器情報とともに磨製石鏃さらには農耕穀物、そしてやや遅れてではあるが華北型農耕石器が出現している。ほぼ朝鮮半島南部・東部地域への農耕拡散時期と沿海州南部地域への農耕拡散時期が一致していることに意味がある。

しかも、土器様式、華北型農耕型石器、柳葉形磨製石鏃とともにアワ・キビの栽培穀物がほぼ同時に拡散している現象にこそ、社会的な意味がある。さらに沿海州南部、あるいは朝鮮半島南部・東部ともに、生業の中心は依然として狩猟採集にあり、その補助的な生業として農耕穀物が採用されているところが注目される。その実態は、栽培穀物の開始が生業における生態適応である場合もあるし、何らかの社会的な祭事等の特別な儀式に用いられる食物であった可能性もある。しかし、その実態は遺跡や遺構では証明しがたいのが実情である。

広がりの方向

もう一つここで注目すべきは、朝鮮半島南部・東部や沿海州南部での農耕開始期がほぼ同時であるとともに、土器様式、華北型農耕石器・柳葉形磨製石鏃、アワ・キビの栽培穀物がほぼ同時に一定方向に拡散している現象である。朝鮮半島の場合、半島の西北部から中南部や南部あるいは東部への拡散であり、沿海州南部では牡丹江流域からスイフン河流域を伝わるように海浜部へと拡散している。

その拡散は、物質文化の動きで見る限り、北から南というような一定の方向性すなわちベクトル線のような拡散の軌跡が観察されるのである。これは物質文化が一定の方向性へと小地域間を媒介としながら、さらに小地域間で多少の変容を遂げながら、結果的に大きな拡散のベクトル線を観察するに至るのである。こうした動きは、一定なりとも人間の動きの反映であると解釈される。すなわち集団の移動や移住を反映した物質文化現象であると解釈されるのである。

海面の動き

後に詳述するが、湖底にたまった縞《しま》状の堆積物を分析することによって環境変動とりわけ海進や海退といった海面変動を理解することができる。この堆積物を採集するために湖底でボーリングを行い採集された連続した堆積物がボーリングコアである。福井県水月湖《すいげつ》のボーリングコアの分析によれば、紀元前四三〇〇年頃の最大高海面期である縄文海進期《かいしんき》以降の縄文時代には四回の海退期（第三期〜第六期の海退期）があったことが示されている（図13）。東北アジア農耕化第一期とする紀元前三三〇〇年

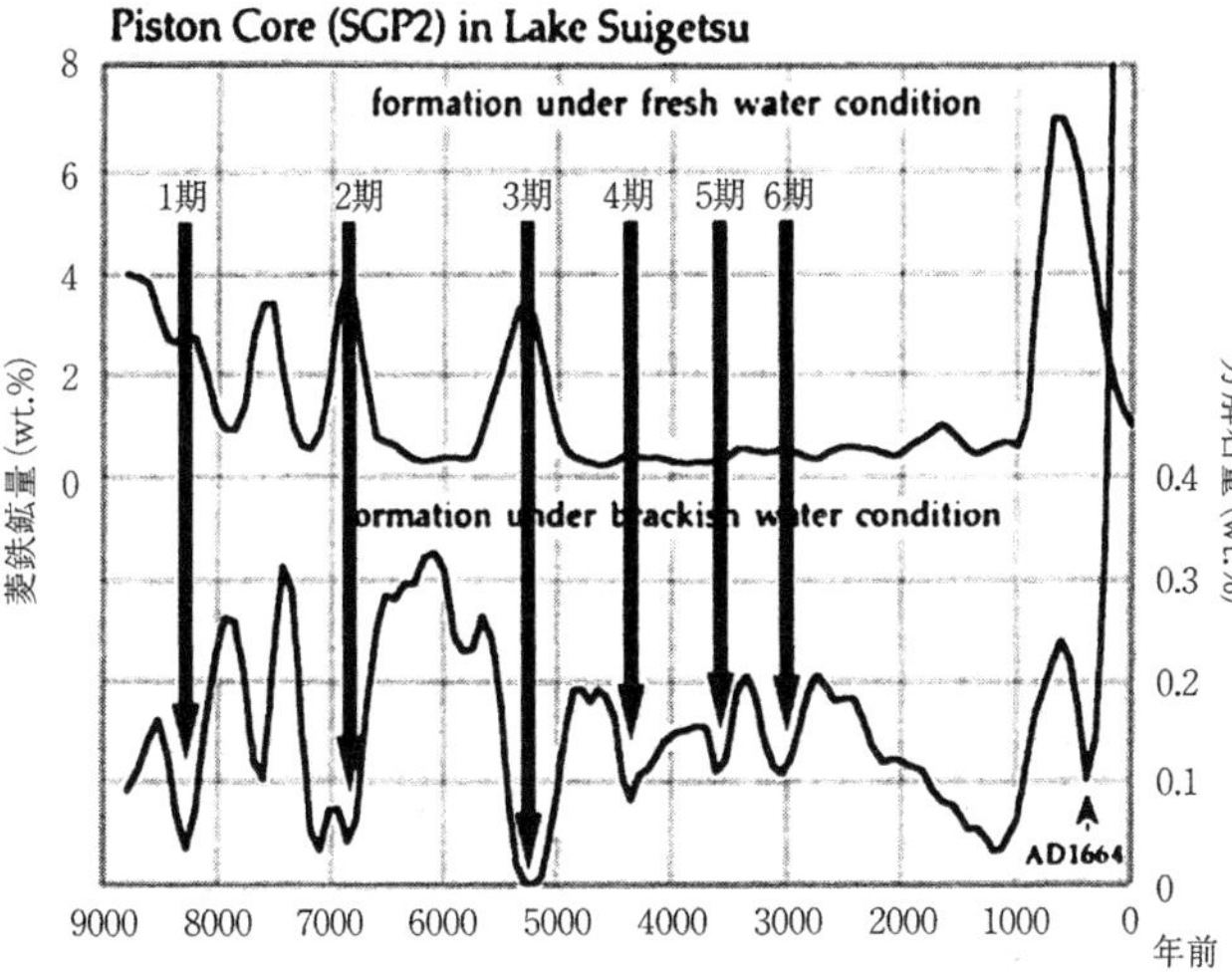

図13　福井県水月湖のボーリングコアによって示された海退期
（福沢1995を改変）

頃は、縄文海進期以降初めての海退期（図13の第三期海退期）とほぼ軌を一にしている。これは紀元前四三〇〇年頃の縄文海進によって最も海面が上昇した時期の後に、一時的な寒冷期による海退現象を示すものであり、日本列島では縄文前期後葉～中期前葉の海退期を示している。

ほぼこの時期に、沿海州南部と朝鮮半島南部において同時期に農耕の拡散が認められたのである。釜山市東三洞《トンサンドン》貝塚1号住居址はまさにこの時期に相当しているが、この段階には縄文中期の船元Ⅱ式土器が共伴しており、土器型式の相対年代においても矛盾のないものである。

また、この東三洞貝塚1号住居址の覆土内炭化物の年代は紀元前三四四五年であり、住居址出土アワの放射性炭素年代も紀元前三三六〇年であり、ほぼ同様な理化学的年代が得られている。土器型式の相対的な併行関係や、土器型式に対応する近年のＡＭＳによる精度の高い放射性炭素年代、さらに年縞《ねんこう》堆積物の実年代がほぼ一致する時期が寒冷期に相当しており、さらには土器様式、華北型農耕石器・柳葉形磨製石鏃、アワ・キビ農耕穀物が北から南へと拡散する時期に一致している。

また、発信源は異なるが、沿海州南部におけるキビの拡散時期もクロウノフカ1遺跡に認められるように、紀元前三五二〇〜三三五〇年であり、ほぼ年代が一致している。また、沿海州南部においても多少の時期差は認められるが、アワ・キビ、土器様式、華北型農耕石器さらに柳葉形磨製石器がセットになって拡散している。朝鮮半島南部と沿海州南部には、ほぼ同時期に、しかもそれぞれの発信源を異にしながら、文化コンプレックス（複合体）として農耕が伝播していく過程が見て取れるのである。

このような考古学的な現象は、寒冷期を契機として、栽培化した狩猟採集民がその集団内での食料源の不足さらにはそれによる集団人口の維持のため、集団内の一部が分村化し、補助食料源の農耕適地を求めて、より気候の温暖な地域へと移住し、在来民と交配しながら、結果的に地域と地域を繋ぐような玉突き現象としての人間の移動を含み、文化やそれを維持する社会が拡散していったと解釈できるのである。

ここにおいて重要なことは、たとえ狩猟採集民であったとしても、農耕技術の獲得が農耕適地を求めるという社会心理に繋がっていることである。狩猟採集技術のみしか知らない段階であれば、集団人口を少ない程度に維持しながら狩猟採集領域内での集団維持が図られ、生態環境の変動にあわせ集団人口数が自然の摂理として決定されることになる。その意味でも、農耕技術の獲得こそが、自然環境の変異に対しそれへの適応として農耕適地を求めて集団の一部が移動していくという現象が生まれたのである。農耕技術の拡散には、このような自然環境の変異とそれに適応しようとする人間集団やその社会の自発的な対処が反映していたと理解できるのである。

イネ栽培の始まり

第二段階

栽培イネの拡散

栽培イネの成立と拡散

長江中・下流域で生まれた栽培イネが気候の温暖化に応じる形で次第に北方へ拡散していき、紀元前五〇〇〇年紀の仰韶《ぎょうしょう》文化期には、アワ・キビ農耕を主体とする黄河《こうが》中・下流域でも稲作農耕を受容するようになる。この伝播過程は先にアワ・キビ農耕に見られるような華北型農耕石器を伴う文化的な広がりとしては理解できない。この間接触する地域ごとに何らかの文化接触は認められるが、基本的には栽培イネだけが単体で動く伝播動態を示す。また、アワ・キビ農耕社会に導入された稲作農耕も、黄河流域を越えてさらに北上することは生態的に不可能であり、黄土台地に広がることはなかった。

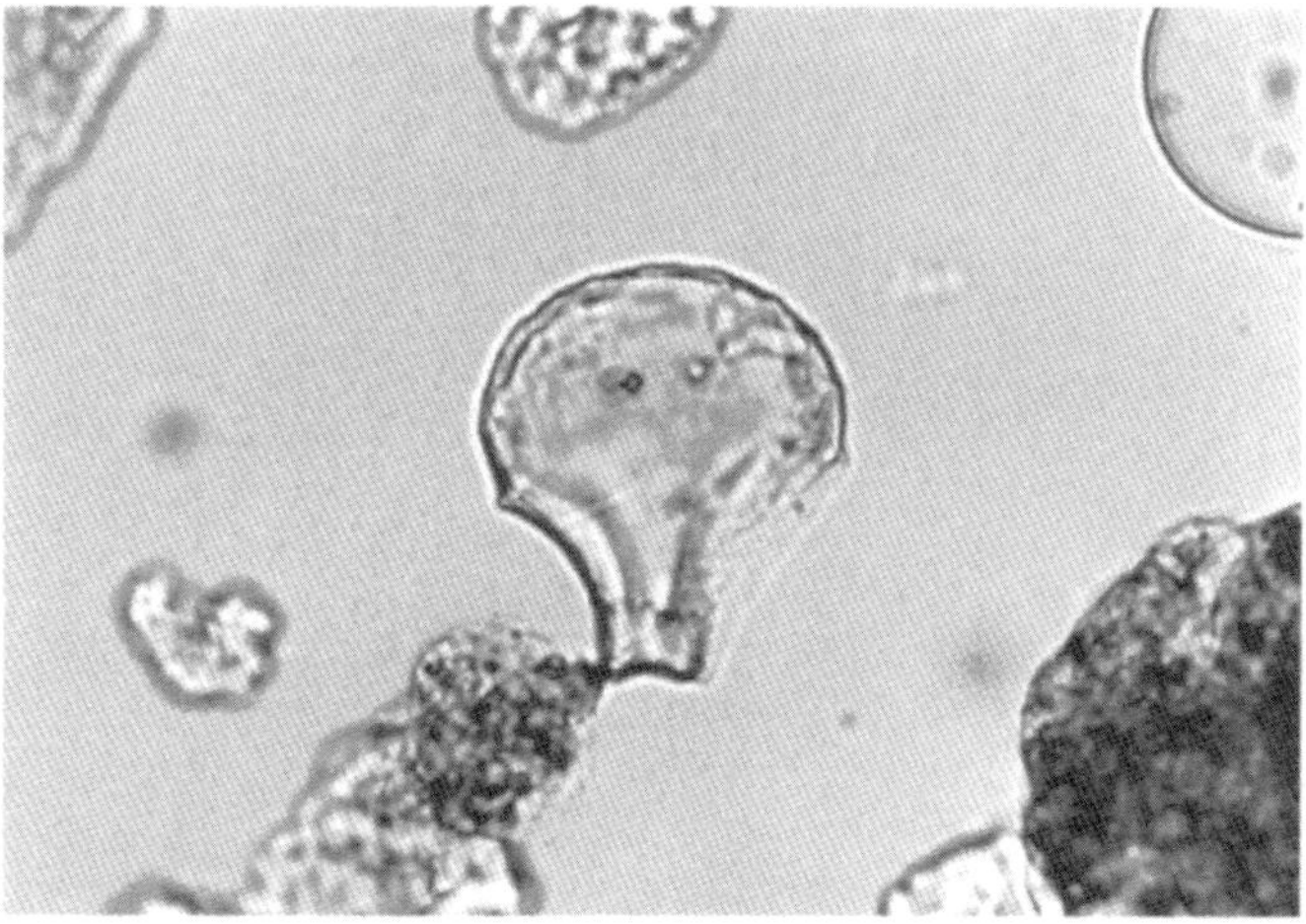

図14　プラント・オパール（佐賀県教育委員会）

　ところで従来の発見では、湖南省道県玉《ぎょく》蟾岩《せんがん》遺跡で一万三〇〇〇年前のイネが発見されており、イネの形態は野生イネと栽培イネの中間形態を示しているとされる。また、江西省吊桶環《ちょうとうかん》遺跡の野生イネから栽培イネへの変化がイネのプラント・オパールで示されており、およそ一万年前に栽培化されたと考えられている。プラント・オパール（図14、植物珪酸体）とは、植物の葉などの機動細胞がガラス化したものであり、植物の死滅後にもガラス質として土中に残存している。植物の種類、あるいは同じイネでもジャポニカとインディカとでは形態が違うというように、形態区分でき、プラント・オパールの形態から植物の種類を同定する分析である。

このように長江中流域の内陸部において比較的古いイネあるいは栽培イネの事実が知られていたが、近年では長江下流域の浙江省《せっこう》上山《じょうざん》遺跡で約一万年前のイネが発見されている。これが野生イネであるか栽培イネであるかは不明であるが、イネの採集が行われていたことは確かである。そのほか多量の堅果類なども認められ、石皿・磨石の盛行からも、日本の縄文社会のように堅果類を中心とした採集活動の中に、イネの採集あるいは栽培が組み込まれた生業活動であった。初期段階のイネ栽培も野生イネや堅果類など採集活動の補助的な生業活動として始まったものだと考えるべきであろう。

長江中下流域において稲作栽培がほぼ一万年前頃に始まったと考えてよいが、近年では河南《かなん》省舞陽県賈湖《かこ》遺跡において紀元前七〇〇〇年頃のイネが見つかっている。これらのイネは農学者によれば形態的に栽培イネと認められるもので、栽培化されたイネがこの段階には淮河流域まで広がってきたことが理解される。ところでさらに北に位置する黄河下流域においてイネが発見された。山東省済南市長清区月荘《げっそう》遺跡では二六粒のイネが発見された。これは山東地域最古の新石器文化である後李《ごり》文化層から発見されたもので、炭化米そのものをＡＭＳで測った放射性炭素年代は紀元前六〇六〇～五七五〇年という古い年代が測定されている。まさに後李文化期のイネであることは間違いない。

鑑定にあたったトロント大学のゲーリー・クロウフォード氏は、その形態からは野生イネであるか栽培イネであるかの区分が難しいという。今のところ月荘遺跡の位置は淮河流域を越えた野生イネの生息圏外であるところと、分布上陸の孤島であり、さらには後李文化（紀元前六〇〇〇～五〇〇〇年の新石器時代早期文化）以降の北辛《ほくしん》文化（紀元前五〇〇〇～四二〇〇年の新石器時代前期文化）や大汶口《だいぶんこう》文化（紀元前四二〇〇～二六〇〇年の新石器時代中期文化）前半期ではイネが発見されていないことから、ヒプシサーマル期の一時的な温暖期において一時的に野生イネあるいは栽培イネの生態域が広がったが、その後はその生態域が淮河以南に限られ、黄河下流域では採集活動に利用されなくなったと理解しておきたい。

ところで、すでに述べたように長江下流域で大量に炭化米が出土した河姆渡《かぼと》遺跡ですら、そのうちのすべてが栽培イネというわけではなく、多くの野生種が含まれていると考えられるようになっている。本格的なイネの栽培化とイネの集約農耕が始まるのは、紀元前四〇〇〇年頃の崧沢《すうたく》文化からという解釈の見直しも増えつつある。

アワ・キビからイネへ

基本的に後李文化、北辛文化、大汶口文化という紀元前六〇〇〇〜二六〇〇年では、後李文化期に一時的にイネが出現するが、その他は一貫してアワ・キビが栽培穀物である。遅くとも北辛文化期には栽培穀物を中心とした農耕を主体とする初期農耕社会へと社会進化しており、大汶口文化期には農耕社会の発展の中に次第に氏族単位での階層差が認められる発展した部族社会と理解されている（宮本『中国の歴史01神話から歴史へ』講談社、二〇〇五年）。その中で、黄河下流域の山東半島では、龍山文化期には、山東半島南岸の黄海沿岸を北上するように、アワ・キビ農耕文化圏に栽培イネが広がっていく。現状では栽培イネの出土地は龍山文化期が大半を占めるが、山東省橋家屯《きようかとん》遺跡のプラント・オパール分析によって、栽培イネの流入期は大汶口文化中後期に遡る可能性がある。

このように、長江下流域から淮河下流域へ広がった稲作農耕は、さらに遡るように黄海《こうかい》沿岸伝いに山東半島南部から、遅くとも紀元前二五〇〇〜二〇〇〇年頃には山東半島の東端に位置する楊家圏《ようかけん》遺跡にも栽培イネが拡散している。このような龍山文化期のアワ・キビ農耕地帯へのイネの拡散は、東北アジア農耕化第一段階のような物質文化を伴った複合的な文化コンプレックスとしての拡散ではなく、栽培イネあるいはイネの栽培技術が単体で広がっていくものである。もちろん地域を母体とするある文化圏と別の文化圏の接触地帯には何らかの物質文化の文化接触は認められる。たとえば大汶口文化期には長江下流域の高坏《たかつき》という土器器種が山東でも受容されたり、逆に大汶口文化期の酒甕《さかがめ》である大口尊《だいこうそん》が長江下流域でも受容されるということはあるが、文化コンプレックスの一環として栽培イネが拡散したという現象は認められないのである。

フローテーション調査

さて、アワ・キビ農耕の上にイネを受容した山東南部地域は、アワ・キビより生産量的にはイネの方が主体となっている可能性がある。最近の遺跡調査において単なる文化遺物の発掘だけではなく、たとえば住居址覆土の土をすべて水洗して浮遊してくる小さな炭化物、とりわけ種子類を採集して、当時の食生活や古環境を調べるフローテーション（水洗浮遊選別法）が中国内でもさかんに行われるようになってきている。とりわけこの研究を主導しているのは中国社会科学院考古研究所の趙志軍氏である。彼らの研究成果によって栽培穀物の種類や量を推定でき、初期農耕の実体が明らかになりつつある。黄海沿岸の山東半島南部に位置する山東省日照市両城鎮《りょうじょうちん》遺跡は、山東龍山文化期に発達した拠点集落で、環濠やさらには城壁に取り囲まれた城址遺跡を形成している。

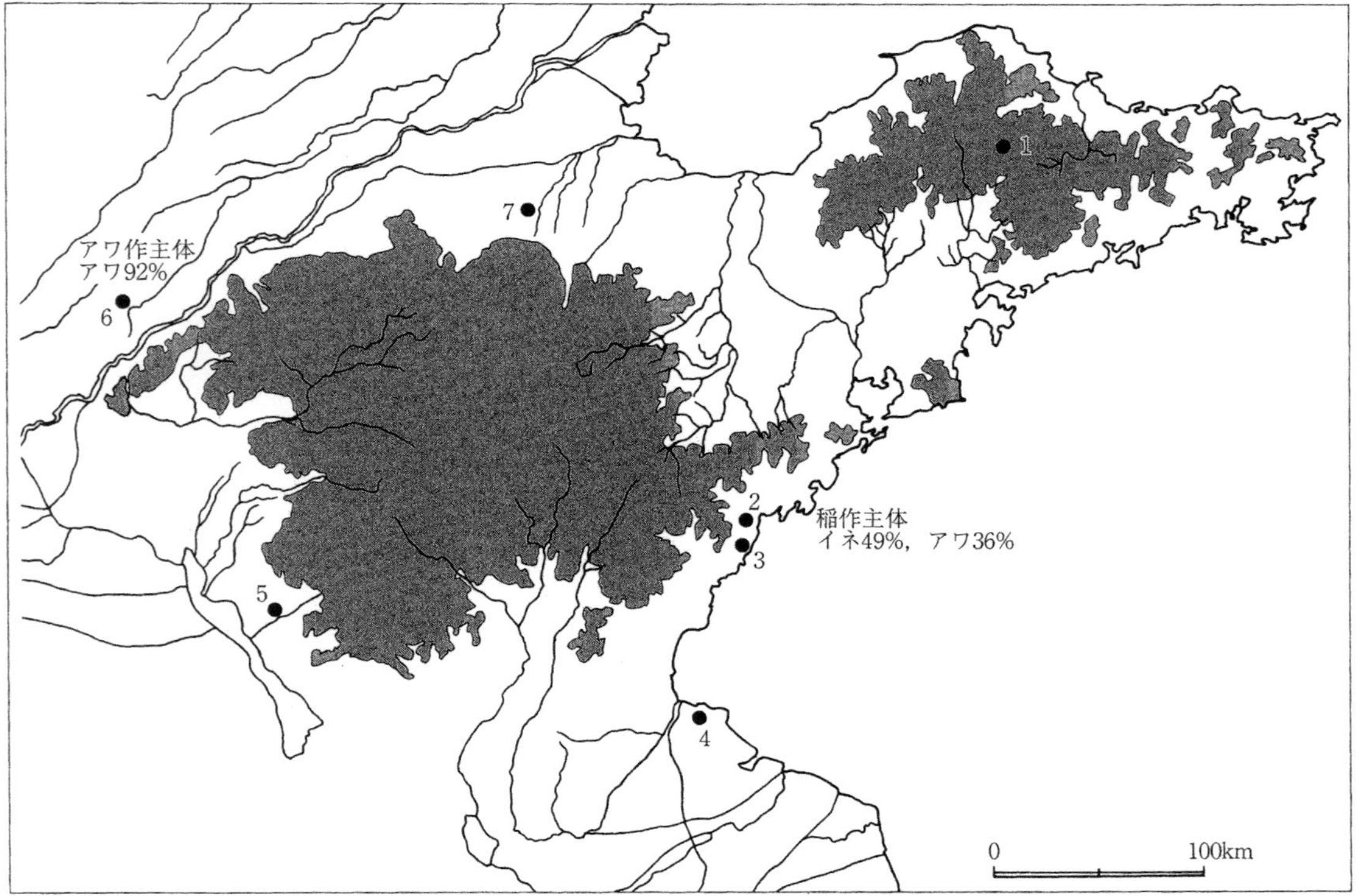

図15　山東龍山文化期にみられる栽培穀物の地域差
（1楊家圏，2両城鎮，3堯王城，4藤花落，5荘里西，6教場鋪，7桐林）

ここでのフローテーションの結果、栽培穀物の量比は、イネ四九%、アワ三六%とイネが主体となっている（図15）。これは種実の個数の割合であるが、稲の実とアワの実の大きさは明らかにイネの方が大きく、一個体あたりの栄養価はイネの方が多いということになる。実際に消費する側からすればこの数値以上にイネに依存していたとすることができるであろう。

一方、同じ山東地域でも泰山山脈を越えた黄河下流域は、様相を異にしている。この地域にも山東龍山文化期には城址遺跡が発達するが、その一つである山東省茌平《じんへい》県教場鋪《きょうじょうほ》遺跡ではアワ九二%と圧倒的にアワが主体となっている。これは、同じ山東地域でも山東半島南部の黄海沿岸地域は夏のモンスーンによって比較的降水量が確保され、夏が高温湿潤化するのに対し、泰山山脈によって夏のモンスーンが遮蔽された黄河下流域は、山東南部に比べ乾燥化している。こうした環境の違いが栽培穀物の需要の違いとして現れてきたのである。

安定同位体比分析

同じような生業の違いを、異なった角度から実証することができる。黒陶の安定同位体比分析である。龍山文化の土器は、黒くいぶし焼きされた黒陶が代表的な土器であり、中には卵殻黒陶といって厚さが一〜二ミリ程度しかない薄く精巧な黒陶も見られる。この黒くいぶし焼く技術は、フィリピンの民族例や現代の山東における黒陶生産の際にも認められるが、土器の焼成の最終段階に籾殻を土器に付着させることにより、還元化して炭素を吸着させる方法が一般的である。必ずしも同じ方法で山東龍山文化の黒陶が製作されているという保証はないが、焼成の最終段階に何らかの植物や樹木によって炭素が吸着させられていることは問題ないであろう。

また、籾殻は特に植物珪酸体を多量に含むところから炭素が吸着しやすいといわれる。仮に籾殻や藁《わら》で炭素が吸着させられているとすれば、同じ山東内でも生業の違いが認められたように、イネとアワ・キビでの籾殻の違いとして炭素吸着の違いが出てくる可能性があろう。

ところで黒陶内の炭素分の安定同位体である^{13}Cの量比とN（窒素）の量比を測ることにより、その炭素由来の植物がC3植物であるかC4植物であるかが分かる。C3植物とはイネであり、C4植物とはアワ・キビである。このような仮説から、試みに山東龍山の黒陶を地域別に安定同位体比分析してみた（図16・17）。山東北部の黄河下流域でアワが九二％出土した教場鋪遺跡とともに、景陽崗《けいようこう》遺跡、尚荘《しょうそう》遺跡といった聊城《りょうじょう》地区の龍山文化遺跡あるいは鄒《すう》県丁公遺跡では、C4植物に由来する炭素が大半を占めた。これに対し、

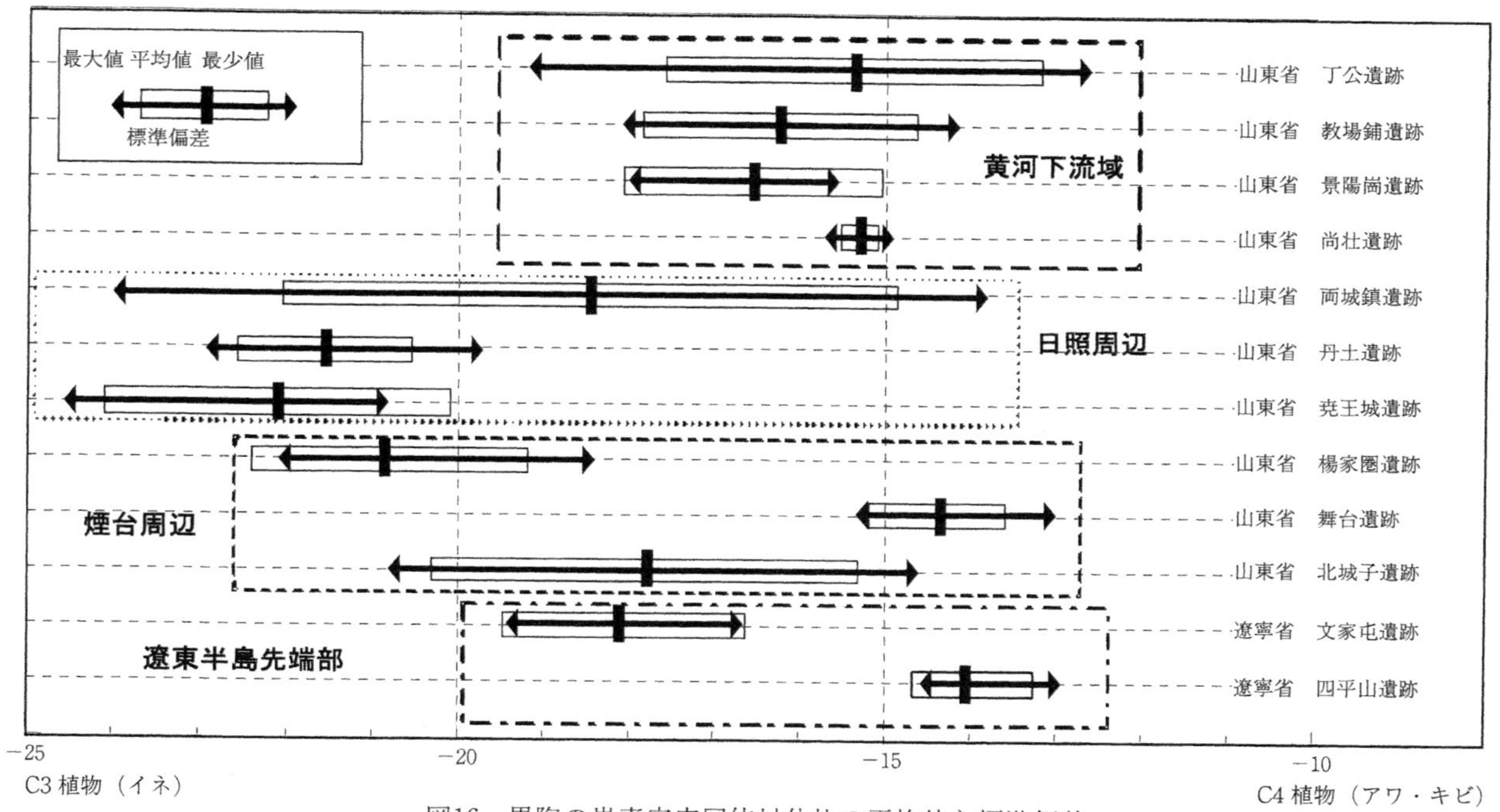

図16　黒陶の炭素安定同位対体比の平均値と標準偏差

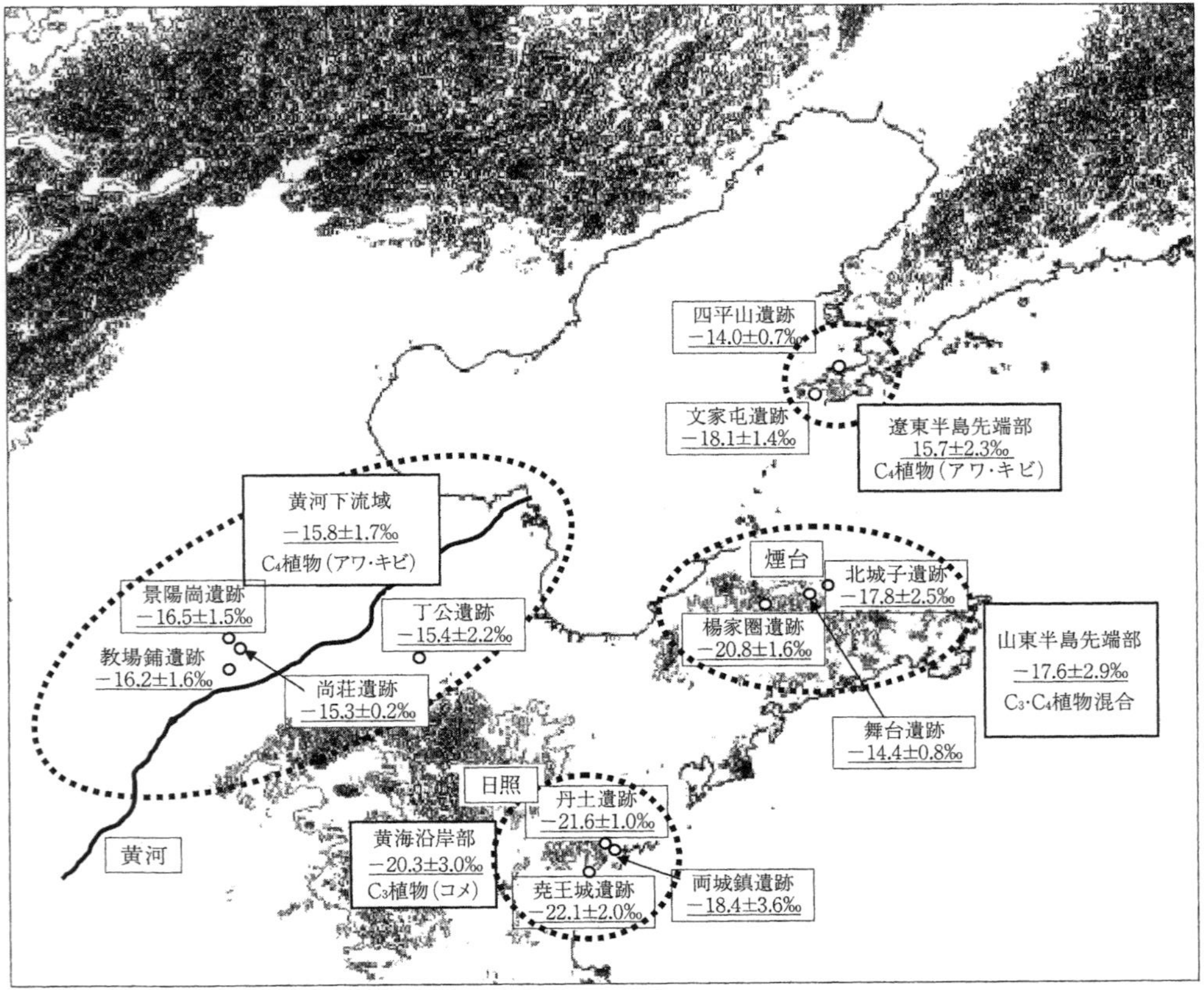

図17 山東半島と遼東半島における遺跡別[illegible]安定同位体比

イネ四九％の両城鎮遺跡ではＣ３植物の多い傾向に、さらに周辺の丹土《たんど》遺跡や尭王城《ぎょうおうじょう》遺跡では大部分がＣ３植物由来の炭素であることが明らかとなった。

このように黄河下流域と山東東南部ではＣ４植物とＣ３植物の明確な地域差が区分できる。すなわち黄河下流域はアワ・キビ農耕が主体であり、山東東南部ではアワ・キビ栽培も併せ持ちながら稲作農耕が主体であるといえるであろう。

栽培イネの伝播ルート

黒陶の安定同位体比分析でも、山東半島内の生業差を明確に示したのではないかと考えられる。明瞭なＣ４植物とＣ３植物の地域差は、フローテーションによる栽培穀物の地域差と矛盾なく一致している。さらに同じ分析を山東半島の東端である煙台地区においても行ってみた。これまで栽培イネが発見された中国大陸での東端の遺跡である楊家圏遺跡を含め、煙台市舞台《ぶたい》遺跡、北城子《ほくじょうし》遺跡で採集した黒陶を安定同位体分析してみたところ、その値はＣ３植物を主体としながらも、Ｃ４植物も一定存在する、山東東南部と山東西北部の中間的な様相を示している。この結果は、やはり楊家圏遺跡での炭化米の出土例にも見られるように、イネ栽培が、山東半島南部から東南部の黄海沿岸を伝わって広がり、さらにその伝播が山東半島の東端であるいわゆる膠東《こうとう》半島地域すなわち煙台地区まで広がったことが理解されるのである。

煙台地区の龍山文化と同じ時期、廟島《びょうとう》列島を介して対岸の遼東半島では積石塚《つみいしづか》が発達する。この積石塚には山東龍山文化と同じ黒陶（図18）が副葬されている。同時に在地で生産されたと考えられる紅褐陶《こうかつとう》（紅色や褐色をなす在地系統の土器）も副葬されている。一九四一年に日本学術振興会によって調査された四平山《しへいざん》積石塚は、戦前においてすら盗掘で大半が攪乱を受けていた積石塚にあって、未盗掘のものを調査できた稀な調査例の一つである。しかも、発掘で得られた黒陶は、山東半島で戦後出土したものと遜色ない、あるいはそれ以上に立派なものであり、大半が器壁の極めて薄い卵殻黒陶である。

このような精巧な黒陶は、これまで山東半島から交易によってもたらされた外来品であるという位置づけもあった。また、四平山積石塚の近くに位置する文家屯《ぶんかとん》遺跡は、四平山積石塚よりは遡った呉家村《ごかそん》期から四平山積石塚と同時期の小珠山《しょうしゅざん》上層期に相当する貝塚を含む集落遺跡である。この文家屯遺跡が居住地であり、その住民の墓葬が四平山積石塚であるという推定もあるほど、二つの遺跡は近接しておりさらに同時性を示している。

これら二つの遺跡から発掘によって出土した黒陶を同じように安定同位体比分析を行ったところ、煙台地区に近い値を示すものの、C３植物は存在するがC４植物の割合がより多くなってきている。すなわち煙台地区と山東西北部との中間的な様相を示している。

図18　遼東半島四平山積石塚出土の黒陶と紅陶鬶

これによって以下の二つのことが推定できる。一つは安定同位体比の値が遼東半島の対岸の煙台地区やその他の山東地区とは異なっていることが重要である。もし、これらの黒陶が外来品であれば、とりわけ距離的に近く先史時代を通じて交流のあった煙台地区の黒陶と同じ値を示す必要性があるが、結果は異なっていた。したがって、遼東半島の黒陶も遼東半島内の在地で生産されていた可能性が高いということである。その点で、遼東半島の積石塚や集落遺跡出土の龍山黒陶は相当量にのぼり、これらをすべて外来品と考えるには無理があるということである。大半を在地生産できたと考えるべきであろう。さらにこれらの黒陶が在地生産とすれば、安定同位体比分析の結果では一定のC３植物すなわちイネが存在していることとなり、龍山文化期においては遼東半島でも稲作が行われていた可能性が高まったのである。

文家屯貝塚の住居址の壁土である紅焼土《こうしょうど》内からイネのプラント・オパールが検出されたことがあったが、この事実も黒陶の安定同位体比分析と符合する結果であり、少なくとも遼東半島の龍山文化期にはアワ・キビ農耕に加え、イネの栽培が始まっていた可能性が高いのである。したがって、山東龍山文化期には、淮河以南の長江下流域に存在したイネ栽培が、アワ・キビ農耕地帯であった山東半島において、黄海沿岸を中心に、山東南部から東南部へさらには山東東端である煙台地区を介して遼東半島までイネが拡散したことが知られるに至ったのである。

このように、山東龍山文化段階には、稲作が黄海沿岸を伝わるようにアワ・キビ農耕地帯に受容され、さらにそれが主たる生業になる形で山東半島の東端である楊家圏遺跡まで伝播したのである。さらには、山東半島と遼東半島の中間に位置する廟島《びょうとう》列島を介する形でさらに遼東半島へと広がっていったであろう。生態条件としては、山東東端の煙台地区よりアワ・キビ農耕が主体である地域にも稲作が受容されたのである。この小珠山上層期には定型的な石包丁も遼東半島に現れる段階であり、このような生業の伝播とともに、石包丁も山東からの文化流入としてもたらされた可能性が高い。

山東半島と遼東半島

日本の土器との類似

さて、このようにアワ・キビ農耕地帯に稲作が広がり複合した山東半島東南部から東端の煙台地区の山東龍山文化と、遼東半島とはとりわけ深い文化的な結びつきを認めざるを得ない。もともと遼東半島とその対岸にある煙台地区とは山東龍山文化以前の大汶口文化期併行期段階から相互の交流が認められる。その交流とは煙台地区の土器が遼東半島で認められ、遼東半島の土器が煙台地区で認められるという相互の交流であったが、この山東龍山文化期は煙台地区から一方的に文化が流入する時期である。その一つがすでに述べた磨製の石包丁であったり、扁平片刃石斧や石鑿《いしのみ》などの石器類である。

さらに、山東龍山文化の特徴である黒陶が遼東半島でも認められることにその結びつきが知られる。明らかに山東系統の土器と思われる黒陶以外に、もともと在地の伝統的な土器である紅褐陶《こうかっとう》があるが、この地域ではこれまで筒形罐（図19―1）という極東から中国

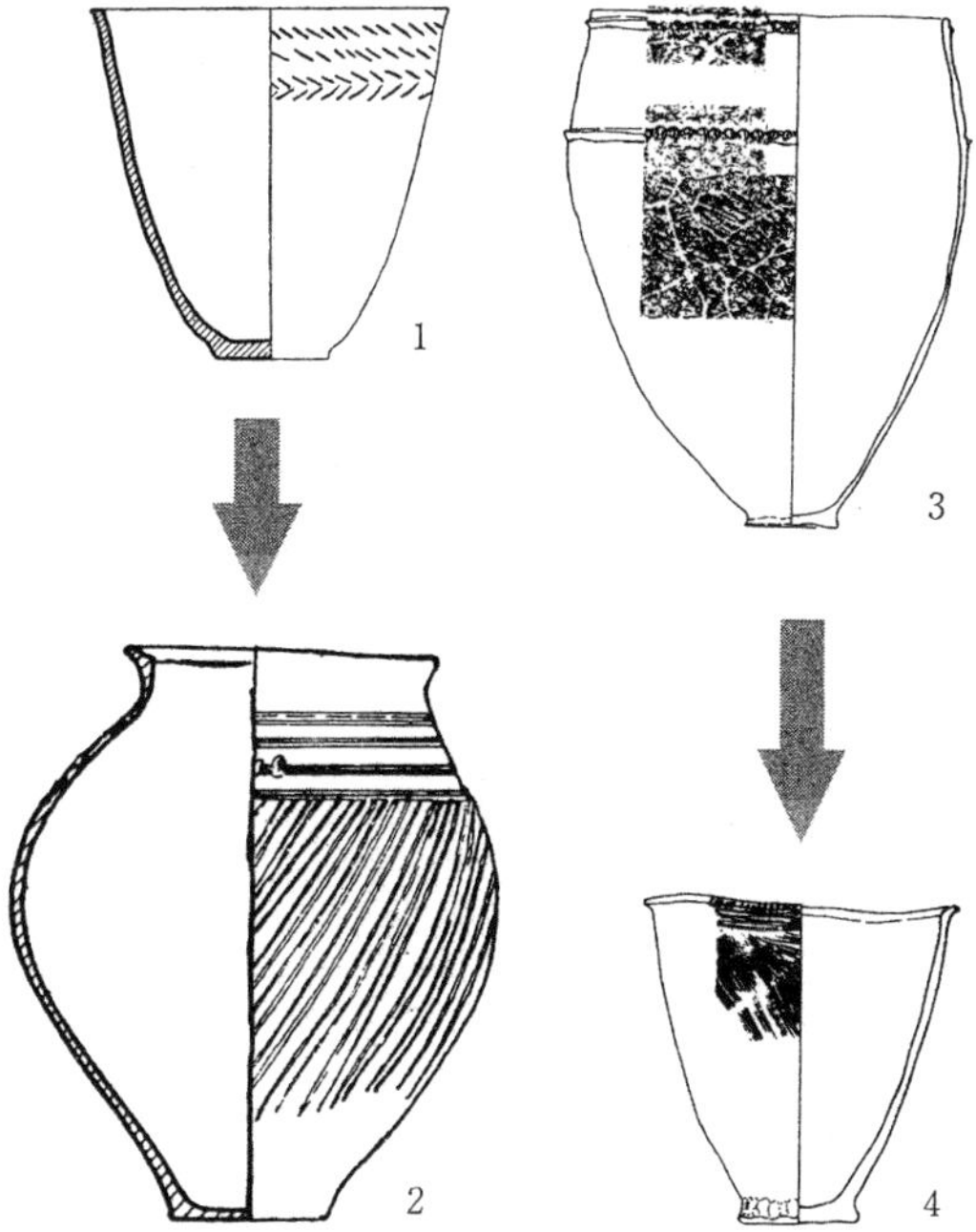

図19　遼東半島（1・2）と北部九州（3・4）の先史時代における煮沸具の変化

東北部において一般的であった煮炊き具であったのが、この段階から様式変化し、いわゆる甕形の土器（図19―2）に変化している。この甕形の土器の器形も、その祖形は山東龍山文化の紅褐陶の罐という器種に求められ、山東龍山文化の影響の中に土器様式が変化していることが認められる。

この変化は、日本列島では縄文から弥生への転換期が最初に訪れた北部九州の状況によく似ている（図19）。縄文時代の伝統的深鉢である刻目突帯文《きざみめとつたいもん》土器（図19―3）から板付《いたづけ》祖形甕あるいは板付式甕（図19―4）が成立していく。まさしく縄文から弥生への夜臼《ゆうす》式から板付式への土器変化によく似ているのである。弥生時代の板付祖形甕あるいはそれが変化して成立した板付式甕は、まさに弥生文化を特徴づける甕形土器であり、このような甕形土器は朝鮮半島南部の無文土器文化との接触の中で成立したものであり、一定の渡来人によって北部九州にもたらされた可能性の高いものである。

遼東半島においては刻目突帯文土器が筒形罐に相当し、板付祖形甕や板付式甕が遼東半島のこの段階に出現する甕形土器である。ただし、こうした甕は、山東龍山文化のものとは異なり、沈線文の綾杉《あやすぎ》文や櫛目文による斜線文など在地的な文様が施され、板付式甕と同じように地域的な変化を遂げていく。さらに弥生文化成立期の朝鮮半島南部の無文土器文化が、この場合は山東半島とりわけ煙台地区の山東龍山文化に相当するのである。

一方、弥生文化成立期の北部九州では、朝鮮半島の無文土器そのものと考えられるものは壺などごく限られた量しか存在しないのに対し、この場合の遼東半島では多量の山東龍山文化系統の黒陶が存在している。弥生文化成立期に渡来人の存在を予想するように、同じ文化現象あるいはそれ以上に山東龍山文化系統の黒陶が存在することからも、この段階に山東半島とりわけ煙台地区の龍山文化における人々の遼東半島への移住を想定しないわけにはいかないのである。

伝播の型式

話を東北アジア農耕化第二段階に戻すならば、華北のアワ・キビ農耕文化に山東南部や山東東南部といった黄海沿岸を伝わって稲作農耕が広がり、さらにはこれが膠東《こうとう》半島とも呼ばれる山東煙台地区を経て遼東半島へと伝播していったのである。この場合、山東東南部や山東煙台地区における山東龍山文化は、生業として稲作農耕技術を受容したものであり、必ずしも山東内では文化コンプレックスとしての稲作受容がなされたわけではなかった。その意味では、山東の黄海沿岸地帯において、人間の移動を伴うような文化伝播を示してはいなかったのである。

しかしながら、煙台地区から遼東半島への稲作農耕の伝播には、黒陶や土器様式の変化あるいは石包丁などの磨製石器に見られる文化コンプレックスとしての文化伝播が伴っており、そこには人間の移動が考えられる。その年代は山東龍山文化期に相当することから紀元前二五〇〇〜二〇〇〇年頃に相当すると考えられるが（表3）、もっとその年代を絞り込むことができるのである。

鴨緑下流域	西朝鮮
後窪下層	
後窪上層	智塔里
	金灘里１文化層
堂山下層	南京１期
堂山上層	南京２期
新岩里１期	
新岩里第３地点第Ⅰ文化層	
新岩里２期	
	コマ形土器
美松里上層	

四平山積石塚

その鍵となるのが四平山《しへいざん》積《つみ》石塚《いしづか》である（澄田正一・小野山節・宮本一夫編『遼東半島四平山積石塚の研究』柳原出版、二〇〇八年）。すでに述べたように戦前に八幡一郎氏や澄田正一氏など日本人の手によって発掘されたものであり、その遺物は現在京都大学博物館に収蔵されている。

積石塚という墓葬構造は遼東半島それも遼東半島南端の金州湾以南にしか見られないごく限られた地域の墓制である。龍山文化期に

表3　東北アジア土器編年表

中　原	山東煙台地区	遼東半島
裴李崗		
BC5000—		
王湾1期1段	白石村1期	小珠山下層
BC4000—　王湾1期1段	邱家荘1期	小珠山下層
王湾1期2段	北荘1期	小珠山中層
BC3000—王湾2期1～3段	北荘2期	呉家村
王湾2期4段	楊家圏1期	郭家村3層
王湾3期	楊家圏2期	小珠山上層
BC2000—	楊家圏3期	双砣子1期
二里頭文化	昭格荘	双砣子2期
二里岡文化		双砣子3期
殷墟期	珍珠門	双砣子3期
BC1000—		
西周		上馬石A地点下層
春秋		上馬石A地点上層

相当する時期を遼東半島では小《しょう》珠山《しゅざん》上層期と呼ぶが、この段階の特徴的な墓制として存在する。それらは山の丘陵線上に列をなして構築される。山の稜線が比較的なだらかで平坦地がある場合は、石で構築される墓室が集まって群をなし、複数の墓室を多列配置して結果的に墳丘状に見える場合と、比較的急峻な稜線では墓室が列状をなすものがある。一列に墓室を構築する場合も、各墓室は石で方墳状のマウンドを構築し、その中央部に墓室をもうけ蓋石によって塞いで被葬者を安置している。方墳状を呈するものが山の稜線上にまず構築される。その後、その方墳と方墳間も石で壁を作って墓室を構築し、結果的に稜線上に列をなした墓室が一列に数基から十数

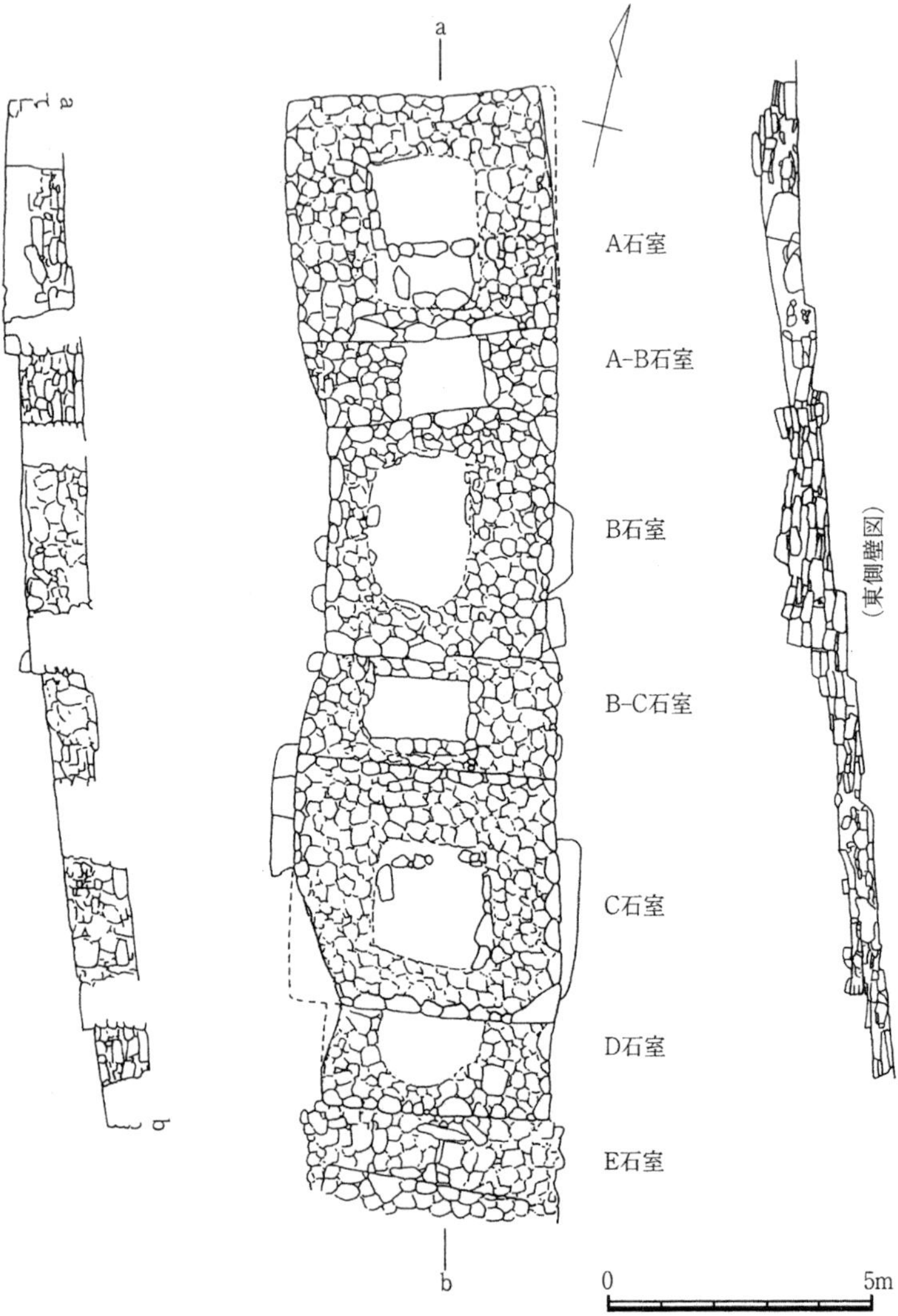

図20　四平山積石塚35号墓

基に達するものが見られる（図20）。

四平山積石塚の場合、稜線上を一列に墓室が構築されるものであるが、一方で旅順《りよじゆん》近くに存在する老鉄山積石塚の場合は多列からなる集塊状のものが多い。一列にしろ多列にしろ、これらの墓室のまとまりは被葬者間に何らかの関係性が存在するものと想定され、血縁関係を背景としたまとまりではないかと想像している。四平山積石塚の場合、こうした列単位での副葬品の量や玉器を含めた副葬品の質を比較検討すると、列単位でその量の多寡あるいは副葬品の中心である黒陶の種類に格差が存在する。さらには黒陶の種類が豊富で副葬土器の多い墓室には必ず玉器の牙璧《がへき》（玉製の環で牙状に突起をなす形態の威信財）などが伴うといった副葬品に見られる格差が存在している。すなわち、列単位で副葬品の格差が存在することは、列単位で社会的な格差が存在したことが理解できるのである。しかも社会的に優位な集団すなわち墓列は丘陵の上部に位置し、より下位の集団墓列はより丘陵の下方に位置するという、墓地の立地と社会的格差が対応する現象が認められる。さらには同じ一列の墓列内でも、山の頂上部に位置する墓室の方が副葬品から見て社会的なランクが上である。このように、墓列単位すなわち血縁単位での社会的な格差とともに、血縁者内でも社会的ランク差が存在するという階層社会に至っていることが理解できるのである。

ところで、四平山積石塚の年代であるが、出土した黒陶の年代は山東龍山文化内でも最も古い段階であり、龍山文化前期に属するものである。龍山文化が始まってすぐの段階にその文化が遼東半島にもたらされたことが理解できるのである。さらにはその墓制は山東半島には見られず、遼東半島における特異な墓制となっているが、社会的な階層表現を示す際の黒陶の種類による格差という規範は、山東龍山文化と同じものである。最も下位は黒陶が存在しないが、黒陶が存在する場合、杯、さらには高柄杯《こうへいはい》や鬹《き》といった酒器や煮沸具の鼎《てい》（図18）などが加わるものが最も社会的階層の高い人々である。

遼東半島の積石塚構築者たちはいわば外見的な墓制では自分らのオリジナルを示しているが、葬送行為や葬送に伴い副葬品の種類の選定という社会的規範や社会的な儀礼行為においては山東龍山文化と同じものを採用していたのである。むしろ社会的規範は山東龍山文化と同じ環境にあったといえよう。先の黒陶の安定同位体比の分析結果からも、黒陶は遼東半島内での在地で製作された可能性が高い。生産を含め遼東半島で行い、独自な墓制をもちつつも社会的な規範や儀礼行為においては山東龍山文化の規範が有効な習俗であると信じていた人々である。

このような物質文化以外での信仰にも関わる形而上レベルでの同族観念は、人間集団として同種の属であることを社会的に認めた集団であったといえよう。その意味では、遼東半島小珠山上層期には、山東煙台地区から龍山文化人が移住し、定着したことが明瞭に理解できるのである。むしろ山東から移住した龍山文化人は、社会の階層差を示す儀礼行為は山東龍山文化のものを用いながら、階層秩序の正統性を示そうとした。もう一方では、在来民との交配の中で新たな地域アイデンティティとして、積石塚という墓制を創出したのである。

なぜ移動したのか

では何ゆえに龍山文化人は遼東半島に移動していったのであろうか。先に東北アジア農耕化第一段階においても、その因果関係として気候の冷涼化が挙げられたが、この場合も水月湖のボーリングコアにおける海退時期が鍵になる。海退期は紀元前二四〇〇年頃にあり（図13の第四期海退期）、ほぼ山東龍山前期に相当している。気候の冷涼化の中に、本格的な農耕民である山東龍山文化人は、個々の集団の人口を維持するため、冷涼化によって人口を維持する食料生産量が限界に達した段階に、新耕地を求めて廟島列島を経ながら対岸の遼東半島を求めたのではないだろうか。

少なくとも東北アジア農耕化第二段階の機転となった山東の煙台地区から遼東半島への

人間移住とそれによるアワ・キビ農耕に稲作農耕をもつ複合した本格的な農耕化への転換は、このような古気候《こきこう》の寒冷化現象と関係して進行した可能性が高いと考えるのである。しかし、この寒冷時期も一過的なものであり、山東龍山文化後半期平行の双砣子《そうだし》一期段階には、外的文化受容はなく、小珠山上層文化を内的に変化させたものである。この段階には黒陶の生産技術が維持できず、質の悪い亜流黒陶の生産がなされるようになる。この点からも、この段階に新たな移住者は存在していないことが理解できるのである。

朝鮮半島へのイネの広がり

朝鮮半島でのイネの発見

ところで、紀元前二五〇〇～二〇〇〇年頃、この山東半島南岸の稲作伝播の延長として、朝鮮半島中西部にアワ・キビに加えてイネが出現するようになる。この時期の炭化米の実例（表4）は、金浦《キンポ》地域を中心とする朝鮮半島中西部地域の泥炭層や住居址覆土出土例がある。ただし、泥炭《でいたん》層の場合、後世の紛れ込みである場合も多く、資料としての信頼性が低いものである。

また、忠清北道《ちゅうせいほくどう》大川里遺跡では、住居址内からアワ・キビなどとともにイネの炭化米が出土している。住居址内の炭化物の放射性炭素年代は紀元前三五〇二～二六五八年と古いが、住居址内から出土している土器は、朝鮮半島新石器時代後期の土器の特徴を示しており、紀元前二四〇〇年ぐらいに相当する時期のものであろう。ただし、この住居からはコムギなども出土しており、これまで新石器時代文化層からの出土がないことから、イネやコムギは新石器時代住居址の上層に存在する無文土器時代のものではないかという疑義も出されている（小畑弘己「東北アジアの植物性食料―栽培穀物研究の現状と課題―」『先史・古代東アジア出土の植物遺体（2）』熊本大学、二〇〇四年）。

この他、同時期の土器の内部から得られた土のプラント・オパール分析においてもイネが確認されている。京畿道《けいきどう》注葉里《チュヨップリ》遺跡や忠清北道早洞里《チョドンリ》遺跡の土器胎土内部からイネのプラント・オパールが検出されたものであり、試料的には泥炭層の炭化米よりも信頼性が高いが、イネのプラント・オパール自身が埋土中で土器内部まで潜り込む疑念が出される場合もある。しかし慶尚南道《けいしょうなんどう》晋州市漁隠《ウオン》遺跡出土の炭化米は、放射性炭素年代が紀元前一九五〇年を示している。この炭化米は無文土器時代の住居址内から採集されたものであったが、漁隠遺跡では無文土器時代住居址の基盤層に新石器

内　　容
イネ
籾殻12粒
籾殻10余粒
籾殻，イネ６粒
イネ１粒
土器胎土内イネプラント・オパール
土器胎土内イネプラント・オパール
土器胎土内イネプラント・オパール
花粉
花粉

表4　朝鮮半島新石器時代イネ関係出土集成

遺跡名	所在地	年代
佳峴里	京畿道金浦市	BP4100±25(未補正値)
城底里(一山Ⅰ地域)褐色土層	京畿道高陽市	BP4070±80(未補正値)
大化里(一山Ⅱ地域)大化里層	京畿道高陽市	BP4330±80(未補正値)
大川里	忠清北道沃川郡沃川邑	BC3502-2658, 中朝鮮Ⅴ期(新石器後期)
漁隠1地区104号住居址	慶尚南道晋州市大坪里	BC1950(新石器後晩期)
注葉里	京畿道高陽市	BP4220-4700(新石器後期)
早洞里	忠清北道忠州市	中朝鮮Ⅴ期(新石器後期)
農所里	慶尚南道金海市	新石器晩期
佳興里	全羅南道羅州	BP3500(未補正値)
礼安里	慶尚南道金海市	BP3000(未補正値)

時代後晩期の文化層があり、イネの放射性年代値は新石器時代後晩期の年代値とは矛盾しないものである。放射性炭素年代値を信頼する限りはこのイネが新石器時代後晩期であることには問題がない。

したがって、この段階にイネが朝鮮半島中南部以南に存在することは問題ないといえよう。すなわち、東北アジア農耕化第一段階で受容したアワ・キビ農耕に加えてさらに朝鮮半島中南部から南海岸地域に稲が加わることになったのである。この現象は、山東半島南半部と同じ現象であり、栽培イネ単体が動く伝播現象であったといえよう。

では、この伝播経路が問題となる。現象的には山東煙台地区から黄海を越えて最も近接する朝鮮半島中南部へ海路伝播したというふうにしか解釈できないものであるが、この間の交流にはイネ以外には物質文化の交流を示すものがない。

遼東半島から朝鮮半島へのイネの広がり

一方、すでに述べたように山東煙台地区から遼東半島へは人間の移住を含め一方向の文化の流れが明瞭に認められた。では、この段階に遼東半島から朝鮮半島への文化交流があるのかないのかに興味が持たれるのである。物質文化からこの段階の交流としては、壺形土器があげられる。すでに述べたように、山東半島の文化的な影響の中、遼東半島では小珠山上層期に甕形土器が出現することを述べた（図21）。

この段階には遼東半島でも土器組成として壺形土器が存在するが、その壺は肩部に刻《きざみ》目《め》隆帯《りゅうたい》をもつ文様状の特性を持っている（図21―1）。このような壺形土器は同じ時期の遼東半島から瀋陽《しんよう》地区にかけて分布する偏堡《へんぽ》類型（口縁に隆帯を貼る深鉢を特徴とする土器群）にも認められ、特に肩部の刻目隆帯と腹部下位に刻目隆帯をもち、その間を垂下する隆帯やあるいは幾何学沈線文で埋める独特な壺形土器（図21―2）の土器型式が認められるのである。このような壺形土器は偏堡類型以外では、さらに丹東地区の石仏山遺跡、鴨《おう》緑江《りょっこう》下流域の双鶴里《ソハクリ》遺跡・新岩里《シンアムリ》遺跡（図21―3）などにも認められ、壺形土器や甕形土器を含めて、遼東半島から鴨緑江下流域までは同じような土器様式圏に変化しているのである。

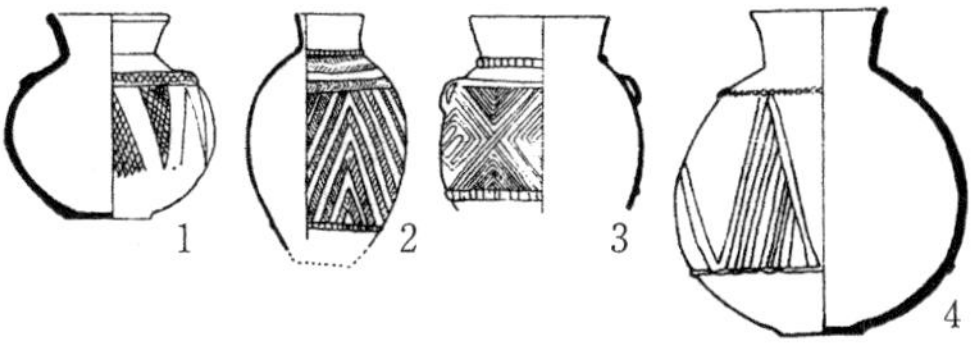

図21　新石器時代後期における遼東半島から朝鮮半島西部の壺の広がり

したがって、こうした新来のイネを含んだ農耕文化もこのような土器様式圏の成立の中に、黄海沿岸を伝わるように鴨緑江下流域まで広がった可能性がある。さらに甕形土器は伝播しないが、先に述べたと同じ特徴を持つ壺形土器が大同江流域の平壌市南《ナン》京《ギョン》遺跡三七号住居址や三一号住居址（図21―4）においても確認されるのである。文化的な属性は欠落しつつも、少しずつ壺形土器がこの地域まで繋がることは、そこにイネ作技術の伝播の可能性が高いものと思われる。さらに、こうした文化伝播は物質文化を伴うことなく朝鮮半島中南部へイネ作技術あるいはイネそのものが伝播することにより、より気候が湿潤温暖化している朝鮮半島中南部以南の栽培適地において栽培が始まったのではないかと想像される。

朝鮮半島新石器時代のイネ

このような過程を経て、結果的に朝鮮半島中南部から南海岸といった狩猟採集を主体とする社会にも、補助的生業としてアワ・キビ栽培にさらにはイネ栽培が加わることになる。おそらくはイネ栽培は谷部などの湿地帯を利用した天水田《てんすいでん》であり、地形環境に応じた自然農法的な栽培段階であり、水田などは存在しない段階であった。事実、水田や水路を備えた灌漑農法は無文土器時代以降でないと発見されていない。

ただし、アワ・キビに比べて粒あたりの栄養価が高く、イネの味覚が優れていることを考えれば、イネは付加価値が高かったであろうから、生態的に繁茂できるような条件さえあれば、人々はイネを選択的に栽培あるいは収穫していったであろう。付加価値のある食物としてイネ栽培が補助的な生業の一つとなったのではないだろうか。

農耕社会の誕生

第三段階

岳石文化の拡散

気候の寒冷化

前章までは、華北に生まれたアワ・キビ農耕が朝鮮半島南部や狩猟採集社会に伝播していく東北アジア農耕化第一段階を説明した。さらには、淮河以南の稲作農耕が黄海沿岸を伝わるように山東東南部から東端の煙台地区を伝わった。そして人の移動を伴いながら遼東半島へ文化伝播していく動きの中に稲作農耕が遼東半島さらには黄海沿岸の朝鮮半島西海岸を広がり、栽培適地の朝鮮半島中南部から南海岸へと広がる東北アジア農耕化第二段階の様相を説明してきた。

それらの農耕伝播の要因の一つに、それぞれの気候の寒冷化が挙げられる。東北アジア農耕化第一段階は、紀元前三三〇〇年頃の寒冷化の中に、朝鮮半島西部から西北部の遼西・遼東に接触する農耕化した狩猟採集民が、また豆満江《とまんこう》上流域やスイフン河上流域の吉《きっ》長《ちょう》地区や遼東と接する農耕化した狩猟採集民が、この段階に北から南へと連鎖的に移住していくことによりアワ・キビ農耕の伝播が見られることとなった。東北アジア農耕化第二段階の紀元前二四〇〇年頃の寒冷化は、山東煙台地区の農耕民が遼東半島へ移住する契機を与えた。この結果、紀元前二四〇〇〜二〇〇〇年には、朝鮮半島中南部から南海岸へとアワ・キビ栽培に加えてイネ栽培が加わることとなり、狩猟採集社会にさらなる補助的生業であるイネ栽培技術が受容されることとなったのである。

無文土器文化

ところで紀元前一五〇〇年頃より、朝鮮半島は新石器文化から無文土器文化という新しい文化様式に変質していく。これは基本的に遼東における土器様式の変化が波及的に広がっていくものであり、半島の北から南に向けての文化変容を示している。この段階になって遼東型石斧・扁平片刃石斧・柱状片刃石斧・石包丁という磨製石器のまとまった石器組成が朝鮮半島においても成立する。これを磨製石器群と呼称するならば、この磨製石器群は山東半島から遼東半島を介して朝鮮半島へもたらされたものである。さらにはこうした磨製石器群の製作が日本の弥生文化においても北部九州の弥生早期から認められ、大陸系磨製石器と呼ばれている。

無文土器文化は、朝鮮半島全体では地域性が存在している。西朝鮮ではコマ型土器（丸底に僅かな平底がつき口縁には隆帯文が施される土器）文化が、そして東北朝鮮における新石器末期の西浦項五期の系統を引く孔列《こうれつ》文土器（無文土器前期の土器で、口縁部に孔が列状にあけられるところに文様上の特徴がある）や、その後の虎谷《ホゴク》遺跡や五洞《オドン》遺跡に見られる甕型土器文化が存在する。これら二つの系統が入り交じるように朝鮮半島中南部以南では、

朝鮮半島西部	朝鮮半島中・南部	朝鮮半島東北部
南京２期	新石器後期	西浦項４期
	新石器晩期	
		西浦項５期
コマ形土器	突帯文土器	五洞３期
│	横帯斜線文土器	五洞４期
│	孔列文土器	五洞５期
│	松菊里	草島４期
	粘土帯土器	五洞６期

土器の口縁部に隆帯が貼られる可楽洞《カラクドン》式と、孔列文土器系統の欣岩里《フナムリ》式や駅三洞《ヨクサンドン》式といった土器型式が無文土器時代前期に認められる。ともに北から南への土器製作技術の系統関係がたどられ、物質文化における北から南への系統性や文化接触が想定されている。なお、孔列文土器に関しては、東北朝鮮というよりはむしろ西北朝鮮との関連を注目する見方もみられる（大貫静夫「欣岩里類型土器の系譜論をめぐって」『東北アジアの考古学　第二［槿域］』、東北亜細亜考古学研究会、一九九六年）。

どちらにしろ朝鮮半島中南部の無文土器がより北の地域を

表５　朝鮮半島無文土器編年表

	中　原	遼東半島	鴨緑下流域
BC2000	王湾３期	小珠山上層	堂山上層
	新砦	双砣子１期	新岩里１期
BC1500	二里頭文化	双砣子２期	新岩里第３地点第Ⅰ文化層
	二里岡文化	双砣子３期	新岩里２期
BC1000	殷墟期	双砣子３期	
	西周	上馬石Ａ地点下層	美松里上層
BC 500	春秋	上馬石Ａ地点上層	
	戦国	尹家村上層	

母体とする文化からの関係性の中に生まれたという仮説が一般的である。また、朝鮮半島南部では突帯文土器という無文土器時代早期に比定される土器も発見されており、これらの土器群の出自を西北朝鮮の新岩里《シンアムリ》Ⅱ期（紀元前二〇〇〇年紀後半）やさらには遼東半島の双砣子《そうだし》三期（紀元前二〇〇〇年紀後半）に求める考え方が比較的有力である。すなわち新石器時代の櫛目文《くしめもん》土器系統の土器様式が大きく転換する際に、西北朝鮮の新岩里Ⅱ期あるいは遼東半島の双砣子三期との文化接触が一定の役割を果たしていたことが推測されるが、双砣子三期の放射性炭素年代は、朝鮮半島南部の無文土器時代早期の放射性年代ともほぼ同じであり、こうした段階（紀元前一五〇〇年頃）に朝鮮半島が無文土器文化という大きな文化変化を迎えたことは矛盾のないものである。これはまさに日本列島における縄文から弥生への変化と同じ質的な転換を見せるものであり、朝鮮半島の大きな歴史的な転換期にあたっ

ているのである。

朝鮮半島無文土器文化は、孔列文土器を主体とする前期、松菊里《ソングンリ》型土器を主体とする中期、粘土帯土器からなる後期に分けられるが、さらに近年では孔列文土器に遡る段階として突帯文土器からなる早期に分けることができる。近年の韓国考古学界では、中期の松菊里文化を無文土器時代後期、粘土帯土器を初期鉄器時代に分期する考え方が一般的となり、本書でもその区分に従いたい。こうした土器編年は朝鮮半島でも南部に相当し、今日の韓国の領域にほぼ適応できるものであり、さらに朝鮮半島西北部ではコマ型土器文化が前期から後期に、朝鮮半島東北部では五洞五期・六期が相当している。これらの土器編年と遼東半島の土器編年の対応は表5に示すようなものである。

朝鮮半島での文化変化

では、かくのごとくの文化変容を理解するために、まず遼東半島における文化変化を考えてみたい。紀元前一六〇〇年前後といえば、双砣子三期文化あるいはそれに先立つ双砣子二期文化に相当する時期である。近年公表されている遼東半島における文化編年の放射性炭素年代とさらに朝鮮半島南部の無文土器早期や前期の放射性炭素年代を示したのが、表6であるが、双砣子二期から双砣子三期文化段階に朝鮮半島南部においても無文土器文化に転換していることが理解できるであろう。

双砣子二期は一般的には山東の岳石《がくせき》文化（龍山文化が変化した初期青銅器文化）に併行するものであり、さらに中原でいえば二里頭《にりとう》文化期に併行する。遅くとも商代前期以前に納まるものである。双砣子三期文化は商代前期から商代後期の殷墟《いんきょ》期に併行する文化である。

ところで、山東の岳石文化に併行する遼東半島の双砣子二期文化（紀元前一六〇〇年頃）には、土器内容を含め岳石文化そのものである要素が強い。この傾向は遼東半島の小珠山上層期（紀元前二五〇〇～二〇〇〇年）に山東龍山文化の強い影響を受けていた段階と類似している。すでに述べたように、小珠山上層期は東北アジア農耕化第二段階に相当し、山東煙台地区からの移民が遼東半島に移住した段階であり、遼東半島の文化様式がかなり転換した段階である。

その後の双砣子一期文化では、山東からの直接的な文化的影響力を持たないまま、小珠山上層が在地的に変化した文化様式であった。いわば外来移民のないまま、前段階の移民と在来民の混交の中に新たな文化様式が成立したものであった。しかし文化的な内容は、亜流《ありゅう》黒陶のように前段階の技術が退化したりあるいは衰退した感があるが、一方では土器焼成後に彩絵して文様を描く土器など新しい文化要素も生まれている。こういう中に、またこの岳石文化段階に山東からの強い文化的影響を遼東半島南端では受けることになる。

岳石土器そのものが遼東半島に到来することから見れば、すくなからずの移民が山東からやってきたものであることが推測できるのである。

こうした岳石文化期の文化移動あるいは文化様式の拡大を、かつては政治的な領土拡大などに絡めた解釈が多かったが、岳石文化が国家体制をもつほど発達しているわけでもない上に、この段階に古環境の変化が近年知られるようになったところから、気候の冷涼化の中から食料源の減少に伴う移民として遼東半島への文化領域の広がりが理解されるようになっている。すでに述べた福井県水月《すいげつ》湖や鳥取県東郷池のボーリングコアでも、この双砣子二期である紀元前一六〇〇年頃は寒冷期に相当することが明らかになっている。少な

C14年代	樹輪較正年代
BP3530±85	BC2015-1748
BP3550±80	BC2028-1771
BP3900±95	BC2561-2280
BP3610±100	BC2135-1829
BP3030±100	BC1420-1130
BP3250±100	BC1670-1430
BP3190±85	BC1527-1408
BP3140±90	BC1516-1317
BP3030±90	BC1416-1137
BP3190±90	BC1591-1405
BP2860±75	BC1157-923
BP3080±75	BC1431-1264
BP3080±150	BC1520-1131
BP3960±60	BC1700-1520
BP3100±50	BC1500-1200
BP3230±50	BC1620-1400
BP3360±40	BC1690-1595
BP3180±50	BC1590-1310
BP3230±50	BC1620-1400
BP3030±50	BC1410-1120
BP2820±60	BC1130-825
BP2860±70	BC1250-835
BP2930±50	BC1270-930

表6　遼東半島先史遺跡の放射性炭素年代

遺跡名	所在地	相対年代	試料
于家村3号住居址	遼寧省大連市	双砣子1期	木炭
于家村3号住居址	遼寧省大連市	双砣子1期	木炭
双砣子16号住居址	遼寧省大連市	双砣子1期	木炭
高麗城山1号住居址	遼寧省長海県	双砣子1期	木炭
高麗城山1号住居址	遼寧省長海県	双砣子1期	木炭
高麗城山1号住居址	遼寧省長海県	双砣子1期	木炭
于家村1号住居址	遼寧省大連市	双砣子3期	木炭
于家村1号住居址	遼寧省大連市	双砣子3期	木炭
双砣子4号住居址	遼寧省大連市	双砣子3期	木炭
崗上7号墓下層	遼寧省大連市	双砣子3期	木炭
大嘴子3号住居址	遼寧省大連市	双砣子3期	炭化穀物
大嘴子1号住居址	遼寧省大連市	双砣子3期	炭化木柱
上馬石上層	遼寧省長海県	上馬石上層	木炭
校洞1号住居址	江原道江陵市	無文土器早期	木炭
校洞2号住居址	江原道江陵市	無文土器早期	木炭
校洞3号住居址	江原道江陵市	無文土器早期	木炭
渼沙里11号住居址	京畿道河南市	突帯文土器	土器付着炭化物
玉房5地区D区域2号住居址	慶尚南道晋州市	突帯文土器	木炭
玉房5地区D区域2号住居址	慶尚南道晋州市	突帯文土器	木炭
上村里B地区2号遺構	慶尚南道晋州市	突帯文土器	木炭
龍山洞1号住居址	大田市	可楽洞	
龍山洞1号住居址	大田市	可楽洞	
龍亭洞Ⅰ-1号住居址	忠清北道	可楽洞	

※複数の遺跡名があるものは，同一遺跡・遺構内の異なる試料を示す．

くともこの時期の東アジアにおける寒冷化は、山東半島の農耕民である岳石文化の人々の一部が新たな可耕地を求めて遼東半島へ移住していったと理解できるのである。

農具の変化

では農耕民としての岳石文化人はどのような農耕活動を行っていたのであろうか。農耕石器の検討からこの問題を考えてみたい（宮本一夫「弥生時代における木製農具の成立と東北アジアの磨製石器」『九州と東アジアの考古学―九州大学考古学研究室50周年記念論文集―』二〇〇八年）。山東龍山文化以来の農具の一つとして石鏟《せきさん》が見られる（図22）。この石鏟は新石器時代前期や中期の石鋤とは異なり、片刃であるとともに、丁寧な磨製加工がなされており、比較的薄く均一な厚さをなしている。頁岩《けつがん》や凝灰岩《ぎょうかいがん》などで製作されるものである。

また、明瞭に刃先の刃部側のみに使用痕が認められるが、これらをさらに低倍率の実体顕微鏡で観察すると、使用時にできた線状痕が明瞭に認められる。この線状痕は刃部に対して垂直ないしやや斜め方向を向いている。重要なのはその斜線方向の線状痕が一定であり、石鏟の長軸に対して同じ方向に常に一定して使われていることである。決して斜格子状のように交互方向に使われた痕は見られない点にある。このことは、明瞭に片刃であるように作り出されていることからも、石鏟は常に表裏が決められて使われていることも意

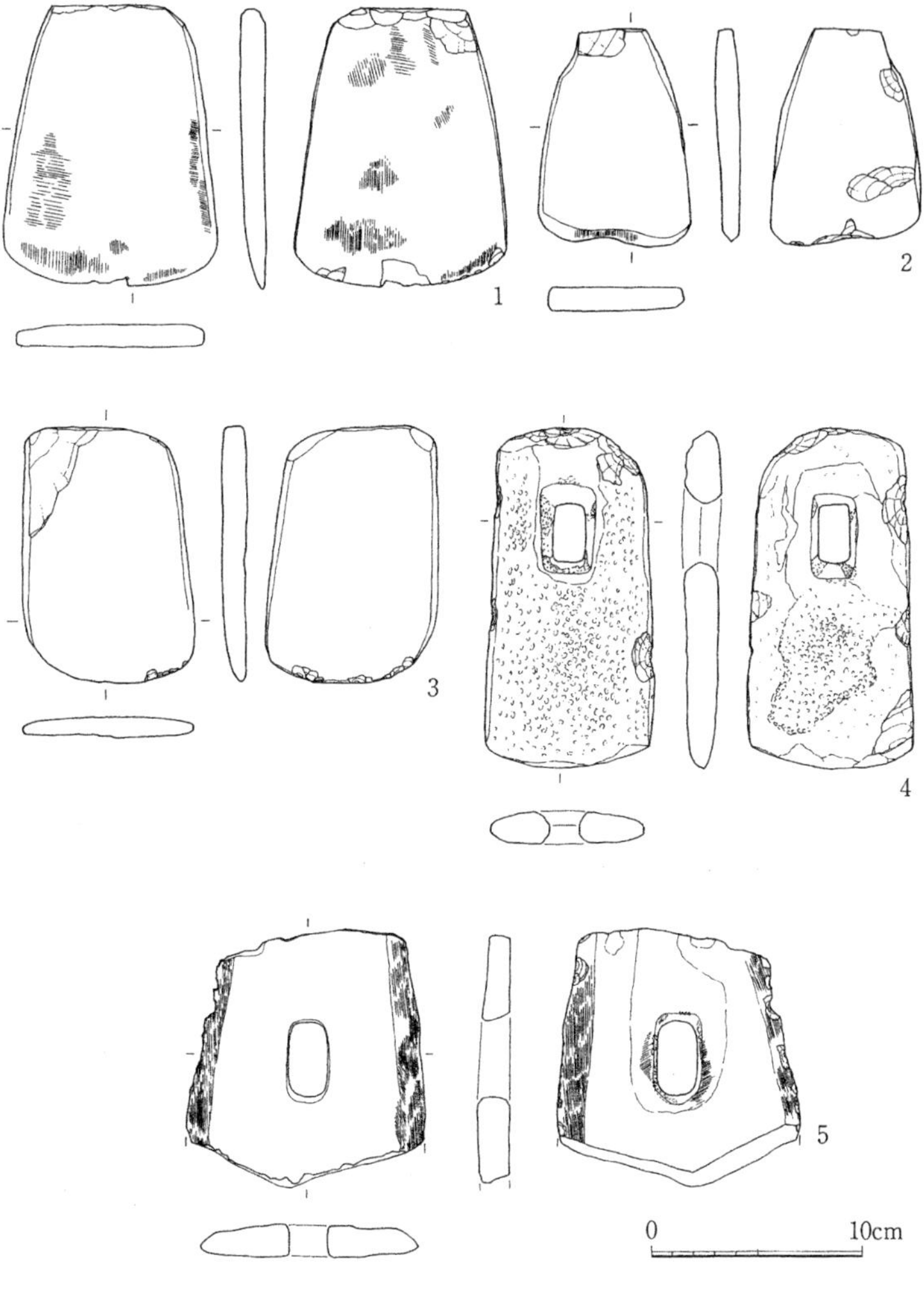

図22　山東龍山文化・岳石文化期の石鏟（1～3）と石钁（4・5）

味する。一方、刃部がない平らな裏面には波状に打裂された使用痕が認められる。弘前大学の上條信彦氏は、こうした使用痕を実験結果から伐採や加工などの木材利用に使われた石斧ではなく、土掘りに使われたものであることを証明している。しかも土に対する刃先の進入角度は三〇度くらいと推測されている。この石鏟は、片刃であることからも、おそらくは刃が研がれていない面を常に上にして、スコップ状に前後運動しながら使われたものである。

さらに石鏟の刃部の左右どちらかの摩耗が著しく、本来左右対称であったものが、一方の側を使用するにつれて摩耗していったことが認められる。刃部のある側を石鏟の表面とするならば、表面の左側が摩耗する場合が比較的多い傾向に気がつく。すなわち石鏟の表面でも左側が摩耗する場合が多いことになり、使用者は鋤状に石鏟を使うとすれば、身体方向に対して左側への方向へ前後方向に石鏟を反復して使っていく動作が復元できる。しかもその際に土壌には片刃であることからも垂直に突き刺すのではなく、斜め方向で水平方向に近い所作で土をすくい上げる動作を推測できるのである。

このことから、耕作者が身体方向に対してやや左側に土を掬《すく》っていく動作、すなわち畝《うね》立《た》てや除草における耕作に専用的に使われた道具ではないかと推測することができる。もちろん石鏟に対して右側が摩耗気味のものも存在するが、これは比率が少ないことを示すように、左利きの人専用の道具であったのではないだろうか。先の左側摩耗の石鏟は、一般的な右利き耕作者による畝立て具や除草具であったと解釈できるのである。さらにこうした仮説が正しいとするならば、すでに龍山文化・岳石文化では農具が個人の所有に帰属するものであり、核家族化した個別世帯農耕家族が、生産単位になっていたことまで推測できることになる。

さらに岳石文化段階になると固有の農具として石钁《せきけつ》が出現するようになる（図22）。これは石鏟とは異なり、打製であり最終的に全面が研磨されないが部分的に面をとるような粗《あら》い研磨が施されている。石鏟と異なり両歯であり、石鏟のような線状痕は見られず、刃部の使用痕は土掘り具として利用されたものであることを示している。

石钁は長方形の平板石からなり、石鏟より厚さは厚く、土掘り具に耐えうるものである。中央ないしは刃部より反対側面に近い側に円孔があけられており、ここに柄が差し込まれている。この孔の断面形からは石钁と柄は垂直というよりは鋭角に組み合わさっており、まさしく鍬《くわ》として利用されていたことが容易に理解できるものである。また、孔の周辺に方形の擦れた使用痕跡が明瞭な場合が見られ、柄が石钁に対し一方向に差し込まれることにより、太い柄の基部がストッパーとしての役割を果たすものであると考えられ、反対側の孔には楔が打ち込まれることもあったであろう。このような石鏟は石鍬として利用されたものであり、耕起具として土壌の掘り起こしに使われたものと理解される。

ともかく、定型的な石鍬がこの段階から登場しており、農具の機能分化が明確となっていったことが知られると同時に、農耕技術がより体系化していったことを示しているであろう。

このような龍山文化さらに岳石文化に至って、畝立て具・除草具としての石鏟、土起こしや耕作具としての石鏟が出現しており、これらが定型的な形態を示しながら機能分化した農具であることが重要である。また、先の石鏟での推定が正しければ、こうした農耕活動は個別の世帯家族が生産単位として作業が行われていた可能性が高く、新石器時代前中期まで見られた共同体的な農耕生産活動が、より細分化し、さらに経済格差が生まれていった段階であることが予想されるのである。

石包丁の変化

農具といえばアワ・キビやイネなどの穂積み具である石包丁も龍山文化期から岳石文化期において形態変化している。山東の煙台地区の龍山文化から岳石文化の石包丁は大きく四種類に分けることができる（図23）。

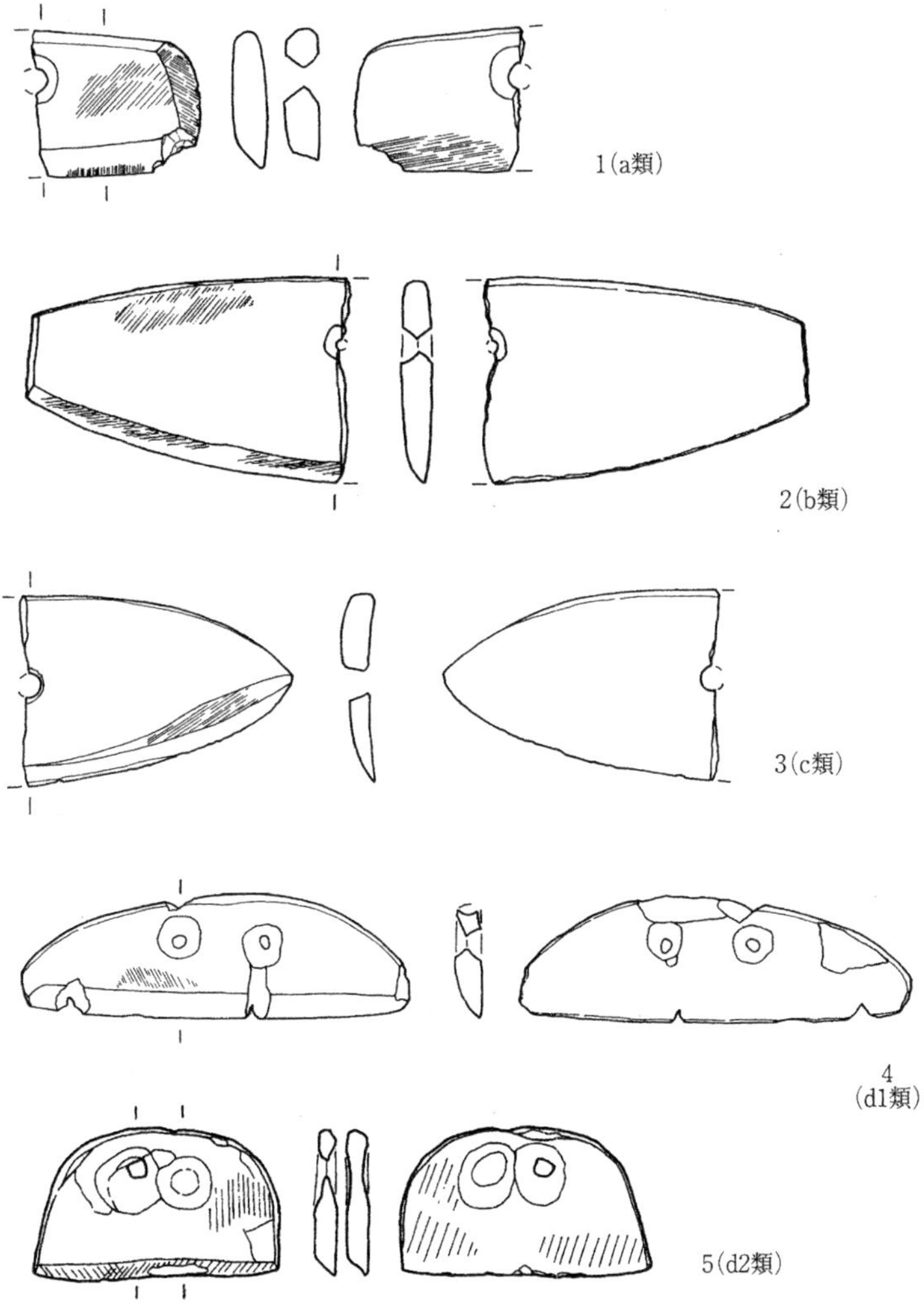

図23　山東龍山文化・岳石文化の石包丁

刃部と背部ともに直線的であり、平面形態が長方形をなすａ類。刃部と背部が弧線を示すが、両側端の直線部分をまだ残しているｂ類。刃部と背部の弧線化がより伸展し、両側端が尖るようないわゆる杏仁《きょうにん》形をなすｃ類。背部は弧線を呈するが刃部は直線をなし、半月形の形態を為すｄ類である。これは平面長方形のものから刃部と背部が弧線化していく変化過程の上に、最終的に背部の弧線化が極まるとともに、刃部が直線化して半月形をなすといった一連の変化過程と推定されるが、各型式の所属時期からも、龍山文化から岳石文化への変化においてａ類→ｂ類→ｃ類→ｄ類といった変化過程をほぼ追認できる。

岳石文化段階には全体的に細長いｄ１類と幅が狭く小型化したｄ２類に分類できるが、ｄ１類からｄ２類への変化が予想される。これも大量生産化とともに厚さが厚くなるといった機能強化という変化が認められる。こうした形態的な特徴を持つ石包丁の型式は遼東半島の同時期である小珠山上層期から双砣子三期において認められる（図24）。不定型な石包丁は小珠山中層期にも認められるものの、定型的な石包丁は小珠山上層期になって初めて遼東半島に現れることは、すでに述べた東北アジア農耕化第二期の人的移動を伴う文化流入の一環であった。

遼東半島では石包丁流入後の形態変化を明確に位置づけることは難しいが、小珠山上層から双砣子三期に向かうに従い、ａ類・ｂ類からｃ類やｄ類へといった変化傾向を示している。また、大きさという点でいえば、煙台地区が形態変化を示すだけでなく次第に小型化していく傾向にあったが、岳石文化期には比較的まとまった大きさを示していた。この大きさを遼東半島における石包丁の大きさの変遷に置いてみると、ほぼ双砣子二期段階に一致しており、岳石文化期にその段階の石包丁ないしその規範が遼東半島に流入したことが理解される（宮本一夫「弥生時代における木製農具の成立と東北アジアの磨製石器」『九州と東アジアの考古学―九州大学考古学研究室50周年記念論文集―』二〇〇八年）。

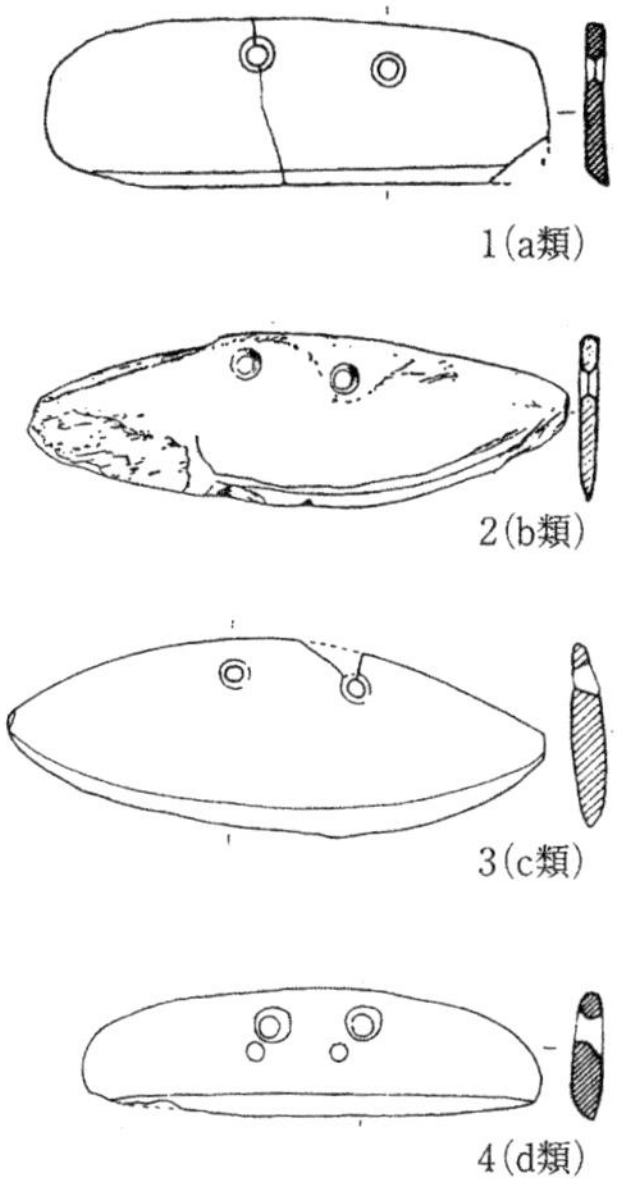

図24　遼東半島の石包丁

しかし、双砣子三期になると遼東半島では大型化していく傾向とともにｃ類が比較的卓越していく傾向にあり、地域的な受容の違いを見せている。さらに、煙台地区の龍山文化期から岳石文化期において見られた石包丁の形態変化は、後にもう一度述べることになるが、遼東半島のみならず朝鮮半島西北部から朝鮮半島南部における石包丁の型式をすべて備えている。石包丁においても、山東煙台地区から遼東半島、朝鮮半島といった一連の流れが追え、それが東北アジア農耕化第二段階と第三段階に波状的に流入していった可能性が高いのである。

木材加工具の変化

こうした進んだ農耕社会である龍山文化あるいは岳石文化では、こうした農耕具以外の工具においても変化が認められる。それは、石斧、扁平片刃石斧、柱状片刃石斧にある。すでに山東では大汶口《だいぶんこう》文化（新石器時代中期）段階に、石斧、扁平片刃石斧、石鑿《いしのみ》など磨製石器が分化しているが、柱状片刃石斧は山東では龍山文化期に定型化し、木材の伐採に使用する斧以外の扁平片刃石斧や柱状片刃石斧が遼東半島に流入するのは東北アジア農耕化第二段階の小珠山上層期であった。

その発信源である山東煙台地区の石器群は、東北アジアの先史農耕を考えるにあたっては重要であるが、これまであまり研究がなされてこなかった。その一因としては発掘調査によって記録された石器類の報告が少ないことにある。あるいは明確な時期が認定された発掘調査が少ないことも一因であろう。石器は相対的に変化が緩慢であり、複数時期にわたって存続する場合があることから時期の特定が難しいためである。

二〇〇四年から開始した山東大学東方考古学研究センターと九州大学考古学研究室との共同調査では、煙台地区の龍山文化と岳石文化期の石器を中心に既報告の資料を再調査し、細大漏らさず全てを図面作成することにより、集成図を製作し資料化するとともに、図面作成段階で細かい資料観察を行った。先に示した使用痕分析もその過程でなされた研究の一つである（欒豊実・宮本一夫編『海岱地区早期農業和人類学研究』科学出版社、二〇〇八年）。

まず木材利用の伸展を示すものとしては石斧が重要となってくる。縦斧と横斧という区分で石斧の機能変化を明瞭に示したのは、亡くなられた佐原眞氏であった。縦斧とは両刃で刃と柄が併行するように装着されるものに対し、横斧とは片刃であり刃と柄が直交するものをいう。佐原氏は、万能の斧であった横斧から伐採用の縦斧へと変化するとともに、加工用の横斧との機能分化を生むことになったことを、世界の先史時代を比較しながら述べている（佐原眞「石斧論―横斧から縦斧へ―」『佐原眞の仕事2　道具の考古学』岩波書店、二〇〇五年）。ここで取り上げる石斧というのは縦斧のことであり、伐採斧のことである。

山東半島煙台地区の龍山文化期から岳石文化期の石斧は、石斧の横断面の幅と厚さを比較した厚幅比において、次第に幅に対して厚さが厚くなる傾向にある。これは次第に大型化していくことあるいは重量が重くなっていくことを示しており、伐採用の斧としては機

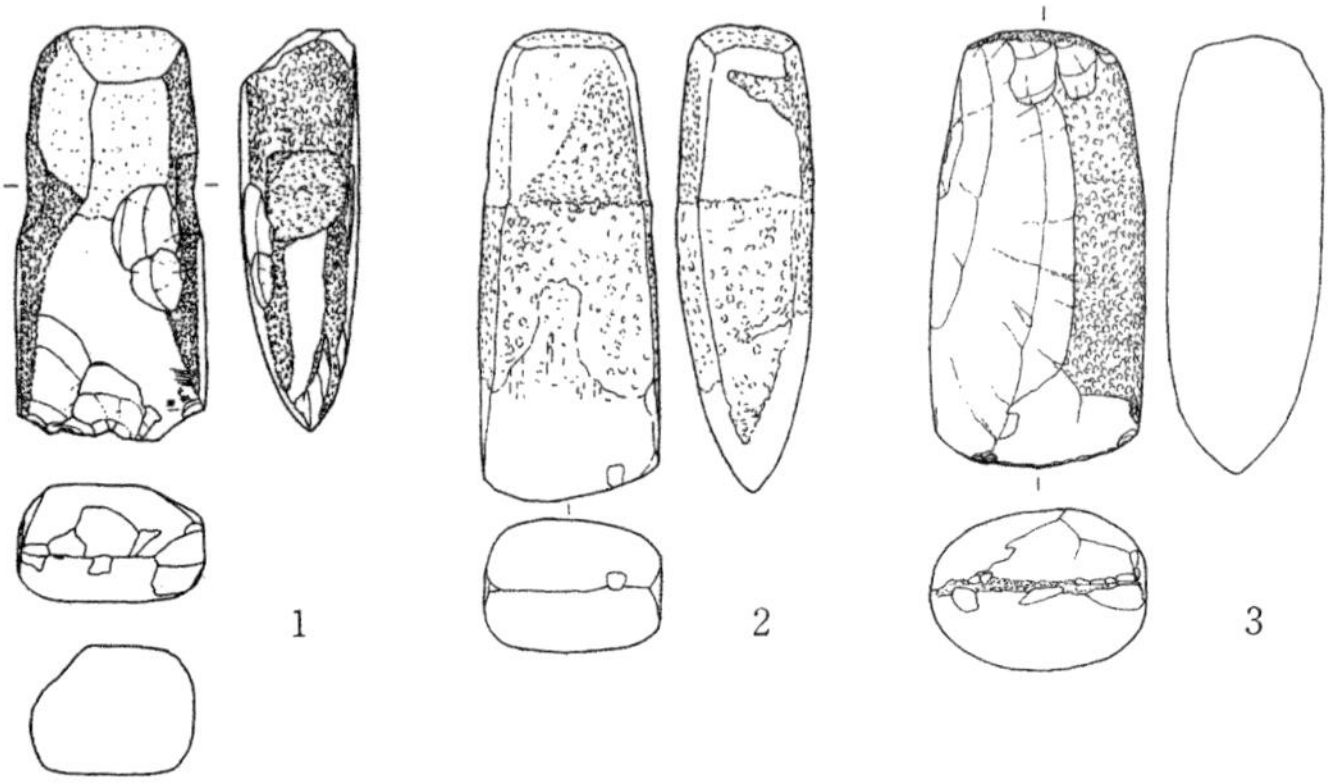

図25　山東煙台地区の遼東形伐採斧（1楊家圏，2司馬台，3照格荘）

能強化の変化を明瞭に示している。

伐採斧の発達

伐採《ばっさい》斧の機能強化を示す別のものとして遼東形石斧が挙げられる（図25）。遼東形石斧とは愛媛大学名誉教授の下條信行氏の命名であるが、石斧と柄の装着部分が側辺で段をなして肩のように見えるものがⅠ式であり、その段部分が一周するⅡ式に分けられる（下條信行「遼東形伐採斧の展開」『東夷世界の考古学』青木書店、二〇〇〇年）。Ⅰ式は横断面が隅丸方形であるが、Ⅱ式は横断面形によって隅丸方形のⅡa式と、横断面形が円形のⅡb式に分けられる。

この横断面形の変遷は、すでに述べた厚幅比の変化と同じように次第に厚さが厚くなることを意味し、伐採斧としての機能変化を示している。また、石斧の肩部の段形成は、柄の装着の際のストッパーの役目を果たしており、まさに伐採斧としての機能強化に即した形態変化であったといえよう。下條氏はかつてこのような遼東形石斧Ⅰ・Ⅱ式とさらに形態変化して大型化したⅢ式の分布から、最古のⅠ・Ⅱa式が遼東半島に分布するとともにそれらが小珠山上層期で最古期に見られることと、Ⅱb・Ⅲ式といった変化型式が朝鮮半島南部や沿海州南部に見られることから、遼東半島に出現した遼東形石斧が朝鮮半島南部や沿海州南部に拡がるものと理解した（図26）。

しかし、Ⅰ式・Ⅱa式・Ⅱb式といった古段階の遼東形石斧がすべて山東煙台地区に存在することが明らかとなったのである（図25・26）。さらにⅠ式は大汶口後期から龍山文化期の楊家圏遺跡（図25—1）で、Ⅱa式は龍山文化期から岳石文化期の司馬台遺跡（図25—2）で、Ⅱb式は岳石文化の照格荘《しょうかくそう》遺跡（図25—3）から発見されており、型式変化と時間的変遷が対応していることが明らかとなった。最古のⅠ式が大汶口文化後期〜龍山文化のものであり、遼東半島の小珠山文化ないしそれに遡る段階のものである。この時期、山東煙台地区と遼東半島では、前章で述べたように人の移動を伴う農耕の拡大が認められる東北アジア農耕化第二段階にあたっている。この段階にこのような遼東形石斧も山東煙台地区から遼東半島へ伝播したと考えるべきであろう。

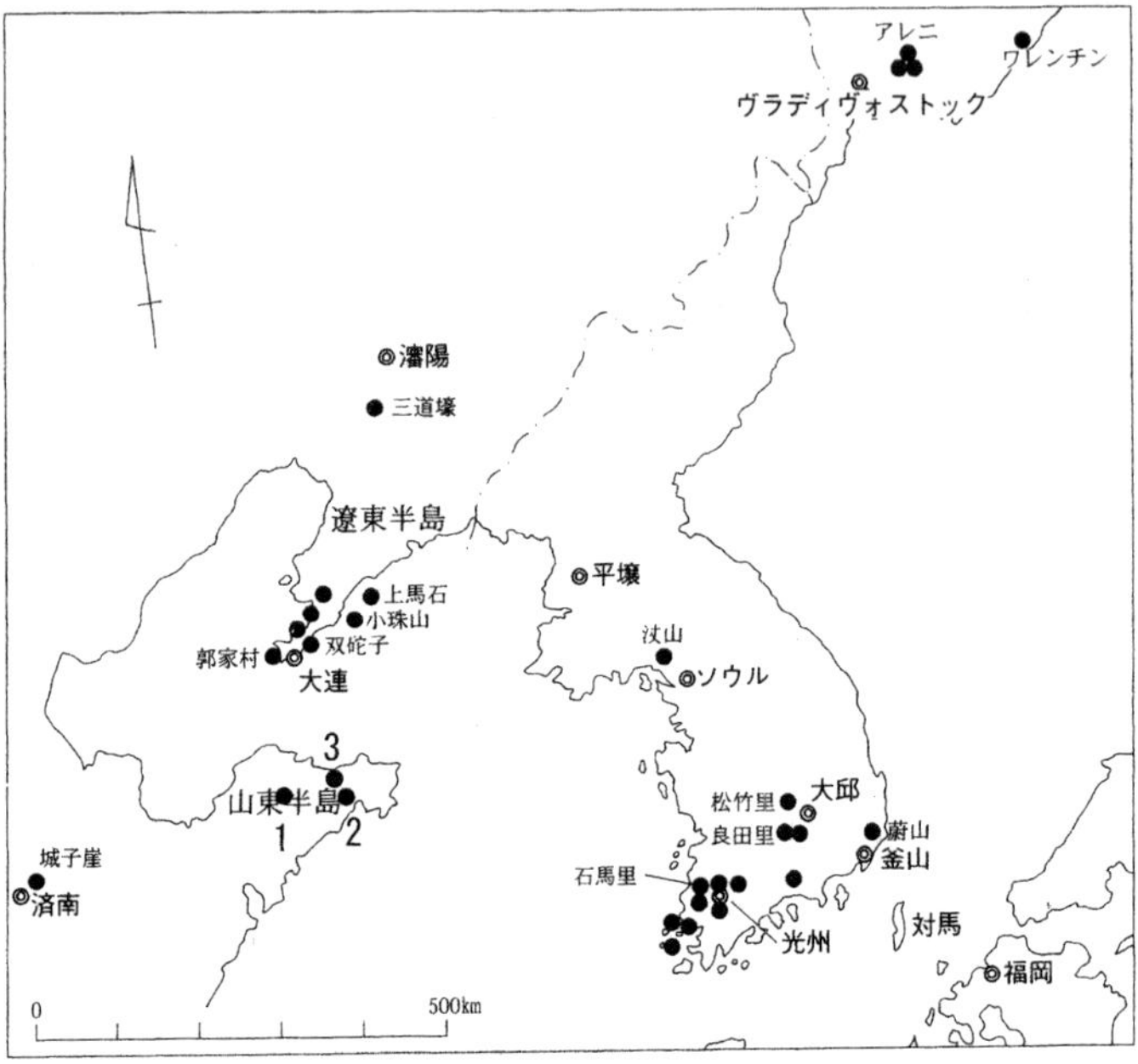

図26　遼東形伐採斧の分布（下條2000を改変．1楊家圏，2司馬台，3照格荘）

そして両地域が同じように伐採斧を重用しながら、続く東北アジア農耕化第三段階である岳石文化期にさらに山東煙台地区から遼東半島へ遼東形石斧Ⅱb式が伝播していく。山東煙台地区を発信源に龍山文化期と岳石文化期に遼東形石斧を始めとした伐採斧の機能強化が遼東半島にもたらされたのである。このことはこの二つの時期を契機として引き続き木材の伐採が重要な社会的な行為であったことを物語っているのである。

また、伐採斧は石材の九割が玄武岩《げんぶがん》からなり、次に述べる加工斧も玄武岩と頁岩《けつ》あるいは粘板岩と石材が固定化されている。弥生前期末から中期の北部九州では、福岡市今山《いまやま》遺跡において、玄武岩を材料として一貫して定型的な磨製石斧のみを生産していくような、材料と生産行為が一貫した石器生産システムが認められる。すなわち今山型石斧や立岩産石包丁のような生産地が石器の種類によって分散する石器生産システムが始まり、それらが農耕社会を介して交易によって消費される社会構造が形成されている。石材と石器の器種が固定化されている山東では、このような石器生産システムがすでに始まっている可能性がある。農耕化第二段階や第三段階では、石器の形態や種類だけでなく、このような分散した石器生産システムが社会システムとしても伝播していった可能性があろう。

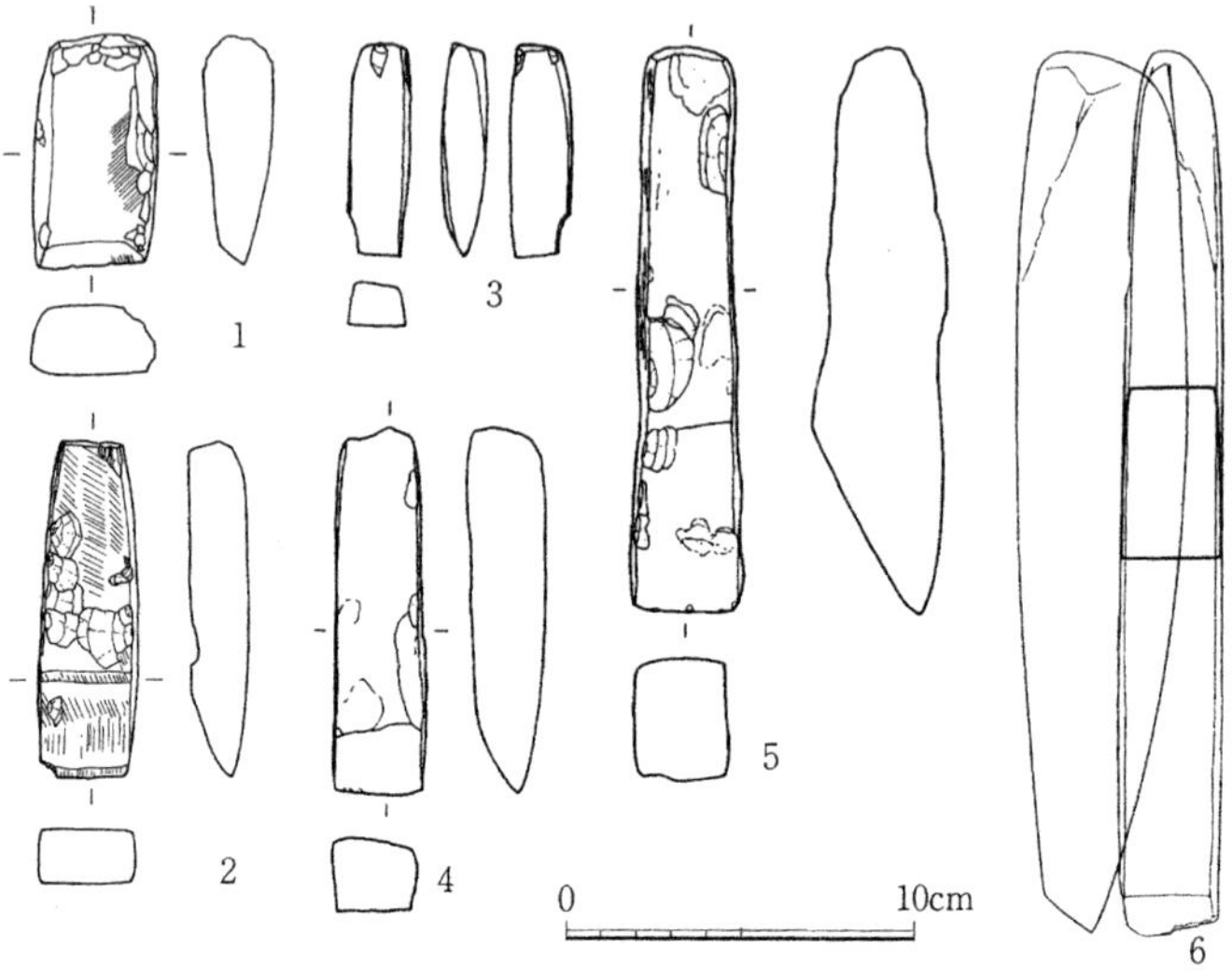

図27　扁平片刃石斧（1・2）と柱状片刃石斧（3～6）

加工斧の発達

伐採斧に対して木材を加工する斧である横斧には二種類がある。一つは横断面が横長の方形である扁平片刃石斧であり、もう一つが横断面が方形ないし縦長の長方形である柱状片刃石斧である（図27）。これらは厚幅比の比率によって数値的に明瞭に区分できるが、同じ片刃石斧であることからも、機能的には木材の加工用として近似した使い方をしていた可能性があろう。

まず、扁平片刃石斧を見ていくと、山東煙台地区の龍山文化から岳石文化の場合、大きさによって大きく三種類に分けることができる（図28）。長さ三～五センチの小型、五～一〇センチの中型、一〇～一五センチの大型である。これも龍山から岳石に変化するに従い小型・中型から大型品が増える傾向にあり、加工斧の機能強化がうかがわれる。同じことが遼東半島においても当てはまる。遼東半島では龍山文化併行期の小珠山上層期において煙台地区と同様に小型・中型の扁平片刃石斧が見られるが、大型品は双砣子二期・三期になって増えていく、両地域は相似的な変化傾向を見せている（図29）。これは、伐採斧と同じように両地域が二つの段階を経ての文化伝播を経験していることと一致した現象である。

さて、朝鮮半島の無文土器文化には抉入柱状片刃《えぐりいりちゅうじょうかたば》石斧（柱状片刃石斧で柄との装着部に抉りが入るもの）が磨製石器群の一つを構成している。これが弥生文化の開始とともに

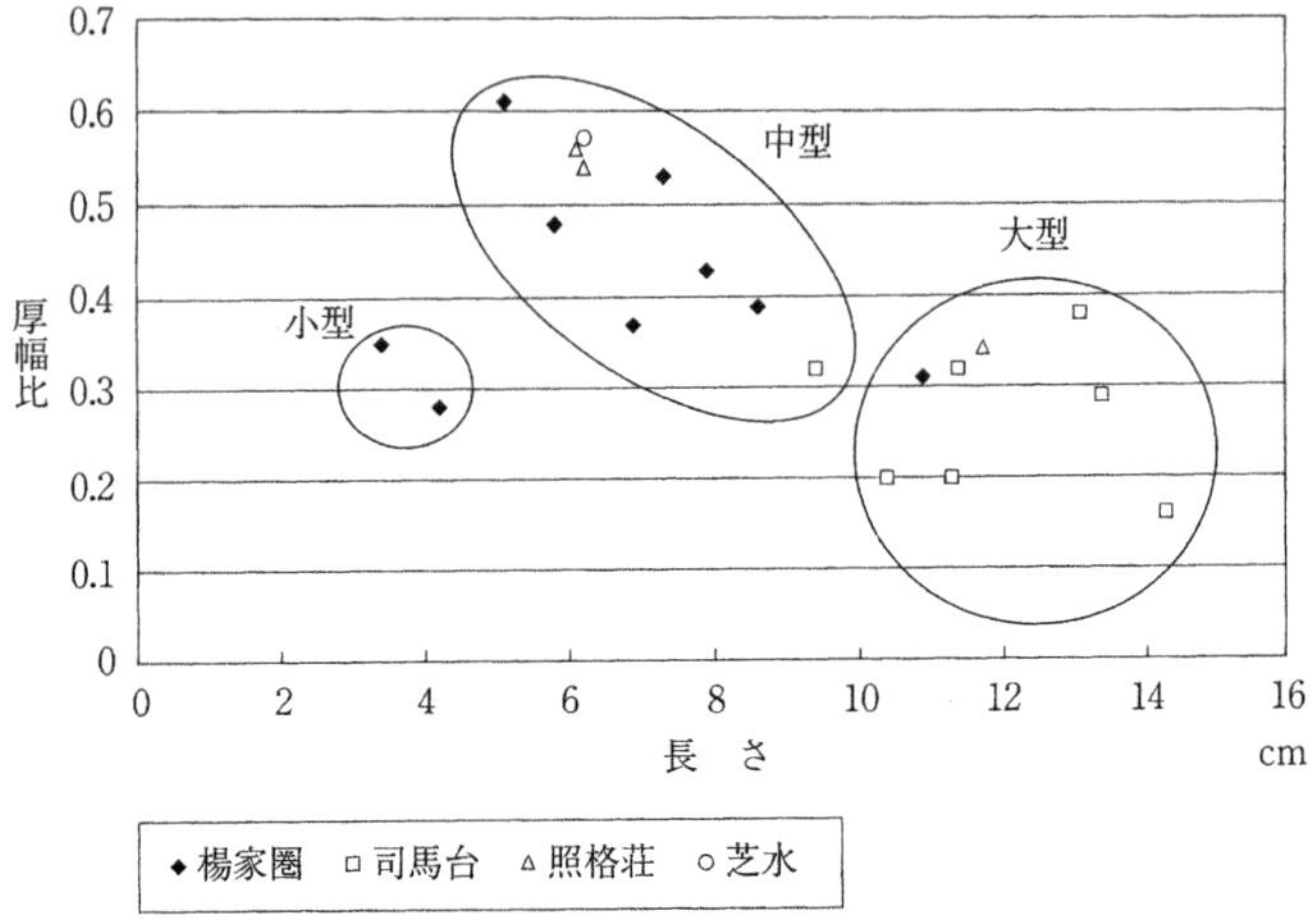

図28　山東煙台地区の扁平片刃石斧の大きさ

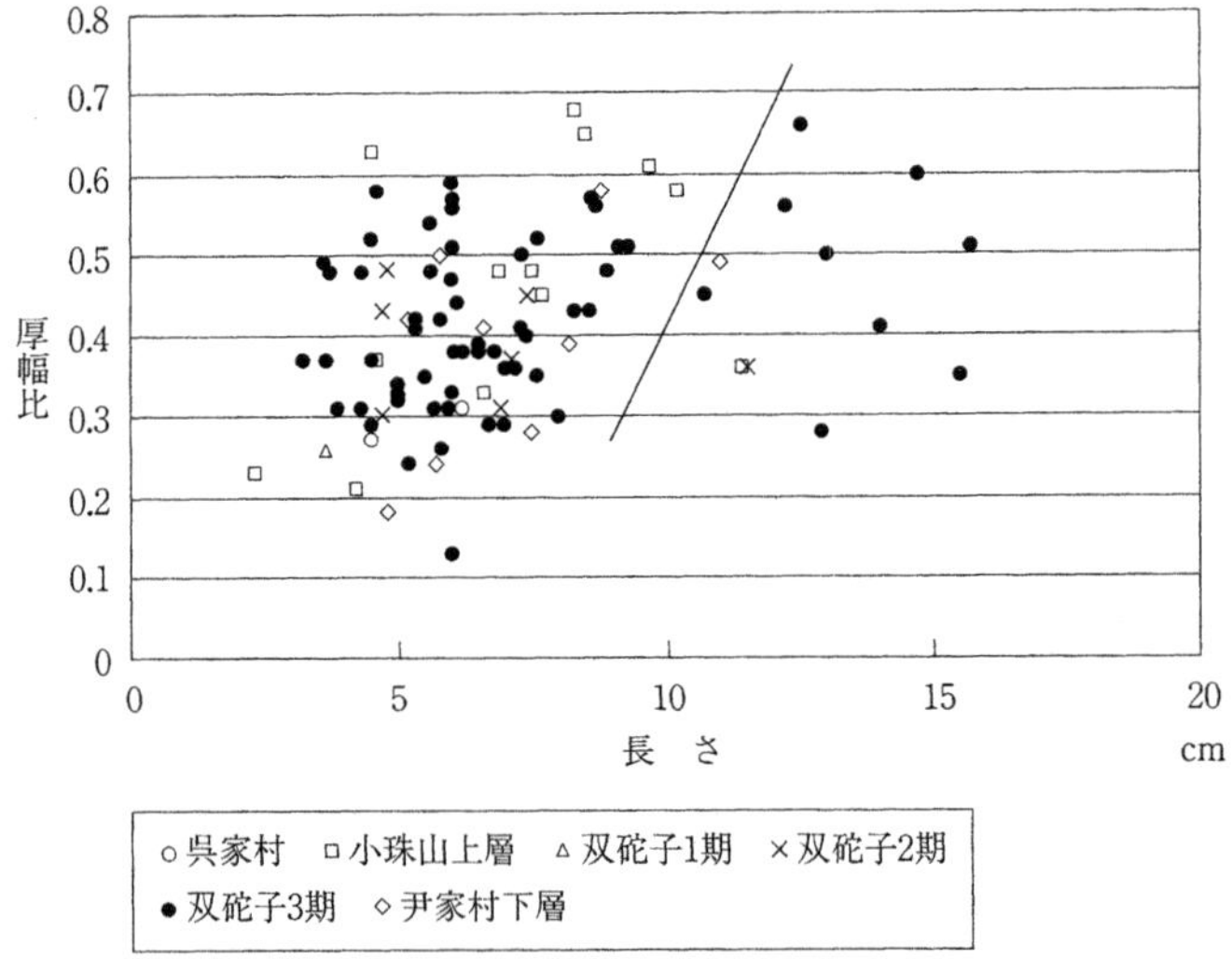

図29　遼東半島の扁平片刃石斧の大きさ

北部九州に流入し、弥生時代の大陸系磨製石器の一つを構成することとなる。この抉入柱状片刃石斧に関しては、朝鮮半島の柱状片刃石斧が朝鮮半島南部において形態変化し、小型化する段階に抉入柱状片刃石斧に変化したと考えられており、その変化時期がちょうど北部九州に弥生文化が現れる無文土器時代後期初頭の先松菊里時期に当たっている。

では抉入柱状片刃石斧を生み出した柱状片刃石斧はどのように生成したのであろうか。韓国中央博物館の裵眞晟《ベジンソン》氏は朝鮮半島北部を中心として分布する有段石斧（片刃石斧で柄との装着部のため基部に段を有するもの）をその祖形と見ている（裵眞晟、二〇〇一）が、ここでいう有段石斧は長江下流域から山東にかけて見られる有段石斧とは異なっている。大きくは柱状片刃石斧に属するものであり、背に稜線が認められるものを有段石斧と呼んでいるようである。しかし、これらを大きく柱状片刃石斧と呼ぶならば、それらの特徴は断面形に特徴がある。それら柱状片刃石斧の古い段階のものは横断面が長方形状を呈するものであり、これらは次第に退化し、横断面が台形状さらには方形状へと時期ごとに型式変化することが裵眞晟氏によって提示されている（図30）。そしてこのような横断面長方形状の朝鮮半島古段階の柱状片刃石斧は、やはり遼東半島では双砣子三期段階に次ぐ尹家村《いんかそん》下層（上馬石A地点下層）段階に認められる。

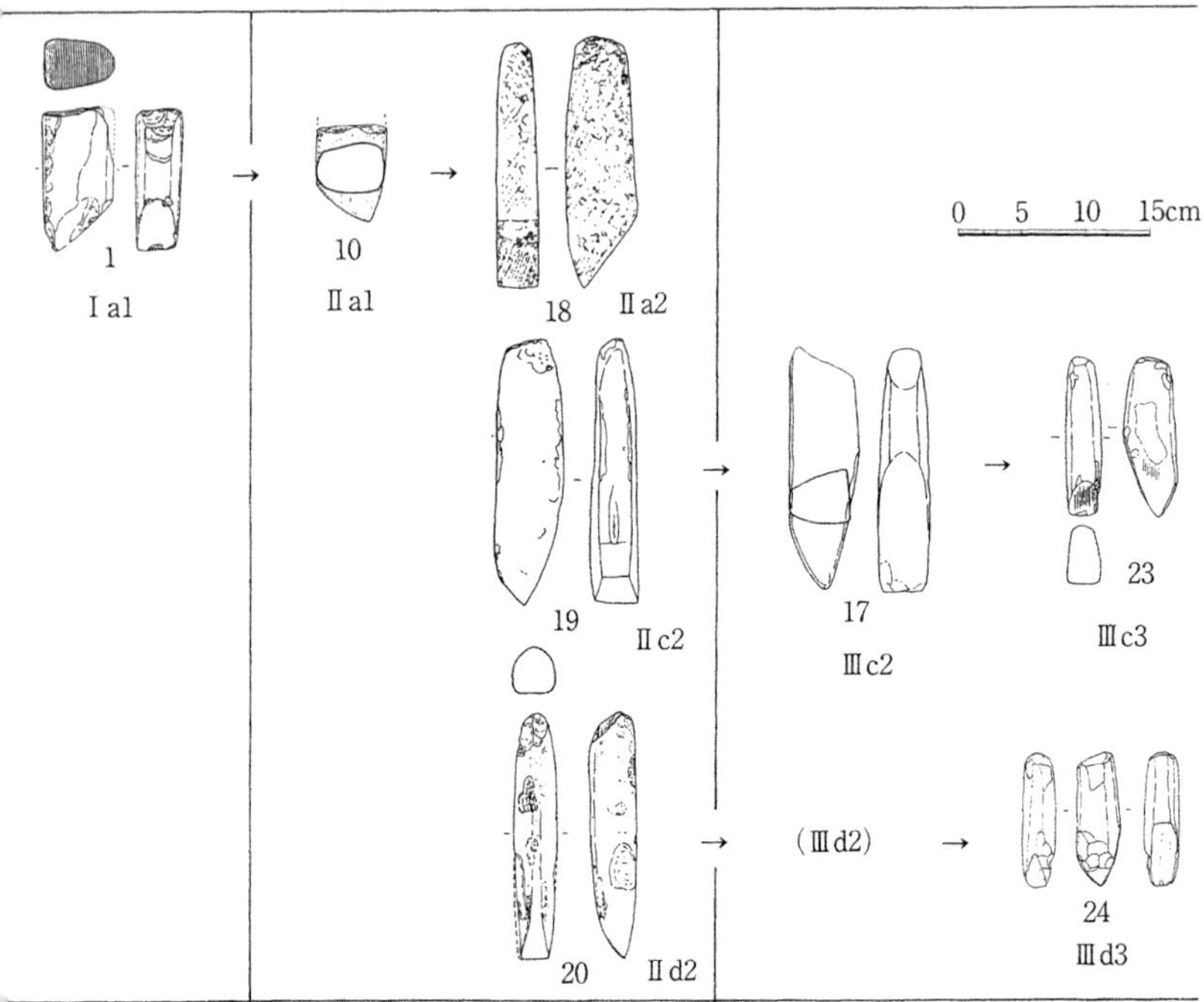

柱状片刃石斧 Ⅰ期	柱状片刃石斧 Ⅱ期	柱状片刃石斧 Ⅲ期
欣岩里式段階	駅三洞式段階	
前期中葉	前期後葉前段階	前期後葉後段階

図30　朝鮮半島の柱状片刃石斧の形態変化（裵眞晟2001を改変）

では山東煙台地区の柱状片刃石斧はどうであろう。龍山文化から岳石文化における煙台地区の柱状片刃石斧は、その大きさから大きく三種類に分けることができる。大きさは長さとともに、厚さと幅の比率である厚幅比によって示される。長さ一〇チセン以下で厚幅比一・〇以下の小型品であるA式、長さ一〇～一五チセンで厚幅比〇・七以上の中型品であるB式、長さ一五～二〇チセンで厚幅比一・三以上の大型品であるC式に分けることができる（図31）。これら三者の違いは機能すなわち木材加工する対象の幅や穿《うが》つ深さなど機能による差を反映するものであるが、同時に時間差をも示している。

厚幅比は横断面形の変化を示し、龍山文化から岳石文化に向かうに従い次第に厚幅比が大きくなるという、横断面形が方形から縦長の長方形に変化していく。また、岳石文化期には大型品であるC式が出現するようになり、柱状片刃石斧が多様化していることを知ることができる（図31）。

このような柱状片刃石斧は、遼東半島では龍山文化併行期である小珠山上層期から出現するが、石鑿《いしのみ》と呼ばれる小型のA式であり、中型のB式や大型のC式は双砣子三期にならないと出現しない傾向にある（図32）。いわば岳石文化併行期以降にならないとB式やC式が現れないことは、煙台地区と遼東半島において柱状片刃石斧がほぼ同じように変化し

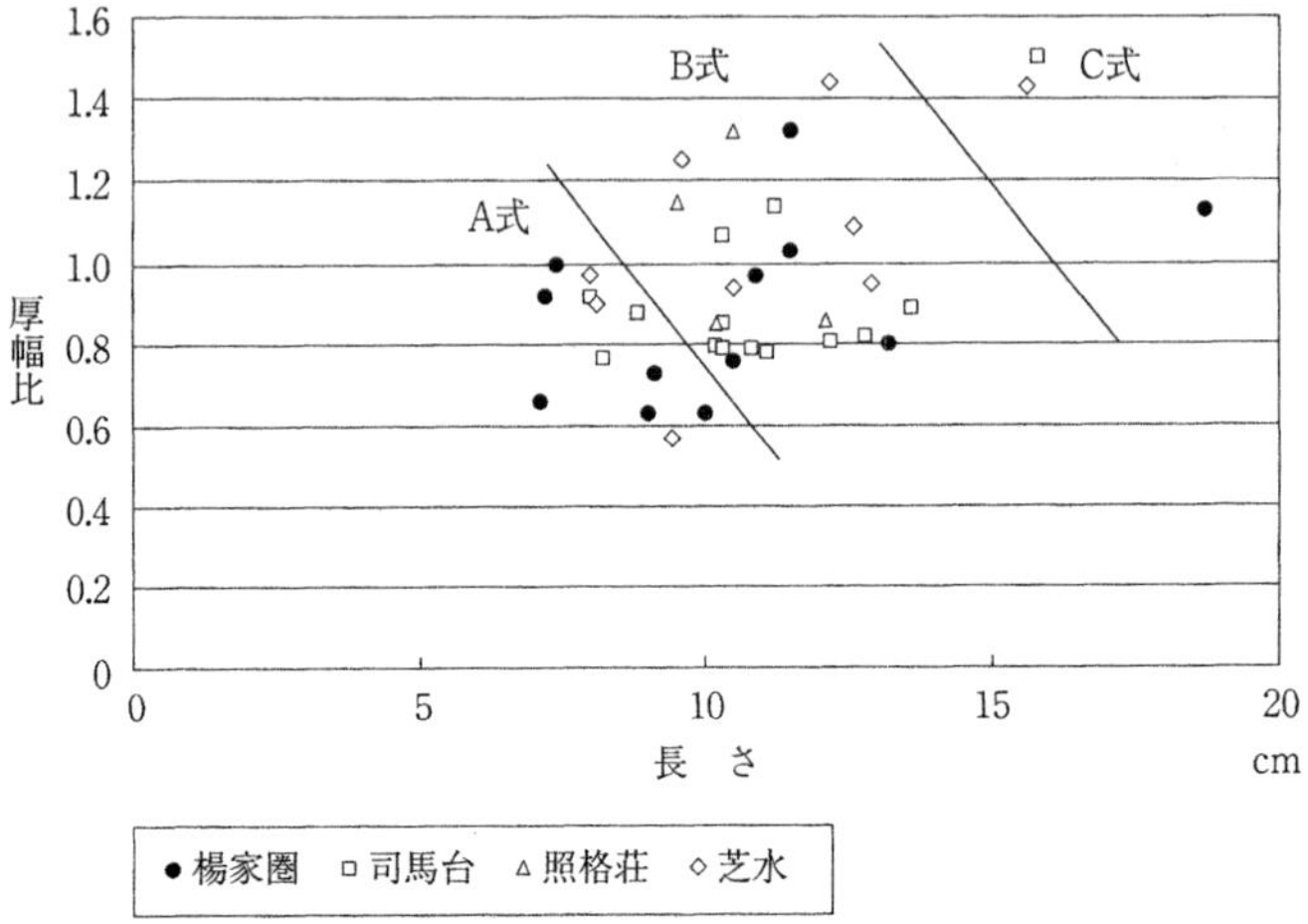

図31　山東煙台地区の柱状片刃石斧にみられる大きさの変化

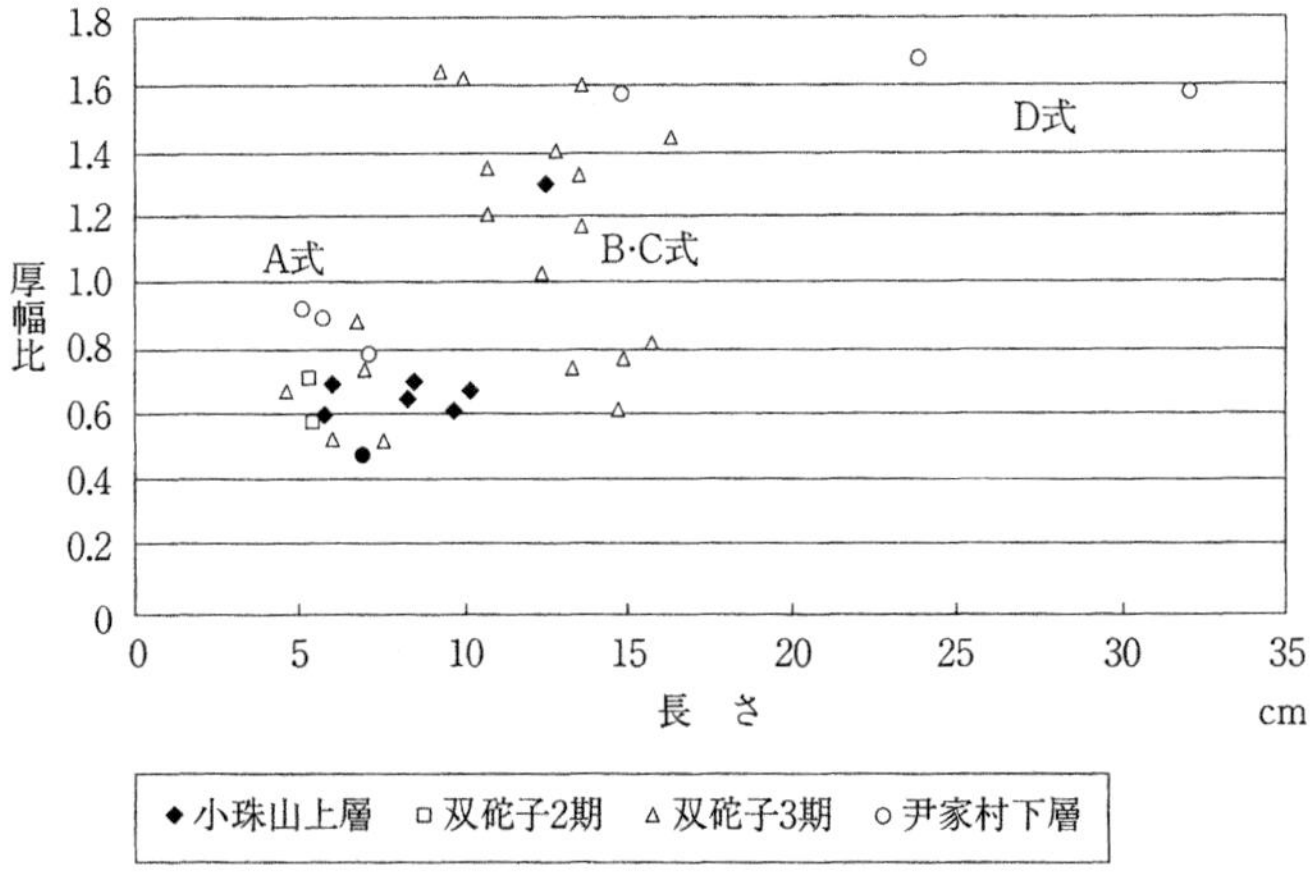

図32　遼東半島の柱状片刃石斧にみられる大きさの変化

ていることを示しており、柱状片刃石斧そのものやその変化の情報が山東半島東端の煙台地区から対岸の遼東半島へもたらされていることを示している。

東北アジア農耕化第二段階である龍山文化期にA式柱状片刃石斧がもたらされ、さらに東北アジア農耕化第三段階である岳石文化期以降に大型のB式・C式柱状片刃石斧がもたらされたことを示している。さらに興味深いことは、C式柱状片刃石斧より大型であり、長さ二〇チセン以上で厚幅比一・五以上と規定できるD式柱状片刃石斧が出現することにある。

これは双砣子三期の次の段階である尹家村下層期（上馬石A地点下層）の浜町《はまちょう》貝塚から出土している（図32）。山東半島煙台地区に見られた柱状片刃石斧の大型化が、遼東半島自身で開発されたのがD式柱状片刃石斧ということができ、物質の伝播とそれを受容した側での変容過程として理解することができるであろう。ともあれ、遼東半島でも着実に加工用の石斧が発達していったことを意味する。

そこで次に注目したいのが朝鮮半島における柱状片刃石斧の変遷である。柱状片刃石斧が朝鮮半島に出現するのは無文土器時代前期中葉の孔列文土器である欣岩里《フナムリ》式段階からである。朝鮮半島の柱状片刃石斧の変遷を明らかにした裵眞晟氏によれば（裵眞晟「柱状片刃石斧の変化と劃期—有溝石斧の発生と無文土器時代中期の性格—」『韓国考古学報』四四輯、二〇〇一年)、朝鮮半島初現期の柱状片刃石斧は大型品であり、長さ二〇チセン以上を超えるものであるとともに、断面形が縦長の長方形や台形を呈している。また刃部が研がれている面を主面の表面すなわち前主面と呼ぶ場合に、その裏面である後主面の側面形が直線を呈するものである。

こうした特徴から次第に長さが小型化していくとともに、断面が扁平台形状のものから台形状へさらには方形に近くなっていく。そして、刃部側の後主面の側面形がせり上がっていき弧線を描きながら、さらには稜線を以て屈曲するものへ変化していく傾向にある(図30)。こうした一連の変化の基点となった初現期のものは、遼東半島でいえばD式の柱状片刃石斧と同型式であり、ほぼ同一のものということができるであろう。その年代は西周併行期の尹家村下層(紀元前一一〇〇〜八〇〇年頃、上馬石A地点下層)であり、まさに無文土器時代前期中葉に相当している。同一の年代時期において遼東半島ではC式柱状片刃石斧が変化することによりD式柱状片刃石斧が出現し、他方の朝鮮半島ではこれと同じ型式の柱状片刃石斧が出現することは、D式柱状片刃石斧が遼東半島から朝鮮半島に伝播したことを示している。

伝播時期においては、両地域の柱状片刃石斧が同じ型式の範疇《はんちゅう》に押さえられるものであるが、無文土器時代前期後半の変化は小型化していく方向にあり、これまでの遼東半島の変化方向とは異なっている。いわば変化というベクトル線が朝鮮半島に無文土器時代前期中葉に伝播したD式柱状片刃石斧以降異なったものに変化することとなり、在地的な展開が果たされたことを示している。さらにこのような変化の延長として、無文土器時代後期には朝鮮半島南部において抉入柱状片刃石斧が成立するのである。

石斧が語る伝播

扁平片刃石斧も、すでに述べたように、東北アジア農耕化第二段階と第三段階に波状的に山東煙台地区から遼東半島へ伝播し、小型・中型が第二段階に、さらに大型が第三段階に加わるように広がっていく。図33は裵眞晟氏が表した朝鮮半島の石器の変遷図である。無文土器時代前期前半に相当する可楽洞式期にも朝鮮半島では扁平片刃石斧が出現するが、この段階のものは大型品であり、まさに東北アジア農耕化第三段階の流れの延長として双砣子三期後半（紀元前一三〇〇～一一〇〇年頃）に遼東半島から朝鮮半島へ伝播したものであると考えるべきであろう。

その点では、双砣子三期併行の無文土器時代前期前半にまず扁平片刃石斧が伝播し、続いて尹家村下層（上馬石A地点下層）併行の無文土器時代前期中葉に柱状片刃石斧が伝播する段階性が認められる。遼東半島から朝鮮半島へ広がっていった扁平片刃石斧・柱状片刃石斧は、波状的にかつ段階的に伝播していったものであると理解できるのである。

その点で、東北アジア農耕化第二段階と第三段階に波状的に山東煙台地区から遼東半島に広がった石包丁の形態は、a類〜d類の長方形タイプ、舟形タイプ、杏仁形タイプ、半

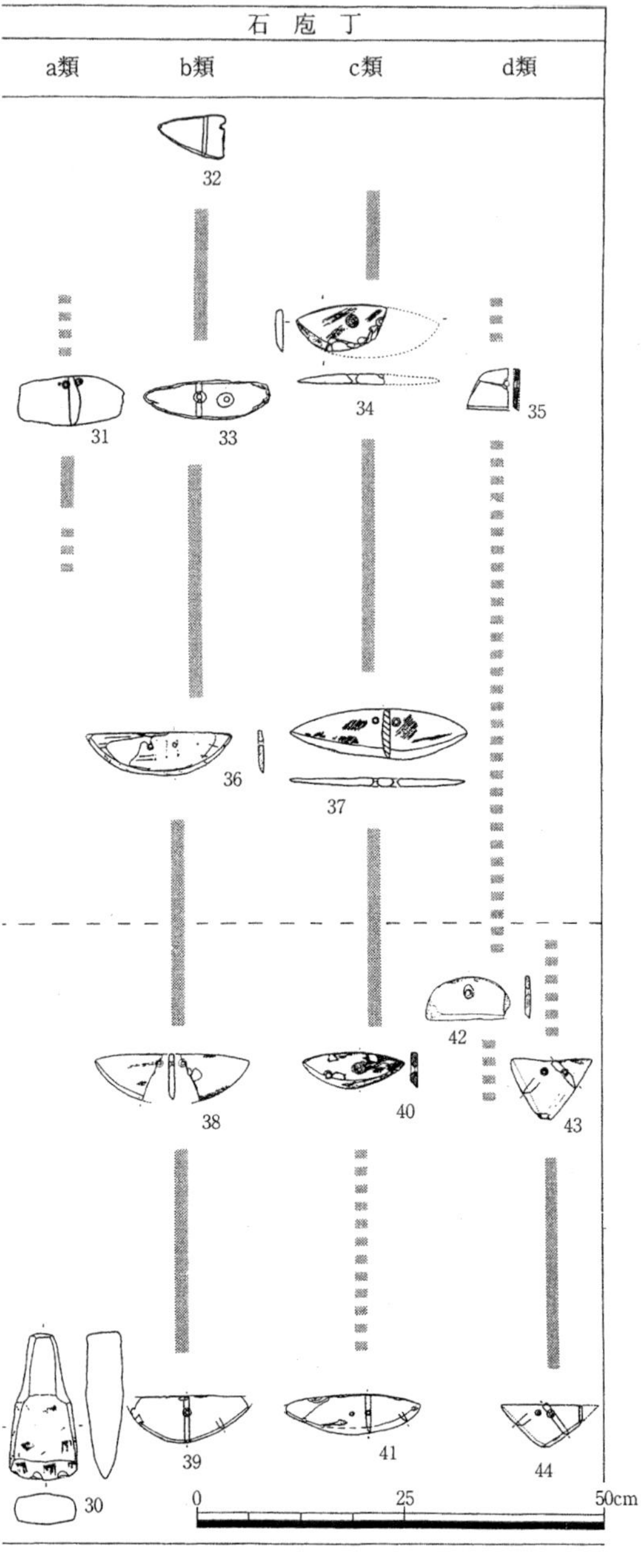

(裵眞晟2001を改変)

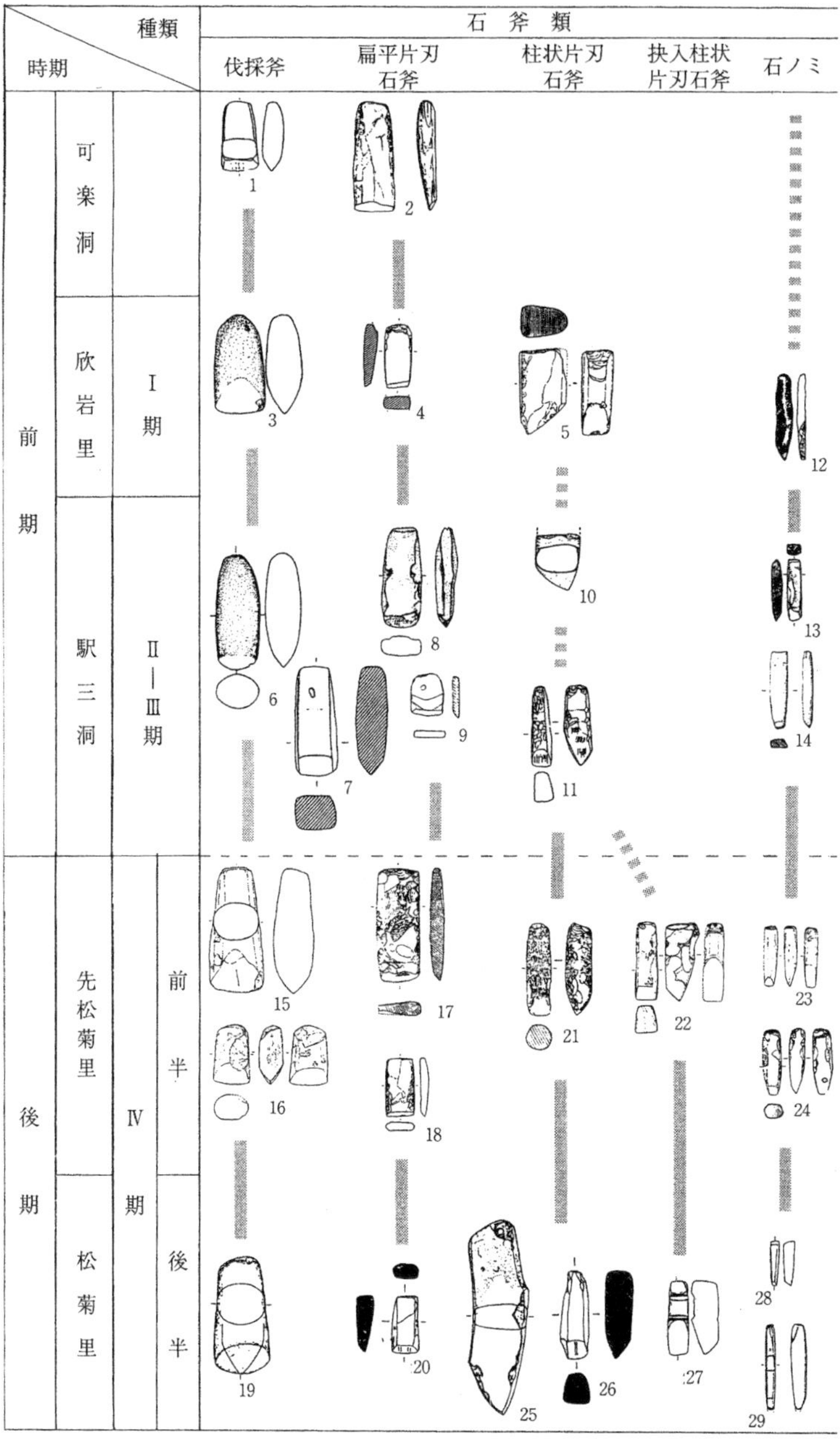

図33　朝鮮半島無文土器時代の石器の変遷

月形タイプであったが、こういった形態が朝鮮半島無文土器時代早期・前期には系譜を異にしながら変化している（図33）。この石包丁の形態的な広がりも、東北アジア農耕化第二段階と第三段階の延長にあったことを明瞭に物語っているのである。

さらに重要なことは、大型化した扁平片刃石斧や柱状片刃石斧といった木材加工具が双砣子二期段階に遼東半島へ流入し、それが朝鮮半島無文土器文化の重要な石器構成となったことである。残念ながら無文土器時代前半期の木器の存在は不明であるが、少なくとも弥生早期の北部九州に突然に出現した諸手鍬《もろてぐわ》や鋤、エブリ（水田面をならす農具）などの木製農耕具は、そうした新来の文化をもたらした朝鮮半島無文土器時代に存在していたことは疑いのないことである。

このような木製農具を加工する道具としては、柱状片刃石斧や扁平片刃石斧が必要であり、双砣子二期段階の岳石文化の流入に伴う柱状片刃石斧の流入は、単なる石器の器種が増加したというだけではなく、木器や木材加工技術というものも流入したと考えるべきであろう。その中に木製農耕具も存在し得た可能性がある。木製農耕具のエブリなどは水田農耕に必要な農具であり、こうしたものがこの段階に人の移動とともに山東半島から遼東半島へと伝播した可能性を考えるべきであろう。

木製農具の発達

ところで先ほど岳石文化において述べたように、この段階には石器において畝立て具・除草具の石鏟と耕作具の石钁が確立していることを述べたが、石钁は同じ山東でも煙台地区ではあまり発達しない。むしろ畠作地帯である尹家城遺跡など山東北西部の岳石文化段階に発達している。しかし、石鏟に関しては煙台地区の石器の悉皆《しっかい》調査でも確認したように豊富であるが、これが遼東半島では岳石文化流入期である双砣子二期段階ではごく少数認められるものの、その後はあまり発達しない。さらには朝鮮半島へも流入していない。

先に朝鮮半島無文土器時代において発見されていないためミッシングリンクとなっているとした弥生早期の木製農耕具である諸手鍬、鋤、エブリなどのうち、エブリを除くとその形態と機能が岳石文化の農耕石器と北部九州弥生早期農耕石器とは類似している（図34）。すなわち諸手鍬が石钁に、鋤は石鏟に類似しているといえよう。直接的な関係はなくとも、龍山文化から岳石文化において山東煙台地区に発達する柱状片刃石斧などの木材加工具によって、石製農耕具の代価品として木製農耕具を製作していた可能性があるのではないだろうか。木製農耕具そのものとその技術は長江下流域など南方にあるだろうが、そうした技術が山東半島の龍山文化期に流入した段階に、その地域に存在した農耕石器で

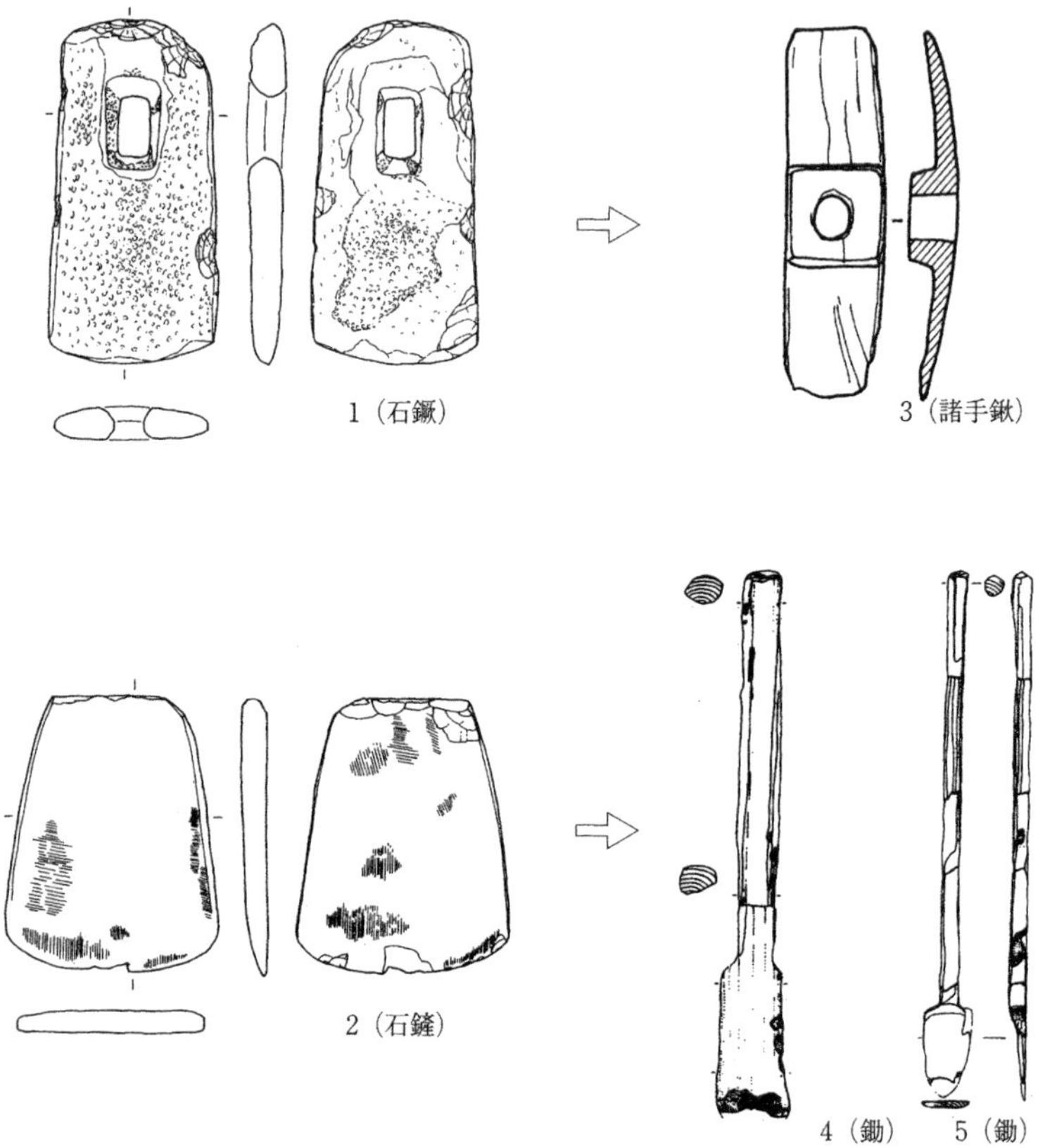

図34　山東の農耕石器（1・2）と北部九州の木製農具（3～5）の比較

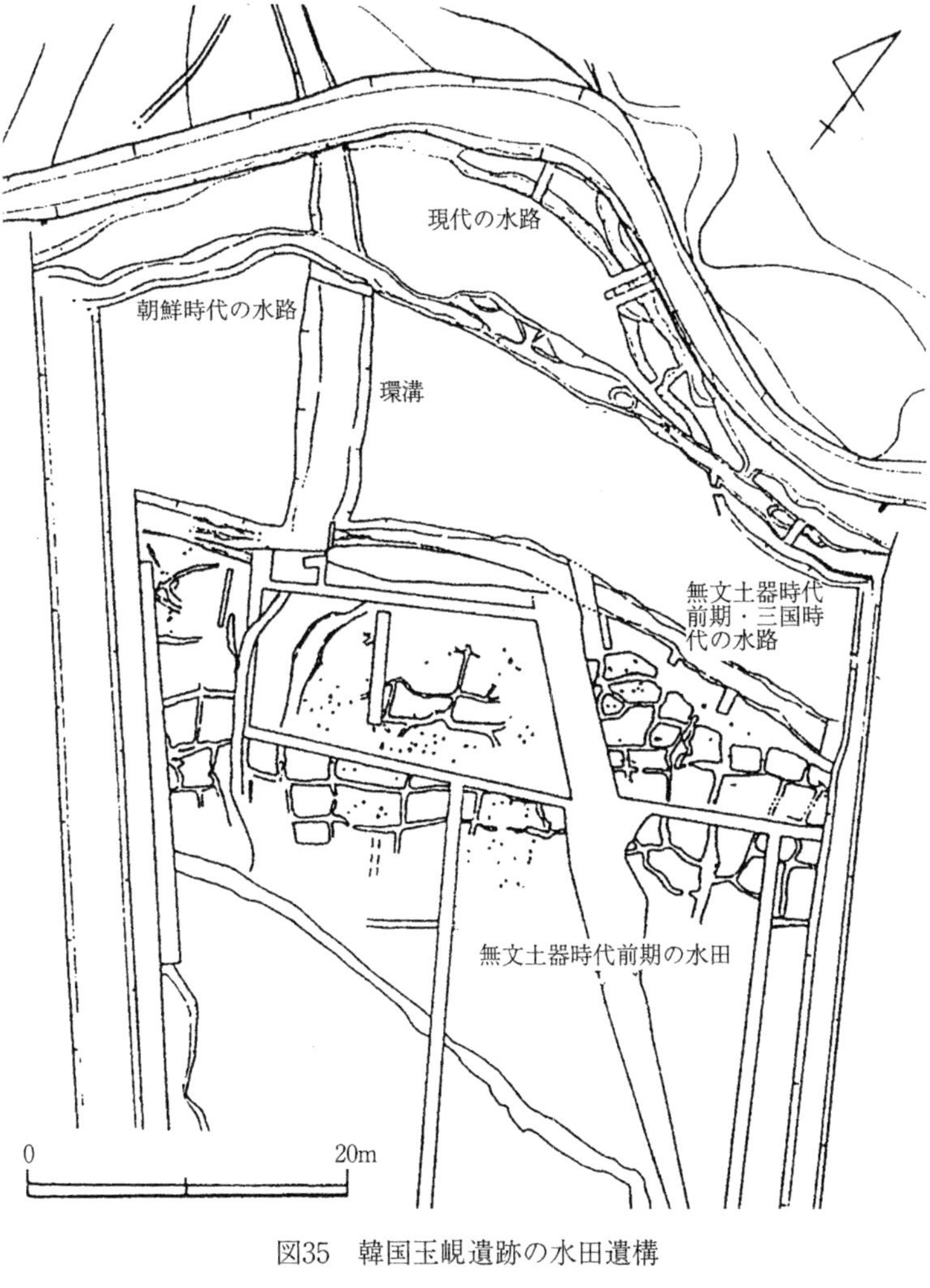

図35　韓国玉峴遺跡の水田遺構

ある石鐝や石鏟を木製農具に置き換えたのではないかと想像するのである。こうした木製農耕具が技術的に遼東半島から朝鮮半島へ広がる過程で、石製農具は伝播せず、木製農具が柱状片刃石斧などの木材加工具とともに伝播し、朝鮮半島での本格的な農耕化に寄与したのではないかと想像するのである。

では弥生文化に見られたエブリはどうであろうか。エブリは水田面を平坦にする代掻《しろか》き用の道具であり、水田と密接に関係する。畦畔《けいはん》で取り囲まれた水田とそこに出排水する水路を備えた灌漑農耕は、朝鮮半島南部に存在する。日本列島で最も古い灌漑農耕の証拠は、弥生早期でも最も古い段階であり、未だ土器系統では縄文土器系統の突帯文土器が使用されていた板付遺跡である。

この時期は朝鮮半島南部では先松菊里式土器時期に当たり、無文土器時代後期の最も早い段階である。現在この段階の水田址は朝鮮半島南部でも見つかっており、板付遺跡の存在からも、朝鮮半島南部には無文土器時代前期には水田が存在していたことは間違いないであろう。そうした遺跡は、韓国蔚山《ウルサン》市玉峴《オツキヨン》遺跡（図35）などに見られる。現在、その分布の北限は江原道春川《チユンチヨン》市泉田里遺跡にまで広がり、その年代が無文土器時代後期に遡る可能性もほのめかされている。

では、水田は朝鮮半島南部で自生したものであろうか。それを明らかにしようとしたのも、この日中共同研究である。

最古の水田址を求めて

起源地の仮説

中国大陸では、新石器時代の水田遺構と考えられるものは、新石器時代前期の湖南省澧県《れいけん》城頭山遺跡や新石器時代中期の江蘇《こうそ》省草鞋山《そうあいざん》遺跡が知られるが、ともに無文土器時代や弥生時代の水田面を畦畔《けいはん》で囲んだ畦畔水田ではない。城頭山遺跡の場合は、傾斜面の等高線に沿うように畔《あぜ》が設置された谷水田のようなものであり、草鞋山遺跡は土坑が水口によって連結しその横に灌漑用の水路をもつ土坑連結式水田とも呼ぶべきものであり、畦畔水田とは構造を異にしている。では、畦畔水田は朝鮮半島で生まれたものであろうか。

しかし、中国大陸では漢代になれば、墓に副葬された土製明器《めいき》（土製の模型）に畦畔水田が模造されていたり、画像磚《せん》（漢墓の文様磚）に畦畔水田が描かれたりしているところを見れば、漢代以前に畦畔水田が存在していたはずであり、しかもそうした構造は中国大陸内で生まれていたものと想像できるのである。

近年では、山東半島の付け根に位置する江蘇省連雲港市藤花落《とうからく》遺跡で水路を伴う水田が発見されたと報道されているが、畦畔水田であるかどうかは詳しい報告がなく不明である。こうした中、東北アジア農耕化第二段階、あるいはここでいう東北アジア農耕化第三段階の稲作農耕が朝鮮半島へ流入していく二つの大きな流れの中で、その起源地あるいはその発信地として山東半島、とりわけ山東半島東部の煙台地区が重要であることを述べてきた。朝鮮半島無文土器時代に畦畔水田が存在するならば、その源流は山東半島のアワ・キビ農耕文化に稲作を受容した黄海沿岸にあるのではないかというのが、私の仮説である。なぜなら水路など畦畔水田に見られる灌漑技術は、乾燥化した華北のような畠作地帯で発達した技術であると推測するからである。先の藤花落遺跡もまさにこの稲作流入経路にある遺跡である。そこで、朝鮮半島への稲作文化発信地として注目している山東煙台地区において、これまで確実にイネが発見された遺跡として大汶口文化後期から山東龍山文化期に存在する山東省棲霞県楊家圏遺跡に注目したのである。楊家圏遺跡は新石器時代において中国大陸最東端で発見されたイネ出土遺跡であることはすでに述べたところである。

イネが遺跡内で見つかったということは遺跡周辺にイネを生産する生産遺跡が存在するに違いないというのが私の直感である。この生産遺跡を探してみようと、思い立った。しかし、思い立つのは簡単であるがこれを実証するためにはさまざまな困難がつきまとう。思うが易し行うが難しである。幸いにも二〇〇三年から二〇〇七年にわたる日本学術振興会の科学研究費を給付していただいたことにより、欒豊実《らんほうじつ》教授を代表とする山東大学東方考古研究センターと共同調査を組むことができた。こうして楊家圏遺跡の調査が始まった。

水田遺跡の探索

闇雲に水田遺跡を探すわけにはいかない。まずは地形図とともに現地形を観察しながら、水田が存在するとすればどのような地点であるかを、これまでの韓国や日本での調査例とその地形環境との関係と対比しながら、推測することにする。まずは、集落遺跡である楊家圏遺跡が立地する舌状《ぜつじょう》台地の先端を基点に考えるならば、台地から東にかけては清水河《せいすいが》沿いの沖積低地が候補となる（図36）。

この沖積低地こそ水田を営むとすれば好適地と考えられるが、一方では河川の流路変更や沖積作用から考えれば、水田遺構が存在したとしてもほとんど遺跡として残らない状況にある。また、現在では河川沿いのこの地点には通信ケーブルなどが埋設されており、調

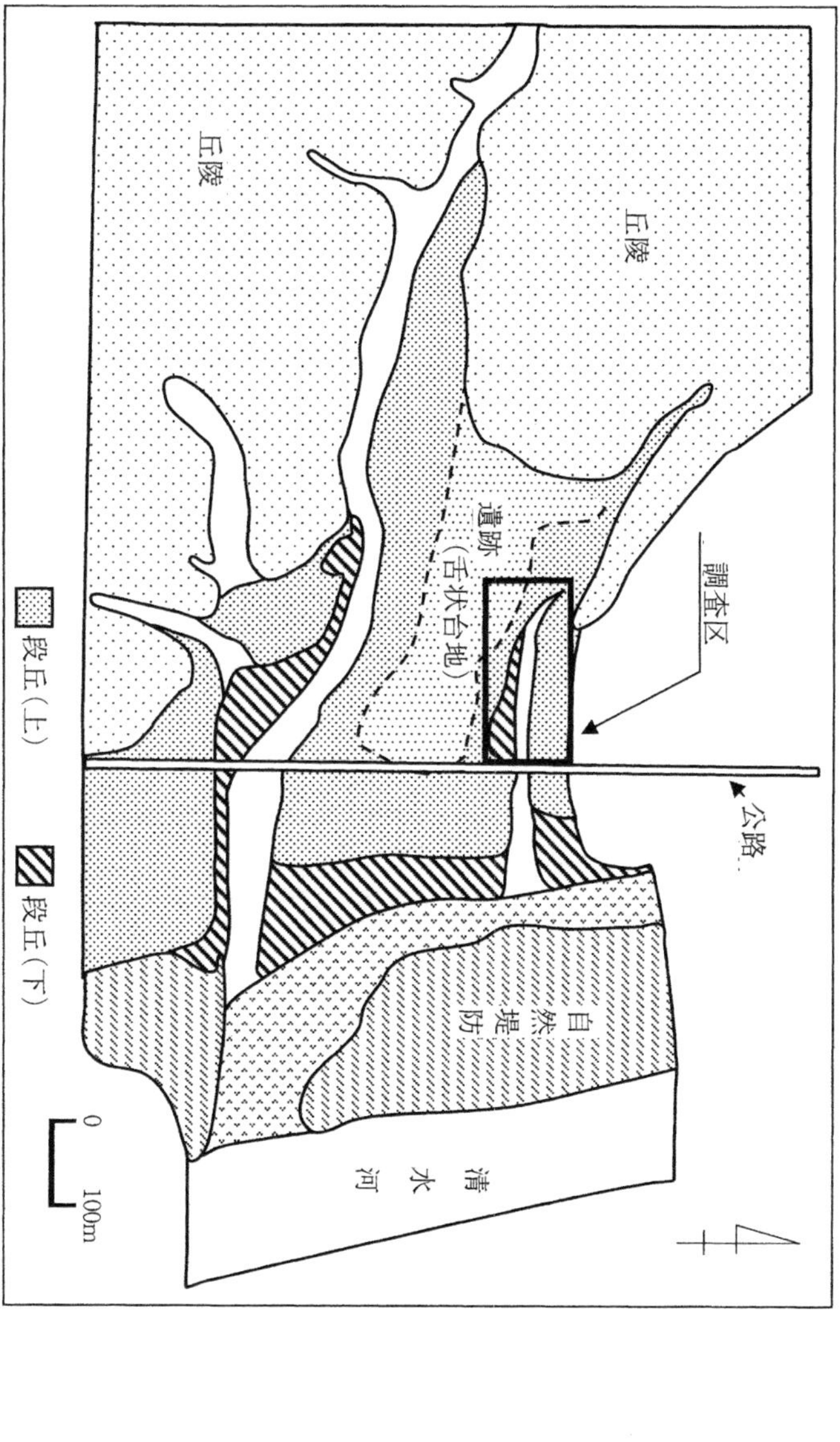

図36　楊家圏遺跡と周辺の地形

査が物理的に不可能な地点である。そこでこれ以外の地点とすると、住居など集落遺構が存在する舌状台地の南北には、河川が流れ込み谷地形が形成されている。

現状では、台地南側の河川の方が水量豊富であり、谷状の沖積低地も広いところから、水田が存在する可能性を予想した。また、台地北側は現在ではほとんど水流がない小河川が存在する谷地形を形成している。谷部はかなり狭いが、現在リンゴ畑のために整地されたようであり、本来は谷部がもっと広いものであった。また、現在の小河川の上流では貯め池が作られており、河川の流量が制限されている。さらに舌状台地が張り出す基部部分である集落遺跡の西側丘陵部は、現在では禿げ山同然となっているが、従来は樹木が繁茂し保水力があったとすれば、現在の涸《か》れ川も従来は一定の水量を保有していたであろう。その意味では舌状台地の北側では解析谷（深く刻まれた谷）が形成されており、水田が存在するにふさわしい場所である。こうした予想が正しいかを確かめるために、舌状台地南側谷部と北側谷部でボーリング調査を行うこととした。

この場合のボーリング調査とは地下の土壌環境を調べるだけでなく、土壌内でのプラント・オパール分析を行うことにより、地下の植物環境を調べるものである。こうした方法は日本での水田探索の際に宮崎大学の藤原宏氏が開発されたものであり、中国では江蘇省の草鞋山遺跡で土坑連結式水田を発見する際に、藤原氏らによってまず試みられた調査法である。ボーリング調査によって地下の堆積環境を調べ、さらにその中に一定の量のイネのプラント・オパールが発見されれば、堆積環境との総合的な判断の中に水田が存在する可能性が高まるという調査方法である。

プラント・オパールの発見

まず、より谷部が広い舌状台地南側の谷部でボーリング調査を始めたが、河川の流路が思った以上に動いていたようであり、地下の堆積物は広い範囲にわたって河川成の砂層や礫《れき》層を形成しており、安定した堆積環境が認められない。仮に龍山期に水田が存在したとしてもその後の河川流路の動きの中に、水田遺構は遺存していないものと判断され、南側谷部のボーリング調査はあきらめざるを得なくなった。

続いて、舌状台地の北側谷部のボーリング調査を始めることにした（図36にある調査区）。ボーリングを始めるとすぐに砂層や砂礫層にあたり、ボーリングがなかなか刺さらなくなる。またもや北側谷部も堆積環境が悪いのかと調査そのものに暗雲が立ちこめ始めたころ、砂層や砂礫層を抜けたところから、紅焼土を含む安定した粘質土層が認められ、さらに地下二・五メートル以下で、低湿地状の黒色粘質土に変わっていった。こうした有機質が多く混じった黒色粘質土は我々の経験から水田土壌によく似たものである。ボーリング調査を一緒に行っていただいていた宮崎大学の宇田津徹朗氏に、さっそく簡易なプラント・オパール分析を夜宿舎で行ってもらった。そろそろ私も寝ようかとする夜中に、宿舎の私の部屋の戸を叩く音がする。何事かと出てみると宇田津氏である。イネのプラント・オパールが出ましたという興奮した声を聞いた。やった、予想が当たったという歓喜の思いがこみ上げてきた。研究者の喜びは、まさに研究上の直感が当たったときにある。こうして舌状台地北側のボーリングを本格的に進めることになったのである。

二〇〇四年秋のボーリング調査では舌状台地南側谷部で一五ヵ所、北側谷部で二〇ヵ所あまりの合計三五ヵ所近くのボーリングを行った（図37）。その結果、北側谷部では表土下すぐに位置する砂層や砂礫層の下に紅焼土を含んだ遺跡包含層に近い土層が堆積していた。ここにもイネのプラント・オパールが発見されるが、地表下一・五メートル以下の黒色土層内から、より豊富なイネのプラント・オパールが発見された（図38）。

ほぼ地表下三メートル前後で地山《じやま》という人為的な痕跡がない土層に突き当たるところから、こうした黒色土層は地山直上（自然堆積層直上）に位置する土層であることが知られる。ところで、宇田津氏らのプラント・オパール分析はイネのプラント・オパールが存在するか

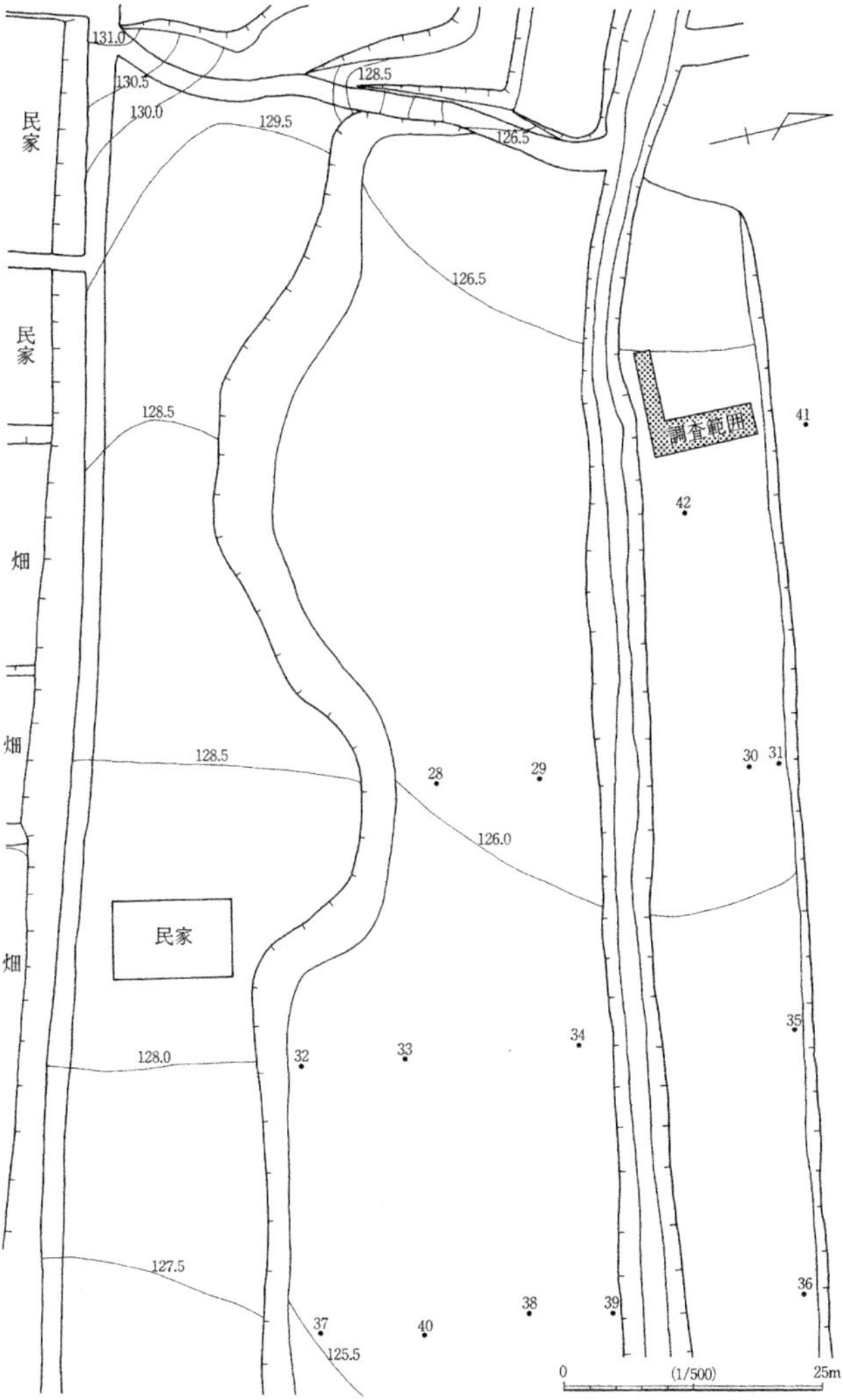

図37　楊家圏遺跡北側谷部のボーリングの位置（番号28～41）

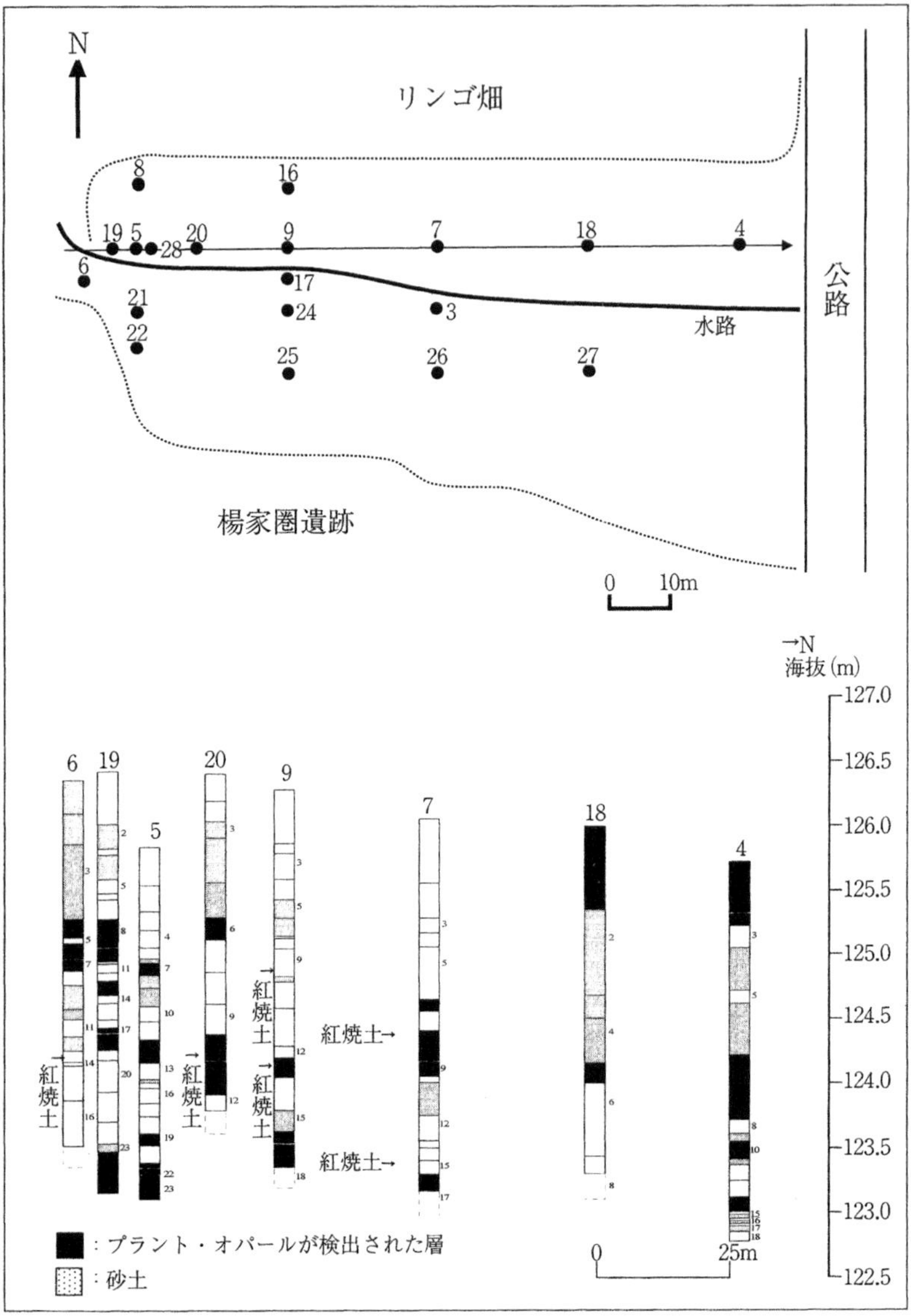

東西軸の土層対応図，各ボーリングの土層上面は海抜高度に対応した地表面を示すが，
くなっている.)

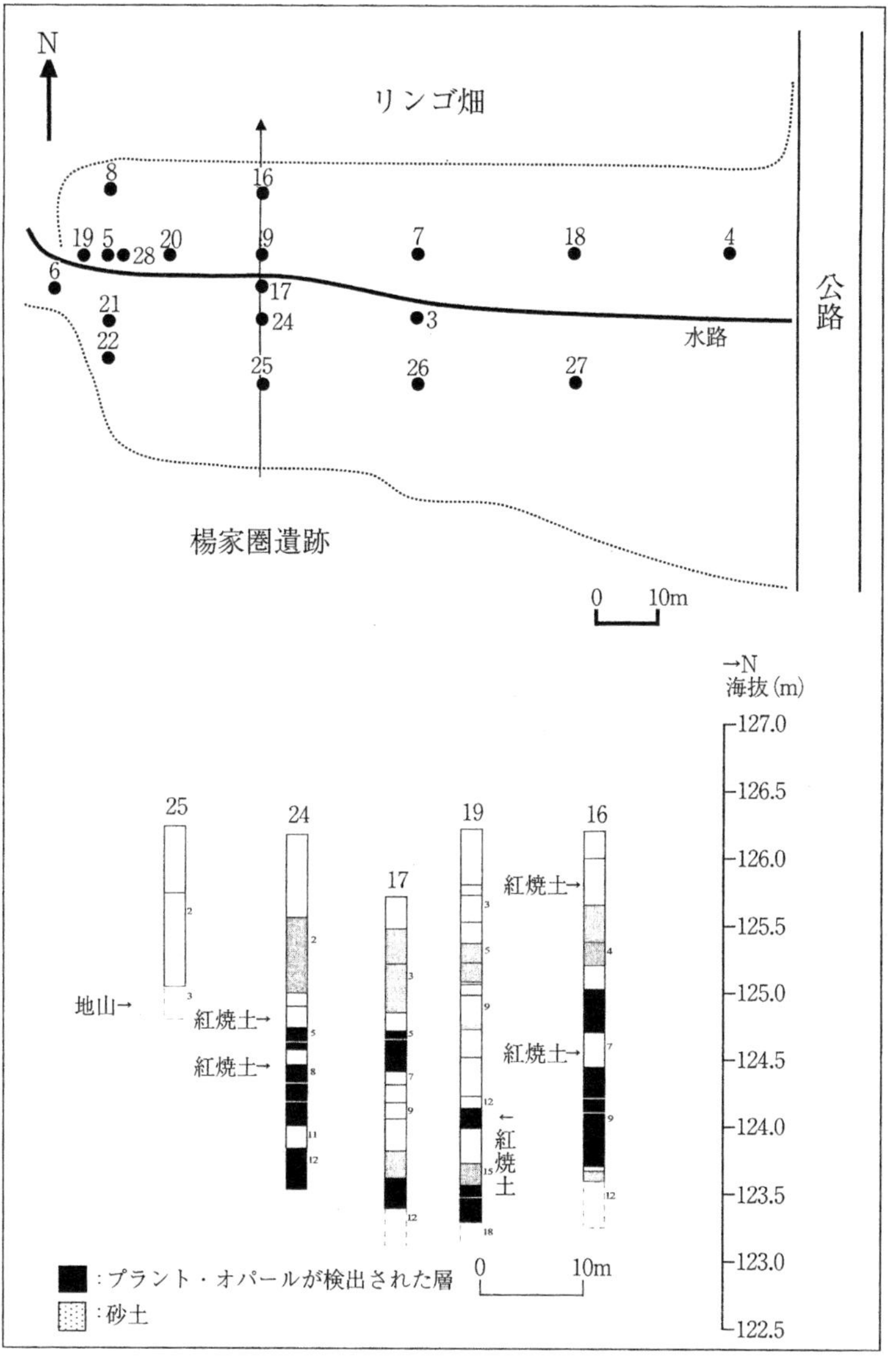

図38　楊家圏遺跡のボーリングの結果（左図：南北軸の土層対応図，右図：ボーリング17と５は水路の位置にあたり，地表面が他のボーリング地点より低

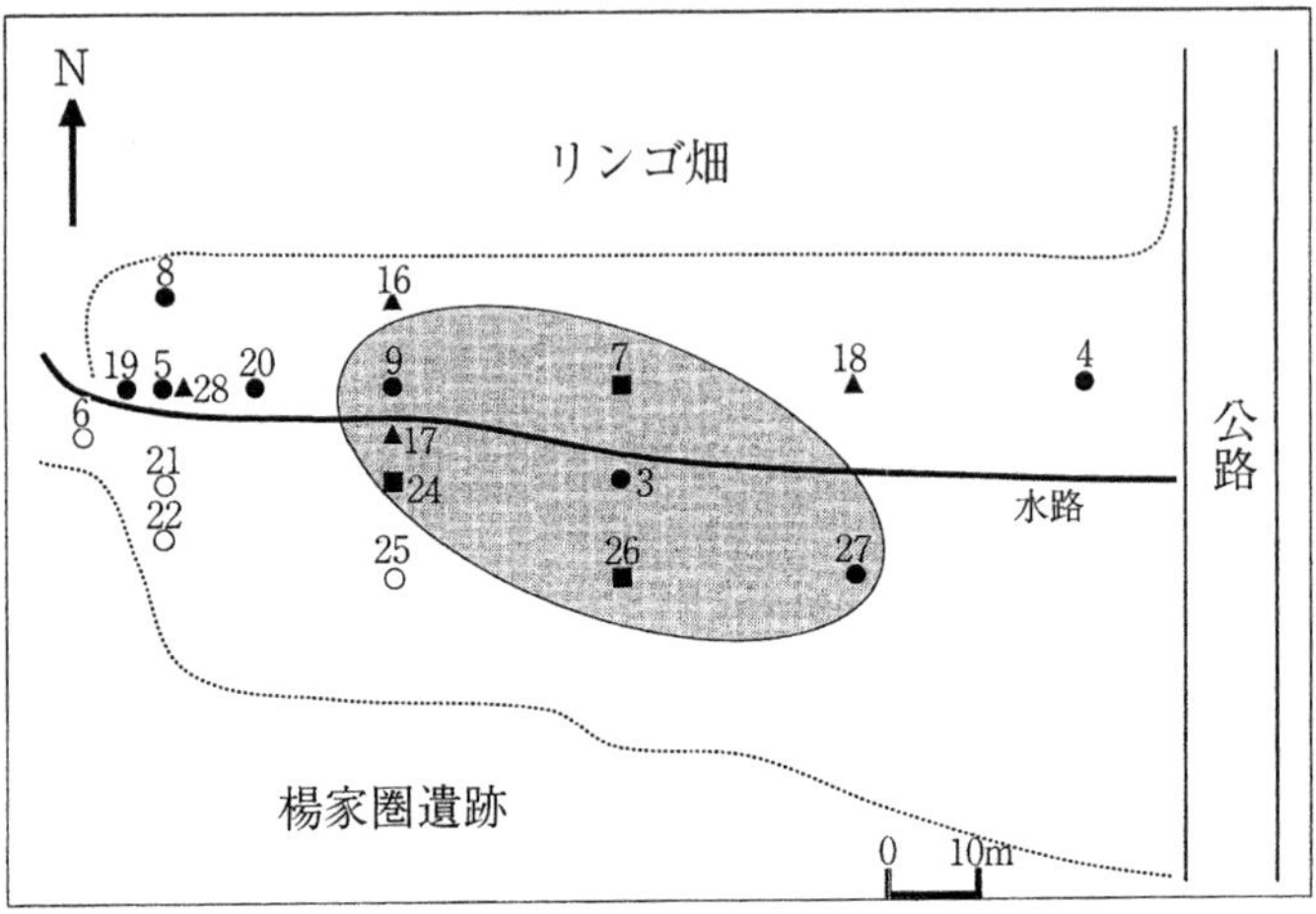

図39　土壌1g中1000個以上のイネのプラント・オパールが出土した範囲（▲：<500，●：500～1000，■：1000>，個/g）

しないかという存否の分析ではない。土壌一グラム中に何個のイネのプラント・オパールが存在するかという定量的な分析がなされる。これにより、土壌一グラム中一〇〇〇個以上のプラント・オパールが黒色粘質土内で発見された範囲は、図39の範囲内ということが理解されるに至った。こうした範囲は、集落遺構の存在した舌状台地に接する谷部斜面に位置し、こうした斜面部で水田が形成されていた可能性が高まったのである。

なによりも、現状の煙台地区では全く水田は行われておらず、古老らの聞き取り調査によれば、一九六〇年代以前に水田作りが行われる場合もあったが、それは清水河の川縁で行われていたもので、楊家圏遺跡周辺では全く水田が行われていなかったとのことである。したがって、現在のイネが原因してイネのプラント・オパールが近くに溜まるというコンタミネーション（後世の混入）の問題は全く存在しない。現在はイネが存在しないものの、過去にこの地でイネが存在していたのである。しかもその存在する層が地山直上の低湿地層であることは、これらが遺跡の開発が始まった龍山期に相当する可能性に矛盾ないものである。楊家圏遺跡が存在したときに、遺跡のすぐ横の谷部斜面部で稲が生産されていた可能性が高まったのである。

試掘調査へ

次には、こうした可能性がより蓋然性あるものかを判断しなければならない。これにはもはやボーリング調査では追いつくものではない。そこで、小規模な発掘坑を設定して、堆積環境と層位的なプラント・オパール分析、さらに出土遺物からの時期決定を行うこととした。これが二〇〇五年秋の試掘調査である。前年度のボーリング調査で明らかになった比較的イネのプラント・オパールが多量に出土する範囲に接するような周辺部に試掘坑を入れることとした。

仮にイネのプラント・オパールが多量に出るところが水田面であれば、遺構の残りが最もよいわけであるから、その端の部分で遺構の存在を確認し、最も残りのよいところは本調査に残しておこうという意図からである。試掘坑は前年度のボーリング調査で任意に作った基準線であるグリッドラインに沿う形で、L字形に設定した（図37の調査範囲）。こうすれば、グリッドラインに沿う形で東西、南北の堆積状況や層位関係を知ることができるからである。

二〇〇五年は夏から秋にかけて山東地域が例年になく多雨な年となった。そのため、普段は涸れ川であるはずのところに水が流れ、小川が形成されている。一〇月に行った試掘調査は天候こそは良く晴天が続いていたものの、九月に降った雨が丘陵部から伏流水となり沖積地に地下を通って流れ込んでいるのである。このことは、地下になればなるほど水が出てくることを意味する。地下一・五メートル位のところから水が湧き出してきた。無遺物包含層である地山まではまだ一・五メートルもある。急遽ポンプを近くの農民の家から借りだしてきて、水を掻き出すもののらちがあかない。掻き出された水がまた試掘坑すなわちトレンチ内に入ってくるのである。

また、水の流れに沿う東西方向の試掘坑は小河川と近い位置にあることからも、特に水がよく湧き出し、層位を観察したい試掘坑の壁が崩れてくる。そこでこの東西方向のトレンチをあきらめ、ここを南北方向のトレンチより深く掘って一時的に水を溜めるプールとすることとした。こうして、比較的水の湧き出しが少ない南北トレンチで勝負を決めることとした。

試掘期間は好天に恵まれたため日々湧き出す水も少なくなっているように思えたが、相変わらずポンプを使って水を掻き出しての発掘である。夜はポンプを使わないので朝現場に行ってみると南北トレンチも冠水したプール状態に変身している。壁を崩さないように注意しながらポンプで水かきを行い、しばらく乾かしてから発掘という作業が繰り返された。これによって約三㍍の地山に至るまで掘りきることができた。これにより、以下のことが理解されるに至った。

まず、地表下のすぐのところには現在より大きな河川が流れていたことである。厚い砂《さ》礫《れき》層の堆積からもかなりの流路をもった河川であった。土地の古老から聞けば一九五〇年代〜六〇年代までは、この谷部でも比較的大きな河川が存在し、丘陵部には木々が深くみられたとのこと。一九五八年の大躍進政策をピークとする森林伐採などの乱開発が環境を大きく変化させたのだと思われる。こうした近年の環境破壊は、山東以外の地域でもよく聞くことである。砂漠化していく華北北部から内蒙古にかけても同じようなことがあったであろうし、新疆の天山山脈でも大躍進以前はもっと深い森が続いていたのに、現在ではほとんど木々がない山に変わってしまったことを聞いたことがある。

この試掘調査の結果、堆積環境は以下のような状況であることがわかった（図40）。まず地表下の第2層には河川成堆積物があり、現在の小河川が従来はかなり幅広のものであったことが理解される。その年代も一九五〇年代や六〇年代以前ということができよう。そしてその河川両岸には河川の氾濫《はんらん》原を利用しながら、畠の耕作が行われてきたことが明確である。特に畠に伴う畝が明瞭に何層にわたって認められ、こうした環境がしばらく続いたことが理解される。このような畠は砂層や砂礫層からなるが、これら畠層の下には紅焼土を伴う褐色粘質土が見られ、大きく堆積環境を異にしている。しかも、この第3層にも何層にわたって畝の明瞭な畠遺構が認められるのである。

これらの畠遺構の土層には紅焼土を伴っており、楊家圏遺跡の包含層とよく似ている。現在もこの谷部の集落遺跡側の崖面には遺跡の包含層が露出しており、遺跡廃棄後のどの段階であるかは不明であるが、遺跡側の崖面から土をとってきて畠の客土《きゃくど》としていったものであろう。これが第3層である。第3層は、斜面堆積している第4層の上に、何層にも亘って客土しながら畠が営まれていたことが理解される。明瞭な畝の痕跡は畠が継続的に営まれたことが明白であるが、残念ながら出土遺物がないため、その年代は不明である。

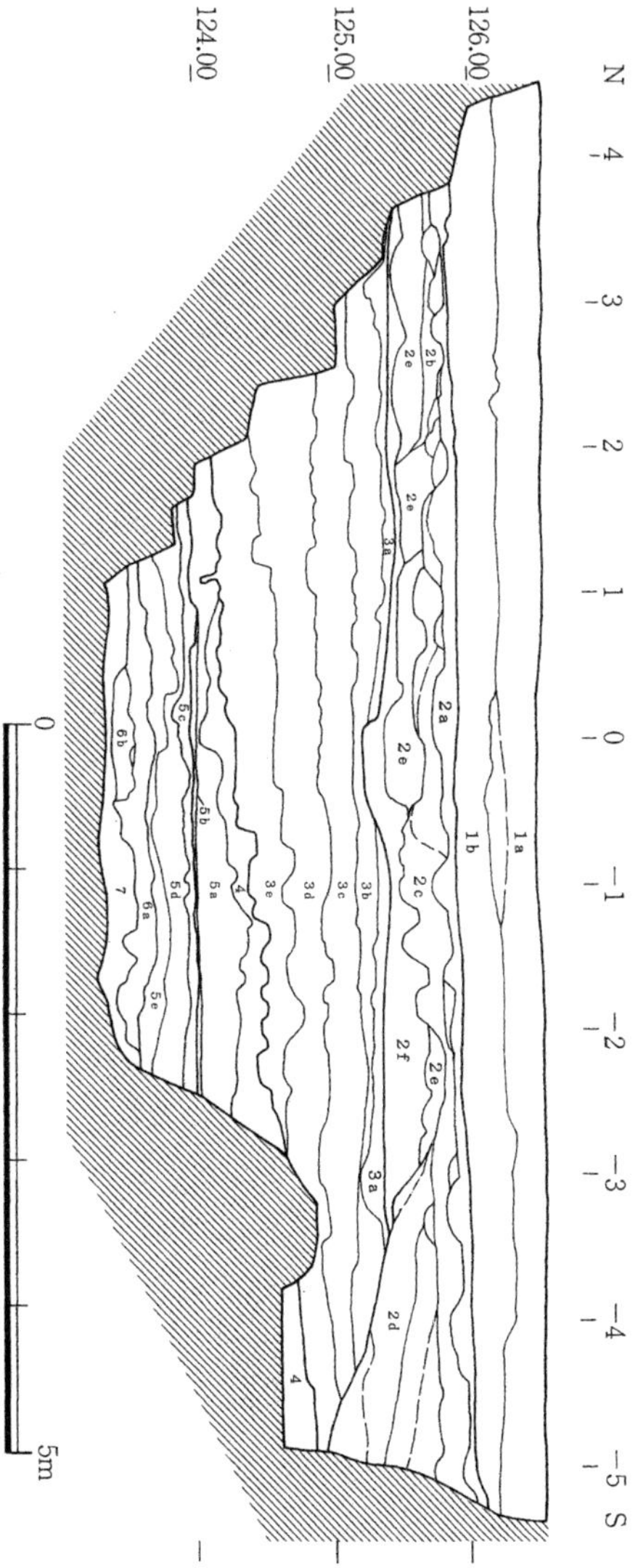

図40　楊家圏遺跡の層位

第4層は、地山である黄色粘質土混じりの土層が混じった黄褐色粘質土からなり、谷部の斜面が崩落して堆積したものではないかと考えられる。第4層以下の第5層が水平堆積していることから、その水平面に向けて集落遺跡のある台地側の斜面部から土が自然崩落ないし人為的に落とされてできた斜面堆積である。第4層上面にも畝の痕跡が認められ、ここでも畠が営まれていたことが分かる。

第5層以下は水平堆積しており、第4層以上と大きく堆積環境を異にしている。第3層と第4層が集落遺跡のある台地側斜面の土層が成因となっていたのに対し、第5層以下は西から東に向けて開く谷部の堆積土壌が成因となっている。しかも湿地性の土壌であり、第4層以上の土層が乾燥性の土壌である点で大きく堆積環境が異なっている。この第5層は地表下二・五<ruby>トメル</ruby>以下のボーリング調査でイネのプラント・オパールが比較的多量に認められる土層である。第5層は灰黄色粘質土ということのできる土層であるが、ここをさらに細かく土層区分していくと、5ｃ層という土層に断面方形状の高まりが見え（図40）、まるで水田遺構の畔のような形態を呈している。

残念ながらこの高まりは試掘構内では一ヵ所しか発見されていないことから、これを畦畔が繞《めぐ》る水田遺構と断定はできないが、この畦畔状遺構の5ｃ層に水平堆積の5ｂ層が水平に堆積しているなど、畦畔水田である可能性が高いものと思われる。下位の第6層は河川成の堆積物であり、灰白色砂質粘質土を呈している。湿地状の堆積環境にあり、イネの自然栽培にも適した地形環境にある。こうした第5層や第6層からは龍山文化時期の土器が出土し、集落遺跡と同時代の堆積物であることが明らかである。さらに下位の第7層は人為的な痕跡のない地山である黄色粘質土層を呈している。

プラント・オパール分析

このような堆積環境が明らかになった段階で、宇田津徹朗氏によって行われた各層ごとのプラント・オパール分析により、植生環境を復元することができる。これにより、水田の存否について考えてみたい。まず、堆積環境が異なった第4層以上と第5層以下では、プラント・オパールに見られる植生の違いが認められ、第4層以上はタケ亜科《あか》やウシクサ族が多い乾燥土壌を示しているのに対し、第5層以下ではヨシ属が多い湿地性の土壌環境であったことを示している。第4層以上に畠遺構が継続的に見られることと植生環境は対応している。

また、第5層と第6層の湿地性土壌環境には多量のイネのプラント・オパールが検出されており、前述した水平堆積で畦畔状遺構の存在からもここが水田面である可能性が高いことを示している。第3層で部分的に認められるイネのプラント・オパールは畠での稲の耕作を示しているというよりは、第3層内に紅焼土が混入しているように集落遺跡の包含層を客土として持ち込んでいるところから、龍山文化期の包含層のイネのプラント・オパールが客土内に紛れ込んだものであり、畠遺構とは関係ないものと判断される。

さらに第5層と第6層の細分された層ごとのプラント・オパールの結果を見ると、6a層ではヨシ属が多く湿地性の土壌環境内にイネのプラント・オパールが認められ、河川成の堆積物であることからも、谷部や河川の氾濫原を利用したイネ栽培が行われていた可能性がある。畦畔水田などが存在しない自然の地形環境をそのまま利用したイネ栽培法である、いわゆる天水田の段階であると想定できる。

一方、その上層の5d層のプラント・オパールでは、ウシクサ族やタケ亜科などが増えるが、ヨシ属が減少し、一時的に乾燥化した土壌環境であった。6a層が水付きの状態であったのが5d層では陸化したのか乾燥化し、これに応じてイネのプラント・オパールも減少している。再び、イネのプラント・オパールが増加しさらにはヨシ属などが増えて湿地化した状態は、5a層に認められる。畦畔状遺構が認められる段階である。そこで想定できるのは、乾燥化した5c・5d層で天水によるイネ栽培が困難になってきた段階に、畦畔をもつことにより水を張ることが可能になり、イネの栽培が容易になったとする仮説である。

この段階に畦畔水田を開発することにより、イネ栽培が増進したのではないかと想定するのである。楊家圏遺跡の場合、当初は天水田《てんすいでん》であったのが、地形環境や古環境の変化の中、乾燥した環境において人工的な灌漑技術によりイネの生育にふさわしい環境を作る畦畔水田が開発されたのではないだろうか。それは龍山文化のある段階であり、決して当初からそのような畦畔水田が存在したわけではないことは注目に値する。いわば、畦畔水田が山東の黄海沿岸のイネ栽培地域において自立的に開発されていったものであるという可能性がでてきたのである。

水田の発見

時あたかもこのような折に、青島《チンタオ》市近くの山東省膠州市にある趙家荘《ちょうかそう》遺跡では、龍山文化期の水田遺構が見つかったというニュースが舞い込んできた（靳桂雲《きんけいうん》ほか「山東膠州趙家荘遺跡における龍山文化水田遺構の植物珪酸体分析」『日本水稲農耕の起源地に関する総合的研究』九州大学人文科学研究院考古学研究室、二〇〇八年）。われわれが楊家圏遺跡でボーリング調査など水田探索調査をちょうど進めていた同時期のことである。高速道路建設に際しての緊急調査で、龍山文化期の水田遺構らしきものが見つかったのである。

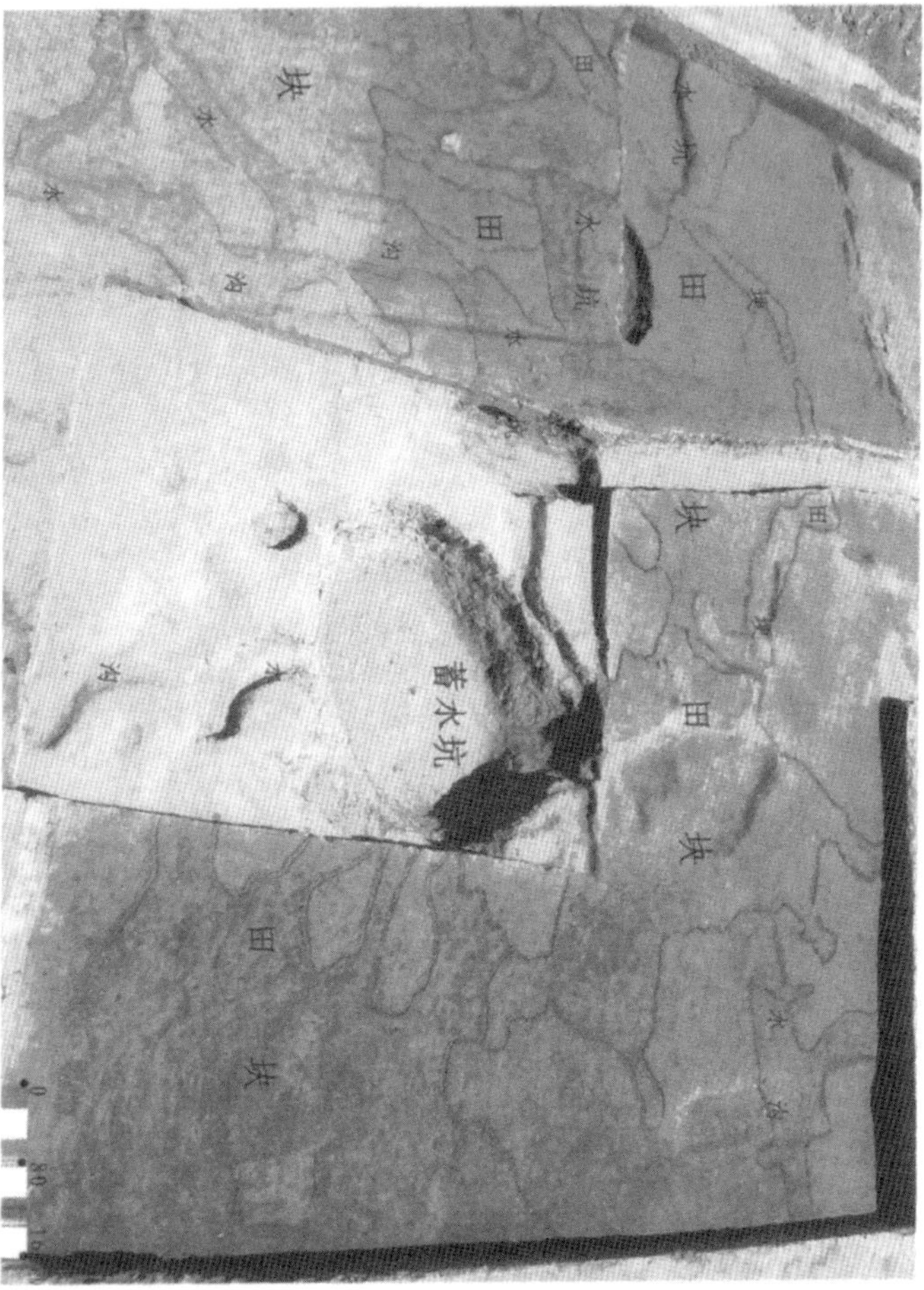

図41　趙家荘遺跡で発見された水田遺構（1）

すでに畦畔が本来存在していた部分は掘りきられていたが、畦畔の基盤部分と思われる土と水田内部分の土が明瞭に違っているところから、遺構が検出されたのである（図41）。これが水田遺構であると判断されたポイントは、やはり水田内と考えられる土壌から多量のイネのプラント・オパールが検出されたことにある。分析にあたった山東大学東方考古研究センターの靳桂雲氏によれば、四〇ヵ所の土壌サンプル中七八％の三一ヵ所でイネのプラント・オパールが発見され、その密度も一グラム中一万個を超えるサンプルが五ヵ所、五〇〇〇～一万個が七ヵ所、一〇〇〇～五〇〇〇個が一七ヵ所と、その検出量は楊家圏遺跡の水田遺構部分よりはるかに多量である。また、ヒエ属などの水田雑草も発見されており、イネが栽培されていたことは間違いないとされる。

　この水田（図41の田塊《テイエンクワイ》と書かれた部分が水田である）内と考えられる多量のイネのプラント・オパール出土部分とは土の色が異なる部分を追っていくと蜘蛛の巣状に線を描き、この水田部分を囲んでいることが理解される。水田を囲む畦畔の基盤部分（図41の田埂《テイエンゲン》と書かれた部分）であったと理解できるのである。さらに畦畔近くには水路（図41の水溝《シュイゴウ》と書かれた部分）もあり、灌漑施設が整っている。あるいは別の地点で図42のような畦畔が発見されている。畦畔水田遺構と考えるべきであろう。

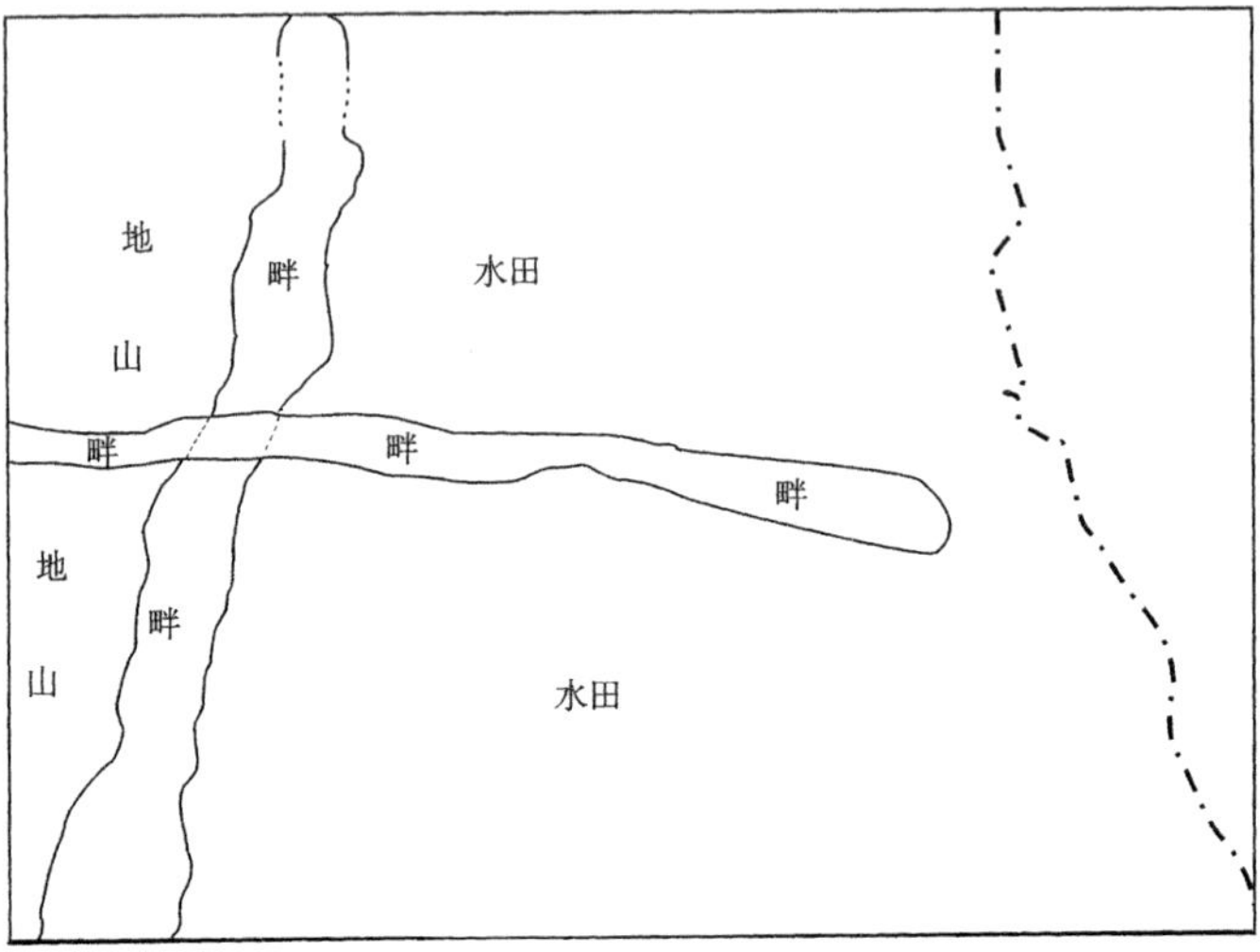

図42　趙家荘遺跡で発見された水田遺構（2）

しかしこの場合の畦畔は、朝鮮半島無文土器時代や弥生文化に見られる方形状に整った単位ではない。おそらくは旧地形に沿うように不定型に囲まれたものであり、まさに蜘蛛の巣状というのがふさわしいような形態を示す不定型畦畔水田とも呼べる段階である。未だ定型的な方形区画の畦畔水田になっていない、初現的な畦畔水田であるといえるであろう。楊家圏遺跡の畦畔水田もあるいはこのような不定型畦畔水田の段階であるかもしれない。ともかく、畦畔水田が成立したのが、楊家圏遺跡と趙家荘遺跡の事例からいって山東の龍山文化期にあった可能性が高いといえるであろう。

現状では、こうした畦畔水田が龍山文化のどの段階で成立していたかが問題であり、それに対する正確な答えは今の段階では用意できない。龍山文化のある段階で山東東南部から東部にかけてのイネ栽培地帯において畦畔水田が成立した可能性が高いのである。この畦畔水田が東北アジア農耕化第二段階である龍山文化前期段階に山東煙台地区から遼東半島へ人間が移住した段階に伝播したかどうかというと、現状ではその証拠が不十分である。

一つにはこの段階で山東においても畦畔水田が成立していたか不明である点である。また、この段階では遼東半島における農具などの農耕関係の物質文化の変化が緩慢である点であり、遼東半島におけるイネの生産量も黒陶の安定同位体比分析でいえばかなり低く、さらには伝播先の朝鮮半島においても水田は存在せず自然地形を利用した天水田である点などが、その論拠となる。従って、東北アジア農耕化第二段階には畦畔水田は遼東半島から朝鮮半島へ伝播していなかったとすれば、畦畔水田の伝播時期は東北アジア農耕化第三段階ということになるのである。

すでに述べたように、東北アジア農耕化第三段階では、石鏟などの畝立て用農耕具と共に、木製農具の生産に不可欠な柱状片刃石斧などが、山東煙台地区から遼東半島に伝播している。未だ証拠は存在しないが、龍山文化から岳石文化へと変化する段階に不定型畦畔水田から定型畦畔水田への技術開発があったとするならば、そうした農耕技術が山東から遼東半島さらには朝鮮半島中南部以南へと拡散したとすることが最も明解な解釈になると思われる。

事実、この段階を契機として朝鮮半島中南部以南では定型畦畔水田が出現しているのである。状況証拠で固めた推論ではあるが、東北アジア農耕化第三段階に新たに定型畦畔水田が山東から遼東半島を通じて朝鮮半島へ伝播したと推測する。灌漑農耕を生み出した朝鮮半島無文土器時代の農耕化は、東北アジア農耕化第三段階の延長として理解できるのである。

再び東北アジア農耕化第三段階

さて、龍山文化から岳石文化へと変化していく段階に、山東地域での文化様態としては黒陶の消滅や紅褐陶の盛行といったように、文化の衰退を論ずる人が多い。あるいは龍山文化期に見られたような首長墓が今のところ発見されていないなど、岳石文化は龍山文化に比べ社会が衰退した、あるいはあまり発達しなかったという意見が多い。

しかし、こと生産力やその生産力の背景となる農耕技術においてみれば、岳石文化に見られる石钁など耕起具である鍬と、畝立てや除草用である石鏟すなわち鋤といった農耕具の明瞭な分化が認められ、農耕技術全体はより進歩しているとみてよいであろう。むしろこの段階の冷涼化といった環境悪化がこうした農耕技術を革新させたのかもしれない。とりわけ山東地域でもイネ栽培がなされる山東東南部から東部にかけては柱状片刃石斧や扁平片刃石斧などが龍山文化から岳石文化にかけて発達し、木工技術が高まったことを意味している。おそらく木工技術の中には木製農耕具の製作技術もあったであろう。

朝鮮半島無文土器文化の中にあった木製農具としての鍬、鋤、エブリ、さらには木製杵《きね》や木製臼は、こうした加工具と共に生産されるものであり、このような加工具が伝播する時期こそ、灌漑農耕の伝播期であったことを示している。そこには山東の稲作農耕地帯で生まれた灌漑をもった畦畔水田と畝立てに特徴のある畠といった農耕システムが、その農耕技術を可能にする石製農具やまだ発見されていない木製農具、さらにはそれを製作するための石製工具と共に一体となって伝播したのがこの東北アジア農耕化第三段階であったのである。

その時期は岳石文化期であり、一時的な寒冷期によって山東煙台地区から遼東半島へ人々の移住が認められる段階である。この段階で、灌漑農耕である水田や畠といったより進化した農耕技術が、石鏟などの農耕石器と共に、さらには大型の柱状片刃石斧や扁平片刃石斧などがこの段階で遼東半島にもたらされることからみて、未検証ではあるが木製農具もこの段階に伝播した可能性が考えられる。

石器における山東煙台地区と遼東半島を比較すれば、東北アジア農耕化第二段階から第三段階において、石包丁における形態変化が両地域で相似的であり、さらには遼東型石斧という定型的な伐採斧も、これらの段階で山東煙台地区から遼東へ広がっている。そして木工加工具である扁平片刃石斧や柱状片刃石斧が山東煙台地区から遼東半島へ波状的に伝播するのも、この東北アジア農耕化第二段階から第三段階である。しかし、大型の扁平片刃石斧や同じく大型化したB・C式柱状片刃石斧が山東煙台地区から遼東半島へ出現しているのは、岳石文化以降の遼東半島の双砣子二期から双砣子三期にかけてである。機能強化した加工斧が出現しているのが、この東北アジア農耕化第三段階であったのである。いわば木材利用がより重要となった段階である。こうした段階において、わずかながらも石鏟のような農具が山東煙台地区から双砣子二期の遼東半島へ伝播している。

木材利用の高まりには木製農具が出現していた可能性があり、石器の代価品として木製鍬と木製鋤が存在していた可能性がある。木製鋤は畠の畝立てや水田の畔作りあるいは除草のための専用的な農具であり、耕起具である木製鍬、さらに水田に使われたであろうエブリや脱穀用の木製杵などの木製農具が備わっていた可能性が高い。それは畦畔を伴う水田と畝をもった畠といった灌漑農耕に必然的に備わっていたものである。いわば東北アジア農耕化第三段階とは、このように確立した灌漑農耕が山東煙台地区から遼東半島へ拡散し、さらには朝鮮半島へ拡散した時期であると規定できよう。

岳石文化と環濠集落

このように集約的な農耕化が高まった岳石文化期には、山東省桓台《かんだい》県史家遺跡や桓台県唐山遺跡などのように集落の回りを環濠で取り囲むいわゆる環濠集落も認められる。山東龍山文化の場合、一般的には土塁で取り囲まれた城址が普及し、拠点的な集落は城址遺跡である場合がほとんどである。そうした状況に対し、岳石文化期には山東省章丘市城子崖《じょうしがい》遺跡などでは土塁を備えた城址が存在するものの、それよりも東方では岳石文化期や殷代には一般的に環濠集落が普及している。城址ほどでもないにしろ防御的な機能を集落の回りに配置していたことが読み取れる。それほどに社会内部での戦争を含めた集団間の軋轢《あつれき》が存在していた。煙台地区の芝水《しすい》遺跡でも溝が発見されていたが、これも環濠の一部であるかもしれない。

岳石文化が遼東半島へ広がった双砣子二期以降の双砣子三期の大連市大嘴子《だいしし》遺跡は、小丘陵を二重の石塁が取り囲んだ集落遺跡である。環濠でなく石塁からなるのは、この地域で積石塚が盛行するのと同じように、丘陵部では石を積み上げた石塁の方が労働力として簡易なためであろう。遼東半島ではそれまでにはこのような防御的な設備をもった集落が存在しなかったことから見れば、こうした防御的な集落の成立も岳石文化との影響関係とともに、集約的な農耕化による社会発展や社会の階層化と関係していよう。無文土器時代に朝鮮半島南部で出現する環濠集落も、こうした流れから系譜的に生まれてきた可能性も考慮しておく必要があろう。

新来の灌漑農耕技術やそれに伴う社会システムが双砣子二期段階に山東からの移住民と在来民との混交によって受容され、さらにはそれが定着し地域的な消化が果たされる段階が、次の双砣子三期段階であったといえるであろう。この双砣子三期の文化要素が、基本的には朝鮮半島の無文土器文化の基本的な文化要素に影響を及ぼしていることになる。今日、無文土器時代早前期の時間軸上の併行関係をこの双砣子三期に求める考え方が一般的になりつつある。実のところ双砣子二期と双砣子三期も相対的な年代差を示す遺跡も見られるが、遼東半島内部の細かい地域差や分析を行っていくと、双砣子二期と双砣子三期初段階が併行している可能性がある。いわば双砣子二期が山東岳石文化の直接的な影響を見せるごく限られた地域であるのに対し、双砣子三期は双砣子二期の影響を受けながら双砣子一期が直接的に変化した地域文化であることを示しているのである。

もっと踏み込んでいうならば、双砣子二期は山東からの移住民の様相が強いのに対し、双砣子三期は在来民との交配が果たされた人間集団の領域という関係が成り立つのである。これまで石器で見てきた変化や画期において双砣子二期というよりは双砣子三期の方がより明瞭に画期が見てとれたのは、資料的な制約とともに、これら両者が時間的に併行しながらゆっくりと双砣子三期に全体が移行していくという文化現象に求められるのである。したがって、双砣子三期文化を母体とするあるいは双砣子三期文化の影響のもとに生まれたとする朝鮮半島無文土器文化は、東北アジア農耕化第三段階の系譜の中に生まれたものであるとすることができるのである。

朝鮮半島の無文土器文化は、大きく大同江流域を中心とするコマ型土器文化、豆満江流域から咸鏡道《ハンギヨンド》の朝鮮半島東北部に見られる五洞二期～六期、さらには漢江流域以南の朝鮮半島南部地域に地域区分することができる。朝鮮半島南部地域は漢江流域から錦江流域の中西部、栄山江流域を中心とする全羅道の西南部、南江から洛東江流域の南海岸地域、さらに江原道など日本海に面する東部、蔚山《ウルサン》などを中心とする東南部に分かれるであろう。

朝鮮半島南部地域の場合、中西部、西南部、南海岸地域においては一つの文化的な系譜関係や影響関係が濃密に認められる地域である。これは朝鮮半島西北部のコマ型土器文化を含めた一連の流れが想定される地域である。いわば黄海をめぐって遼東半島、朝鮮半島西北部、朝鮮半島中南部、西南部、南海岸地域といった文化回廊が設定される地域なのである。

これに対して、朝鮮半島の蓋馬《ケマ》高原から南に延びる脊梁《せきりよう》山脈は、朝鮮半島を東西に二分しており、西側には比較的豊かな平野や河川流域の盆地が認められるのに対し、東側は山が海岸線まで迫りわずかな入り江による海岸平野が認められる地域である。したがって東海岸を伝わる文化回廊として、朝鮮半島東北部、東部、東南部が認められるのである。東北アジア農耕化第三段階を契機とした灌漑農耕文化はこの西海岸を伝わる文化回廊の中に広がっていったものと推定されるのである。

農耕の伝播と気候変動

農耕民の移動モデル

現在の民族例でいえば、農耕民と狩猟採集民は決して混ざり合わないといいう。お互いの領域が明確であり、相互に交易などは存在していても、それらを通じて両者が結合し農耕民に置き換わるようなことはないという（ピーター・ベルウッド、長田俊樹・佐藤洋一郎監訳『農耕起源の人類史』京都大学学術出版会、二〇〇八年）。こうした状況は、古代の東北における倭人と擦文《さつもん》土器文化の人々が、戦闘のような政治的な動向は別として、お互いが融和するようなことはなく、互いに別の社会を構成し、対置的な存在であったことと同じ現象であるかもしれない。

しかし、農耕が成立し、農耕社会が営まれた段階から、それが周辺地域に広がっていく段階は、上記のような対立的な社会が共存するというモデルでは、その広がりを理解することができない。

もともと氷河期が終わり、大きな気候変動期に、その環境適応の一つとして穀物の栽培化が出現していくのであるが、当初は狩猟採集社会に比べて生産量は高いものではなく、むしろ狩猟採集のみに依存している社会の方が豊かであったといえるのである。植物栽培を開発した人々はむしろ低い生産量の中でそれを始めざるを得なかったのである。そしてそこには集団内での規制や組織力を必要とした。

当初、狩猟採集社会にあった人々は、野生穀物の採集やそれを馴化した栽培穀物の補助的な導入から、次第に栽培穀物などの農耕作物に主たる食料源を依存する社会に変化していく。それはこの段階の環境の好転と集団内での組織力という相互現象による社会変化であった。一方で、栽培植物への依存を増すことによる安定的な食料源の確保と活動範囲の縮小は、特に母体への負担を減らすことによる自然の摂理として、たとえば妊娠間隔の縮小などによって、人口増加を招くことになる。

人口と食料源のバランスが保てる段階は集団の拡大を促すが、一方ではさらなる食料源の確保を必要とする。ここに農耕地の拡大の必要性などのために、分村といった集団内の分節による人間集団の面的拡大が促されるのである。こうして農耕民の空間的拡大と共に、そこに狩猟採集民との接触が生まれることになるのである。これが自然発生的な農耕の拡大である。

このように農耕伝播の要因として、農耕民の空間的な移動が挙げられるであろう。農耕民内部での自然人口増加として農耕民が空間的に拡大する以外に、農耕民の移住に見られる別の原因として気候変動が挙げられる。すでに述べたように、農耕民は安定的な農耕活動によって一般的に人口の拡大が認められる。増大する人口をまかない維持するための食糧生産の必要性があるが、それが阻害されたり支障が来される段階すなわち気候の冷涼化などの気候変動が起きた場合、社会は人口圧によって一部の集団が新たな農耕地を求めて移住しなければならない。いわゆる集団の一部が分村し、新たな農耕地を確保するための移住が始まるのである。

完新世における寒冷期

これまでふれてきたように、日本海沿岸の福井県水月湖や鳥取県東郷池の湖底中の年縞堆積物によって、気候が温暖であったか冷涼であったかという気候変動が推定されている（福沢仁之「天然の『時計』・『環境変動検出計』としての湖沼の粘土堆積物」『第四紀研究』第三四巻第三号、一九九五年）。年縞堆積物とは、湖底に一年ごとに珪藻土《けいそうど》（湖中の珪藻は春に生まれ春の終わりから秋にかけて湖底に堆積する）が溜まり、それが縞状の堆積をしていることをいう。いわばその縞状の堆積物が一年一年を示しているのであり、樹木でいえば年輪にあたっている。また、水月湖にしろ東郷池にしろ、これらの湖はもともと湾が砂州《さす》によって閉じた潟湖《せきこ》であり、海水面の変動によって敏感に湖が汽水化したり淡水化する。

単純化すれば、気温が高く海面が上昇する時期には海が進入して湖は塩水濃度が高まる。一方、気温が冷涼化して海退すれば、湖は河川から流れる水で淡水化する。湖が汽水であるか、淡水であるかによって海面変動や気温の変動が推定できるのである。汽水であるか淡水であるかを調べるには、粘縞堆積物内の菱鉄鉱《りょうてっこう》量と方解石量の変動を測れば分かるという。すなわち方解石が産出する場合は海水が進入したことを示し、菱鉄鉱が産出する場合は海水が進入せずに淡水であることを示すという原理が利用される。

さらに水月湖の場合、現在のような海水が進入して汽水湖になったのは紀元後一六六四年以降であることが文献で知られている。詳細は、一六六二（寛文二）年の地震によって排水路が消失し、一六六四年に新しく掘削した排水路から海水が入るようになったことが分っている。海面変動によって淡水と汽水を繰り返した水月湖が、最後に淡水から汽水に変わった年縞堆積物の年代を紀元後一六六四年と決定できるのである。これを基点として珪藻土の堆積物の縞を数えてゆけば、堆積の絶対年代を知ることができるというものであり、その堆積物の古環境を推定できるのである。いわば、堆積物版の年輪年代学ということもできる。

ただし、この縞を計測する際に誤差が存在し、それが絶対年代の誤差に結びつくわけであり、絶対的な年代値ではないが、かなりの確率で信頼性のおけるものと思われる。水月湖の年縞堆積物の分析によれば、紀元前七〇〇〇年頃（今から九〇〇〇年前頃）から紀元前（今から二〇〇〇年前頃）までに、少なくとも六回の海退すなわち寒冷期を迎えたことが分かる（図13）。紀元前六三〇〇年頃、紀元前五〇〇〇年前後、紀元前三三〇〇年頃、紀元前二二〇〇年頃、紀元前一六〇〇年頃、紀元前一〇〇〇年頃である。ここでは古い方から仮に番号を振り、第一期から第六期の海退時期を示すことにする。このうちもっとも海退現象が見られるのが第三期の紀元前三三〇〇年頃である。

ところで、熊本大学の甲元眞之氏はこの環境復元にいささか疑義を抱いておられる（甲元眞之「気候変動と考古学」『熊本大学文学部論叢』第九七号、二〇〇八年）。この疑義をいささか払拭する形で、上記の水月湖の年縞堆積物による寒冷期を検討してみよう。

甲元氏によれば、氷河期が終わった完新世における寒冷化現象として紀元前一万年頃のヤンガードリアス期と紀元前六四〇〇～六〇〇〇年の寒冷期があり、これらは北米のローレンタイド氷床の急速な溶解によって海流の流れが停止したことによるものとされる。ヤンガードリアス期は広くユーラシア一帯に見られる寒冷期であるが、水月湖ではこの時期まで遡るデータを得られていない。

水月湖での第一期寒冷期は、後者の紀元前六四〇〇～六〇〇〇年の寒冷期に一致している。甲元氏の研究法は、寒冷化現象による風成砂の強まりによって引き起こされる砂丘や砂堤の形成期と考古学的な遺跡でのそれらの検証から、寒冷期を推定しようとするものである。たとえば、沖縄県北谷《ちゃたん》町伊礼原《いれいばる》C遺跡では、縄文前期の曽畑式の包含層が厚い砂層で包含されている。この厚い砂層には遺物は含まれず、寒冷期の乾燥化に基づく季節風の増大による風成砂層と判断される。熊本県大矢遺跡でも曽畑式包含層の上に砂層が堆積し、その上に縄文中期初頭の土器が出土している。縄文前期の曽畑式から中期初頭以前に砂層が堆積し寒冷期を迎えたことになる。表7に示すように、伊礼原C遺跡の曽畑式貯蔵穴出土のドングリの子葉の放射性炭素年代は、紀元前三四八〇～三三七〇年の年代値が測定されている。また、縄文中期前半の春日式の放射性炭素年代は紀元前三〇九〇年という年代値がでている。これをそのまま当てはめればおおよそ紀元前三四〇〇〜三一〇〇年の間に寒冷期がしぼり込まれることとなる。

水月湖の第三期寒冷期とした紀元前三三〇〇年頃は、この年代値の中に入るものであり、この段階に寒冷期があったことは問題がないであろう。この寒冷期はすでに東北アジア農耕化第一段階とした初期農耕伝播時期と年代値としてはほぼ同じものである。そこで東北アジア農耕化を語る上で重要である水月湖の第三期寒冷期を寒冷a期と呼び変え、東北アジア農耕化の定点として捉えたい（図43）。

年輪年代との比較

ところで、現在最も信用できる年輪年代は遡っても紀元前三〇〇〇年以降であり、北米で年輪に見られる寒冷時期は、紀元前二一七〇年前後、紀元前一八〇〇年前後、紀元前一四五〇年前後、紀元前一二〇〇年前後、紀元前七五〇年前後、紀元前三五〇年前後、紀元後一五〇年前後である（Weiss, H. 2000 Beyond the Younger Dryas. In *Environmental Disaster and the Archaelogy of Human Response.* University of New Mexico.）。このうち、紀元前二一七〇年前後は、水月湖の年縞堆積物でいう第四期寒冷期とほぼ一致している。

紀元前三〇〇〇年紀末の寒冷期は、甲元眞之氏も指摘するように、中央アジアから中国

試　　料	考古学的年代	C14年代	暦年代(較正年代)
土器付着炭化物	轟A式(早期末)	6550±70	calBC5490
ヒシ種実	轟B式	5820±40	calBC4700
子葉	曽畑式(前期)	4640±40	calBC3480, 3470, 3370
マツ球果	前期末	4340±40	calBC2920
マツ球果	前期末	4290±40	calBC2900
土器付着炭化物	春日式	4440±50	calBC3090
炭化物	押型文(早期), 御領～黒川式	4150±50	calBC2860, 2810, 2690
子葉	中期後半	3850±40	calBC2310
炭化物	中期～南福寺式	4180±40	calBC2870, 2800, 2770
炭化物	阿高式～鐘崎式・市来式	3790±40	calBC2210
炭化物	阿高式～南福寺式	3950±50	calBC2570-2290
炭化木片	出水式	3820±50	calBC2280
炭化種実	出水式	3830±40	calBC2285
種実	南福寺	3570±30	calBC2020-1990
種実	南福寺	3630±30	calBC2120-2090
炭化物	指宿式～御領式	3630±50	calBC1965
炭化物	指宿式～御領式	3400±60	calBC1685
炭化物	指宿式～御領式	3180±50	calBC1430
種実	北久根山式	3520±30	calBC1910-1740
種実	北久根山式	3540±30	calBC1940-1760
炭化物	北久根山Ⅱ式	3480±40	calBC1880-1680
土器付着炭化物	西平式	3320±40	calBC1725-1515
土器付着炭化物	三万田式	3250±40	calBC1675-1430
土器付着炭化物	西平式～三万田式	3170±40	calBC1520-1320
土器付着炭化物	西平式～三万田式	2980±40	calBC1370-1050
炭化物	天城式～古閑式	3100±40	calBC1380
炭化物		3090±30	calBC1380
炭化物		4270±40	calBC2885
炭化物		2920±30	calBC1040

表7　九州縄文時代の放射性炭素年代

遺跡名	所在地	試料採集地
桐木	鹿児島県曽於市末吉町	土器
中島	長崎県五島市浜郷	包含層
伊礼原C	沖縄県中頭郡北谷町	包含層
小波戸	熊本県天草郡大矢町	包含層① 包含層②
桐木	鹿児島県曽於市末吉町	土器
東鷹野	長崎県南高来郡有明町	包含層
伊礼原C	沖縄県中頭郡北谷町	包含層
逆瀬川	熊本県球磨郡五木村	2号住居址床面 3号住居址床面
吉田	長崎県対馬市峰町	Aトレンチ5層
野原	熊本県球磨郡相良村	6号土壙① 6号土壙②
一尾貝塚	熊本県	包含層① 包含層②
竹ノ内	宮崎県宮崎市清武町	包含層① 包含層② 包含層③
一尾貝塚	熊本県	包含層① 包含層②
岐志元村	福岡県糸島郡志摩町	1号住居址
玉名条里跡	熊本県玉名市	土器
大野Ⅱ区	佐賀県佐賀市富士町	土器
大分川採集品		土器① 土器②
石の本	熊本県熊本市	45区13号住居址

試　料	考古学的年代	C14年代	歴年代(較正年代)
炭化物		6890±80	calBC5730
炭化物	早期，後・晩期	3400±40	calBC1680
炭化物	早期，後・晩期	3310±40	calBC1540
土器付着炭化物	天城式	2960±40	calBC1365-1020
土器付着炭化物	天城式	3110±40	calBC1490-1260
土器付着炭化物	天城式	3040±40	calBC1405-1130
種実	天城式	3160±40	calBC1515-1320
土器付着炭化物	後期粗製深鉢	3130±50	calBC1510-1360
土器付着炭化物	貫川Ⅱa式	3150±40	calBC1510-1310
土器付着炭化物	貫川Ⅱb式	3030±40	calBC1420-1130
土器付着炭化物	貫川Ⅱb式	3060±40	calBC1420-1130
土器付着炭化物	貫川Ⅱb式	3020±40	calBC1390-1125
土器付着炭化物	後期末～晩期初頭	3060±40	calBC1420-1130
土器付着炭化物	入佐式	2990±30	calBC1370-1120
土器付着炭化物	黒川(新)式	2840±40	calBC1180-890
土器付着炭化物	黒川(新)式	2850±50	calBC1180-900
土器付着炭化物	黒川(新)式	2860±40	calBC1120-910
土器付着炭化物	黒川式	3010±40	calBC1380-1120
種子	山の寺・夜臼式	2880±50	calBC1020
木材	山の寺・夜臼式	2840±70	calBC990

遺　跡　名	所　在　地	試料採集地
石の本	熊本県熊本市	
石の本	熊本県熊本市	集積遺構 SX04 集積遺構 SX05
上尾田宮の前	熊本県玉名市	土器① 土器② 土器③ 土器付着
貫川西 貫川 7 貫川10 貫川 2 —① 貫川 2 —②	福岡県北九州市	土器 土器 土器 土器 土器
日佐	福岡県福岡市南区	土器
農業センター遺跡	鹿児島県南さつま市金峰町	土器
東畑瀬	佐賀県佐賀市富士町	土器① 土器② 土器③
上野原	鹿児島県霧島市	土器
黒丸	長崎県大村市	Ⅳ-9区 3 号貯蔵穴 Ⅳ-11区 1 号貯蔵穴

西北部、長城地帯の内蒙古中南部など広範に寒冷化現象が認められる時期である。日本列島でも縄文中期後葉の寒冷期に相当し、中部高地や関東でも集落の分散化と住居数の減少が認められる時期である。山東大学の靳桂雲《きんけいうん》氏が示した長城地帯東端の遼西地域における花粉分析の結果によっても、この時期の寒冷期が知られている（靳桂雲「燕山南北長城地帯中全新世気候環境的演化及影响」『考古学報』二〇〇四年、第四期）。また、朝鮮半島においても、花粉分析や風成砂層の形成期から、この時期に寒冷期が存在したことが認められる（田崎博之「朝鮮半島における青銅器時代の環境変遷と土地利用」『日本水稲農耕の起源地に関する総合的研究』九州大学人文科学研究院考古学研究室、二〇〇八年）。そこで、水月湖の第四期寒冷期を寒冷b期と呼び変え、寒冷a期に次ぐ段階の寒冷期と見なしうる（図43）。

問題はその次の第五期と第六期の寒冷期である。第五期寒冷期を北米の年輪で見られる紀元前一八〇〇年前後か紀元前一四五〇年前後と見るかで大きく異なる。実状はこの前後に寒冷と温暖を繰り返すというものであるかもしれないし、大きな寒冷現象の中にも地域によってその度合いが違っているのかもしれない。夏王朝の都市遺跡である可能性がある河南省偃師《えんし》二里頭遺跡の花粉分析による気候変動は、龍山文化末期の温暖湿潤気候から次第に寒冷化し、二里頭二期や二里頭三期に寒冷乾燥化し、二里頭四期には寒冷でありなが

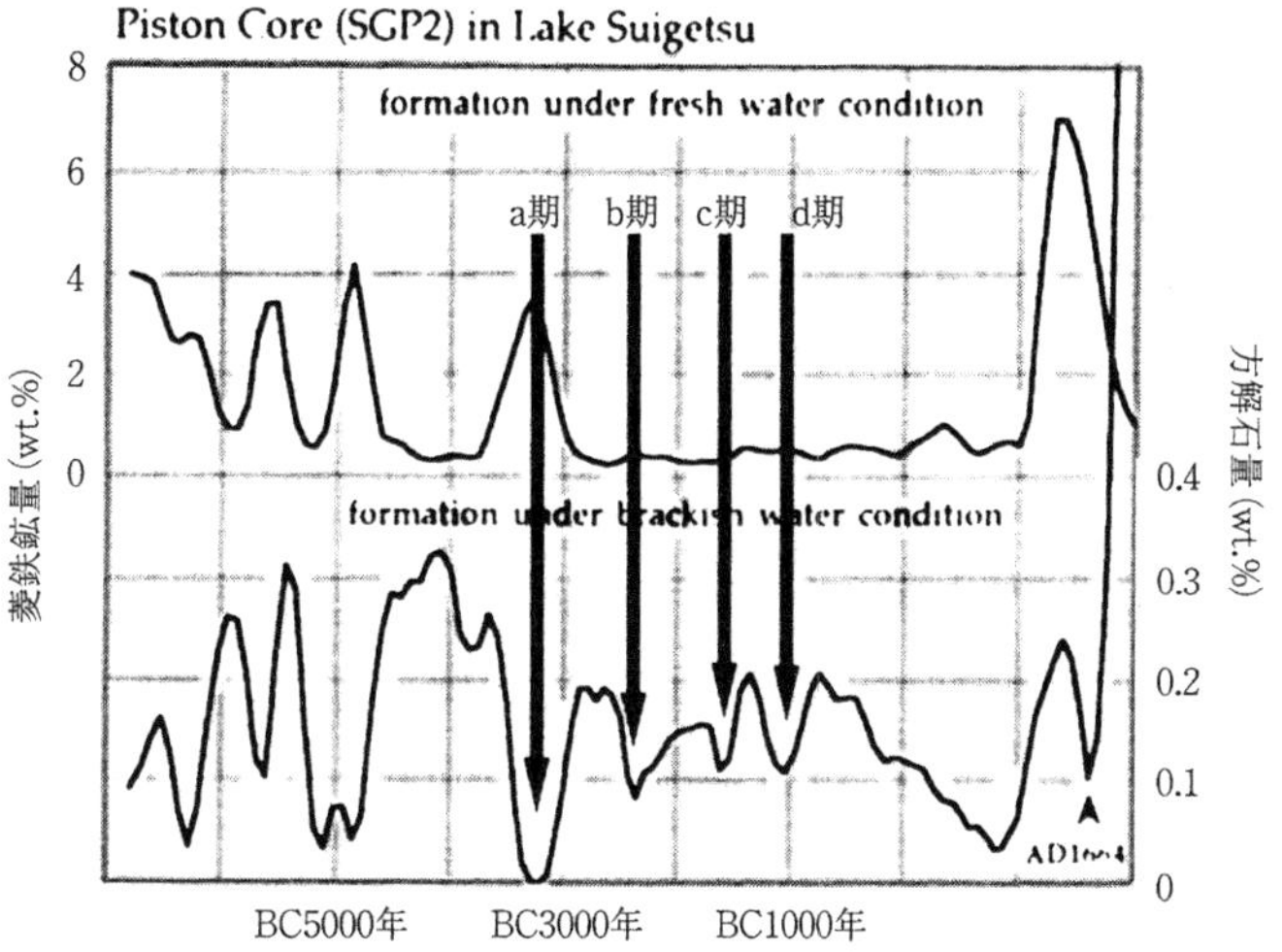

図43　水月湖の年縞堆積物分析にみられる寒冷期

ら湿潤化していく環境復元がなされている。

二里頭二期段階こそ二里頭遺跡が本格的な都市化を果たす段階であり、二里頭文化が始まる段階と推定できるが、この時期は放射性炭素年代では紀元前一六〇〇年頃である。この年代値はほぼ水月湖の第五期寒冷期と一致しているが、相対年代としてもこの二里頭文化二～四期が山東の岳石文化に相当し、東北アジア農耕化第三段階の岳石文化の広がりが見られる時期と一致している。靳桂雲氏の遼西における花粉分析の結果からも岳石文化期が寒冷乾燥期であることが示されている。これを寒冷期c期ということができよう（図43）。

同じ問題は水月湖第六期寒冷期にもあり、北米の年輪に見られる寒冷期は紀元前一二〇〇年前後あるいは紀元前七五〇年前後という数値が知られており、大きく異なる。甲元眞之氏が調べた遺跡に見られる寒冷期の砂丘堆積時期は、縄文時代晩期の黒川式から弥生早期の夜臼式の時期にあたる。紀元前一〇〇〇年頃の水月湖第六期寒冷期が、この砂丘堆積時期にあたることは疑いのないことであろう。問題はその実年代である。

炭素付着炭化物による弥生早期の開始期の実年代は紀元前九五〇年頃とされ（藤尾慎一郎「弥生時代の開始年代」『新弥生時代のはじまり第二巻―縄文時代から弥生時代へ―』雄山閣、

二〇〇七年)、水月湖第六期寒冷期ともそう大きい矛盾はない。しかし、実年代という意味では侃々諤々《かんかんがくがく》の議論となる。それは歴史年表に実年を表示しなければならないからである。実のところ人間の食生活に影響を及ぼしそれが結果的に物質文化に反映する寒冷期とは、紀元前一二〇〇～七五〇年頃の範囲内に納まるほど長いものであったかもしれない。

相対編年としていえることは、甲元眞之氏が提起するように、北部九州の弥生開始期の直前に砂丘堆積に見られるような寒冷期があったことである。これが水月湖の年縞堆積物では第六期の寒冷期にあたっており、紀元前一〇〇〇年頃の寒冷d期であったということができるであろう(図43)。この寒冷期が北部九州に渡来民をもたらす要因になったのである。後に述べるように、北部九州における弥生文化成立条件の一つとなったわけであるが、寒冷期の実年代をもって必ずしも弥生開始期の年代を即断することはできない。私自身は、東北アジアに広がる青銅器の実年代と土器などの相対年代から、北部九州の弥生社会が紀元前八世紀頃に始まると考えている(宮本一夫「遼東の遼寧式銅剣から弥生の年代を考える」『史淵』第一四五輯、二〇〇八年)。

このような寒冷期の復原は、北部九州の遺跡に見られる風成砂層の形成時期から、愛媛大学の田崎博之氏によって進められている(田崎博之「発掘調査データからみた土地環境とその利用―北部九州玄界灘沿岸における検討―」『地域・文化の考古学―下條信行先生退任記念論文集―』二〇〇八年)。それによれば北部九州の場合、寒冷a・b・d期は、遺跡から同じように認められる。ただ寒冷c期は明確ではない。これはこの時期の北部九州海浜部の遺跡が少ないことを反映しているのか、あるいは華北のような寒冷期が北部九州では認められないというような地域差が存在する可能性もある。

以上のように、年縞堆積物の分析や遺跡に残る風成砂層形成期さらには年輪に認められる寒冷期という三つの方向から寒冷期の年代を特定した。それによれば、東北アジア農耕化を考えるにあたって重要となる紀元前四〇〇〇年紀〜紀元前一〇〇〇年紀において、大きく四つの寒冷期が存在したことになる。紀元前三三〇〇年頃の寒冷期a期、紀元前二四〇〇〜二二〇〇年頃の寒冷b期、紀元前一六〇〇年頃の寒冷c期、紀元前一〇〇〇年頃の寒冷d期である(図43)。

寒冷期と農耕の拡散

紀元前三三〇〇年頃の寒冷a期は、アワ・キビ農耕が朝鮮半島南端や沿海州南部まで拡散する東北アジア農耕化第一段階とほぼ同じ時期を示している。これは初期農耕社会が成立していた華北から中国東北部と接触する周辺地帯の狩猟採集社会民が、生業の一部に農耕を受容することにより、農耕化した狩猟採集社会を形成していたことにある。その時期は紀元前四〇〇〇年頃と見られるが、その地域は西北朝鮮であったり、牡丹《ぼたん》江上流域であったりする。こうした地域の農耕化した狩猟採集民が、気候変動の中、朝鮮半島南部や東部へと拡散したり、スイフン河中下流域から沿海州南部地域へと拡散していったのである。

ついで寒冷b期の海退期は紀元前二四〇〇年頃であり、朝鮮半島においてアワ・キビ農耕にコメが加わる東北アジア農耕化第二段階と一致している。この時期には、山東半島南東部から東部煙台地区にかけて、すでにアワ・キビ農耕に稲作を受容していた段階であり、さらにはコメがアワ・キビより主たる穀物栽培に変化していた段階であった。ある意味では成熟した農耕社会に転換していた段階であったのである。

この時期の山東地域には、すでに首長の存在を示すような大型墓が存在し、さらには城壁を伴う城址遺跡が発達していたのである。何よりも卵殻黒陶に代表される薄くて精巧な黒陶は、ろくろ整形の高度な技術を背景とした製陶作業を示しており、技術的にはプロの工芸活動が始まっている。社会の発展区分でいえば首長制社会に達していた段階である。このような農耕民が、この寒冷期において山東東端の煙台地区から遼東半島に移住していった。移住民と在来民との交配によって生み出されたのが、遼東半島における積石塚であったのである。外見は在来的な墓制ではあるが、その墓制を生み出した社会は、血縁単位を背景とした階層社会であり、氏族間での階層格差によって、その造墓位置も決定づけられていた。

しかも、その社会の階層表現やそれに伴う葬送行為も、山東龍山文化と同じものであり、同じ社会規範と宗教意識を共有している。社会のソフト面は全て山東龍山文化を背景とするものであり、山東龍山文化住民の社会意識を反映するものであり、移住者一世や二世のあり方を色濃く示しているのである。

移住民によって社会規範や社会のソフト面が広がるだけではなく、山東半島東端部と同じように、アワ・キビ農耕にさらにイネ栽培が付加されることになったであろう。しかしこの段階ではまだ水田のような灌漑農耕は広がっていない。扁平片刃石斧や遼東型伐採斧がこの段階に山東半島から遼東半島へ広がっている。新しく木材加工具も加わり、さかんに開発が進展していく時期でもある。

ここでの変革は、土器の基本器種に大きな変更が生まれる。これまで極東平底土器と呼ばれる平底の深鉢が中国東北部から極東にかけての基本的な煮沸具であった（大貫静夫『東北アジアの考古学』同成社、一九九八年）が、山東など華北では貯蔵具としても利用されていた罐《かん》の土器形態を深鉢に置き換えることにより、甕《かめ》が出現したことにある。土器形態は罐であるが機能は煮沸具として利用される甕が出現した。この甕形の形態こそが、その後の東北アジア、すなわち朝鮮半島から沿海州さらには日本列島までの初期農耕社会が共有する煮沸具に転換することになるのである。もちろん罐の形態を模して甕にした遼東半島の融合民たちは、それまでの伝統であった文様を甕に付けることも忘れなかった。在来民の伝統性を護りながらも、新たな導入を果たしたのである。こうした甕形土器は、当初遼東半島以外では鴨緑江下流域の遼東全域に及んだが、それ以上は広がらなかった。

この段階で広がった新たな土器情報としては壺《つぼ》形土器が大同江流域の西朝鮮まで広がっている。平壌市南京《ナンギョン》遺跡などに認められる。壺は頸部と胴部過半に平行の刻目隆帯文を施し、その間を幾何学文や細線隆帯文で飾るもので、器形や文様の規範は遼東半島、遼東さらに西朝鮮まで共通して認められるものである。これらの地域における情報の共有が認められるのであり、こうした情報帯を通じて、すでに東北アジア農耕化第一期段階に獲得していたアワ・キビ農耕に加え、さらにイネの栽培技術がこの地域にまで伝播したであろう。

さらにこうした技術は、同じ土器様式文化圏を形成している朝鮮半島中南部へと広がったのである。こうした朝鮮半島中南部から南海岸地域は、半島北部より高温で多湿であるところから、よりイネの生育には適している地域である。また、寒冷な気候条件である一方、海岸平野では大規模な潟湖が形成され、湿潤地が拡大するという田崎博之氏の指摘がある。複雑な文化伝播を必要とせず、イネ栽培が容易に受け入れられる素地があるのである。その点が、物質文化における山東や遼東地域との直接的な交流を示す証拠がない理由といえよう。

さらに寒冷c期の海退期が紀元前一六〇〇年頃であり、岳石文化が遼東半島南端に広がる段階である。山東半島煙台地区から遼東半島への移住が想定され、岳石文化と同一の土器群が遼東半島南端に認められる。この段階は、畝立てや除草用の石鏟が遼東半島に伝播するが、それ以上に発達した加工斧が広がる段階でもある。伐採斧や加工斧の発達は木材利用の発達を示し、木製農具が併せて開発されていた可能性が高い。

農具の明確な機能分化とともに水田や畠などの灌漑農耕が山東半島から遼東半島へ移住者を通じて広がった段階である。すなわち灌漑農耕や集約的農耕化が遼東半島へ広がる段階であり、遼東半島内部においても社会的な発展が認められる。このため遼東半島の大嘴《だいし》子《し》遺跡では石塁といった防御的設備が集落に展開するようになっている。このような灌漑農耕を代表とする農耕文化が遼東半島からさらに朝鮮半島に広がり、朝鮮半島で無文土器文化が始まる段階にほぼ相当している。

したがって寒冷a期、寒冷b期、寒冷c期の海退時期と東北アジア農耕化第一段階、第二段階、第三段階がほぼ対応している。半島を北から南方向へ農耕伝播する原因の一つが、人の動きを伴った寒冷期にある可能性がある。

さらに寒冷d期の海退時期が北部九州において弥生文化が始まる際の朝鮮半島南部からの渡来人を招いた可能性があろう。この時期はほぼ紀元前一〇〇〇年頃であるが、より詳細なデータでは紀元前八〇〇年頃である（福沢仁之「稲作の拡大と気候変動」『季刊考古学』第五六号、一九九六年）可能性もある。このあたりの詳細な年代は弥生開始期の年代問題とも関連しており、今後の詳細な検討が必要なところである。甲元眞之氏は、砂丘の形成という観点から、縄文晩期の黒川式から弥生早期の夜臼式に挟まれた時期が海退・寒冷期であることを示しており（甲元眞之「砂丘の形成と考古学資料」『文学部論叢』第八六号、熊本大学文学部、二〇〇五年）、弥生開始期が寒冷期の直後に起こった現象であることは問題ない。

農耕の伝播の要因として、農耕民の移動や移住というものが想定できるが、その一つの原因としては気候変動とりわけ気候の寒冷化のような気候悪化が挙げられることを述べてきた。東北アジア農耕化第一段階や東北アジア農耕化第三段階のように文化様式としての変化や文化コンプレックスとしての変化には、当然人間集団の移動が伴っている可能性が高い。その移動は必ずしも大移動のようなものではなく、集団単位と集団単位の接触するような地域に認められる小規模な人間の移動や集団内の分村のようなものであっても、接触した地域における文化様式の変化をもたらす可能性は大きい。その意味で、寒冷c期の海退期は、山東半島から遼東半島さらに朝鮮半島へ、人間の移動を伴った農耕伝播であった可能性がある。

さらに寒冷d期が朝鮮半島南部の渡来人によって弥生文化成立の契機が与えられた段階に相当するであろう。弥生文化成立期における北部九州の土器様式の変化、土器の製作技術の変化、さらには支石墓や環濠集落の出現といった社会生活全般における変化、石包丁などの大陸系磨製石器とともに水田など灌漑農耕の技術伝播には、一定の渡来人という朝鮮半島の人々の移住を想定しないわけにはいかない。現にその後の北部九州弥生時代甕棺墓社会の人々は、形質人類学的には半島からの渡来系の人々の形質を引いており、在来縄文人と少数の渡来人との交配によっても形質変化を起こすことが理論的に示されている

（中橋孝博『日本人の起源』講談社、二〇〇五年）。

弥生文化成立期における北部九州へ移住してきた渡来人の実数がいかほどであるかは依然として明らかではないが、移住してきた渡来人によってこそ、在来縄文文化との融合の中で弥生文化が成立したことは間違いない。それほど弥生文化の内容は、朝鮮半島の無文土器文化の諸属性との関連なしには、その成立を理解できないものである。その意味で、弥生文化の成立も、大きく見れば東北アジア全体の農耕化の歩みの一環にあり、その農耕化に人間の移動というものが一定の役割を果たした他の農耕伝播段階と同じ流れを示している。したがって、農耕民の移動において寒冷化のような気候変動は大きな導因となっていたのであり、弥生文化の成立も同じ因果関係の中にあったということができるのである。

縄文から弥生へ

第四段階

縄文時代の対外交流

園耕と北部九州の縄文後晩期

今まで東アジアにおける農耕伝播について述べてきたが、ここではついに日本における農耕の起源について考えていこう。これは縄文農耕と呼ばれる縄文時代の植物の栽培や農耕化が存在していたか否かという問題と関係がある。

従来、狩猟採取社会とされた縄文時代に食物栽培が行われていたかどうかは重要な問題であったが、単に栽培が行われていたかどうかという存在の有無よりは、それが生業における比重においてどれほどのものであったかというところが重要な論点である。ところで近年、初期農耕の前の段階として園耕《えんこう》という概念を縄文農耕に置き換えようとする考え方

（藤尾慎一郎『弥生変革期の考古学』同成社、二〇〇二年）が増えている。園耕が、狩猟・漁撈・植物採集など多様な経済活動の一環として、食物栽培を他の生業と相互補完的に共存する状態を指すのに対して、農耕は他の生業に優越する専業的な経済段階を指すとすることができる。であるならば、縄文時代に栽培食物が存在するとしても、それは園耕段階であるとせざるを得ない。こうした段階を低レベル食料生産段階と称するスミソニアン研究所のブルース・スミス氏のような立場もある。

一方、食物栽培が他の生業より優越する専業的経済段階として認められるのは、せいぜい遡っても水田など灌漑農耕が始まって以降といわざるを得ないであろう。弥生文化成立期に相当するが、水田が一部地域に始まったこの段階ですら、厳密な意味で水稲農耕が他の生業に優先する専業段階に達していたかは、議論を要する。しかし、水田のような灌漑農耕を労働の集約性の高いものと見なすことにより、弥生文化成立期から初期農耕社会に到達したということが可能と思われる。

九州の栽培穀物

九州における縄文時代の栽培穀物の存在は、縄文土器の籾圧痕によって明らかになりつつある。その開始時期は今のところ縄文中期末から後期初頭である。これは、熊本県大矢《おおや》遺跡の縄文中期末・後期初頭の阿高《あたか》系土器片において、レプリカ法によって圧痕を立体化し、高倍率での検視が可能な走査電子顕微鏡による観察の結果、山崎純男氏がイネの籾圧痕と同定したものである（山崎純男「九州における圧痕資料と縄文農耕」『日本考古学協会二〇〇七年度熊本大会研究発表資料集』二〇〇七年）。しかしこの籾圧痕に対しては、イネの籾殻であるかに疑義を唱える研究者も存在する（池橋宏『稲作の起源―イネ学から考古学への挑戦―』講談社、二〇〇五年）。これとは別の、熊本県石《いし》の本《もと》遺跡の縄文後期中葉の鳥居原《とりいばる》式土器の圧痕資料は、籾殻の顆粒状突起からイネである可能性がより高い。仙波靖子氏と小畑弘己氏が発見した長崎県権現《ごんげん》遺跡の縄文晩期初頭の古閑《こが》式土器の圧痕もイネであろう。また、土器胎土内のイネのプラント・オパールは、岡山県津島岡大《つしまおかだい》遺跡で少なくとも縄文後期中葉には存在しており、これらイネの籾圧痕も蓋然性の高いものと考える。このほか、縄文後晩期の土器圧痕からアワやハトムギ、ゴボウなどの栽培食物が出土している。縄文後晩期の九州には、栽培穀物が流入している可能性が極めて高い。

一方では、縄文中期以前にも縄文早期にはヒョウタンが、縄文前期にはシソ・エゴマなど栽培植物が存在しており（宮本一夫「縄文農耕と縄文社会」『古代史の論点1　環境と食料生産』小学館、二〇〇〇年）、栽培植物が存在するという意味では園耕はすでに始まっている。また、青森県三内丸山《さんないまるやま》遺跡では縄文前期から中期においてクリの管理栽培（佐藤洋一郎『DNA考古学』東洋書林、一九九九年）がなされていた可能性やニワトコ（果実の一種で酒の原料ではないかと考えられている）などの栽培がなされていた可能性が述べられている。これが事実とすれば、それは園耕として位置づけることができるであろう。

一方で、単にヒョウタンやシソ・エゴマなど栽培植物が存在する事実から、農耕が存在したとすることはできない。これらの食物が仮に存在したとしても、主食の有用な食料とは成り得ない。低レベルの食料生産が始まった段階であり、園耕段階と呼ばざるを得ない。またニワトコが酒の原料である可能性が指摘されている（辻誠一郎「環境と人間」『古代史の論点1　環境と食料生産』小学館、二〇〇〇年）ように、こうした栽培食物は特殊な食料として利用された可能性がある。饗宴などの集団祭祀に使われた酒のような特殊な用途が想定される。園耕という人間による植物馴化は饗宴などの社会の特殊な目的に使われる植物利用のために実施された可能性も高いといえよう。

ところで栽培穀物が九州において流入した可能性のある縄文中期末・後期初頭以降は、こうした園耕段階とは、イネやアワといった栽培穀物の存在という意味で異なっている。主食の有用食物になりうる可能性が栽培穀物にはあるからである。さらにハトムギやゴボウなど栽培食物の種類が増していることも、低レベルな食料生産が伸展したことを物語ってくれている。

そしてまた大陸との直接的交流関係において初めてこのような栽培穀物が流入してくることから見れば、これまでの園耕段階とは異なる段階として区別すべきである。日本列島には栽培穀物の祖先となる野生穀物がもともと存在しないことから見れば、伝播によってのみ栽培穀物の流入が可能となる。そこで、この縄文中期末・後期初頭以降をヒョウタンやシソ・エゴマ段階の園耕とは異なり、成熟園耕期と呼ぶことにし、その段階性を区分したい。

成熟園耕期

さて、成熟園耕期の中でも縄文後期中葉以降になると、北部九州から中九州を中心として、打製石包丁と呼ばれる短側辺に抉《えぐ》りをもったスクレーパー（図44―1・2）が登場する。とりわけ中九州において盛行している。後の弥生時代の中部瀬戸内では磨製石包丁とは異なり打製石包丁が盛行するが、このスクレーパーはそれに形態的によく類似している。形態的だけではなく、長さと幅の大きさである法量《ほうりょう》をくらべてみると、図45にあるように、中部瀬戸内の弥生のものに類似した法量であり、意外と大振りなものである。中部瀬戸内の弥生の打製石包丁が栽培穀物の穂摘み具であれば、

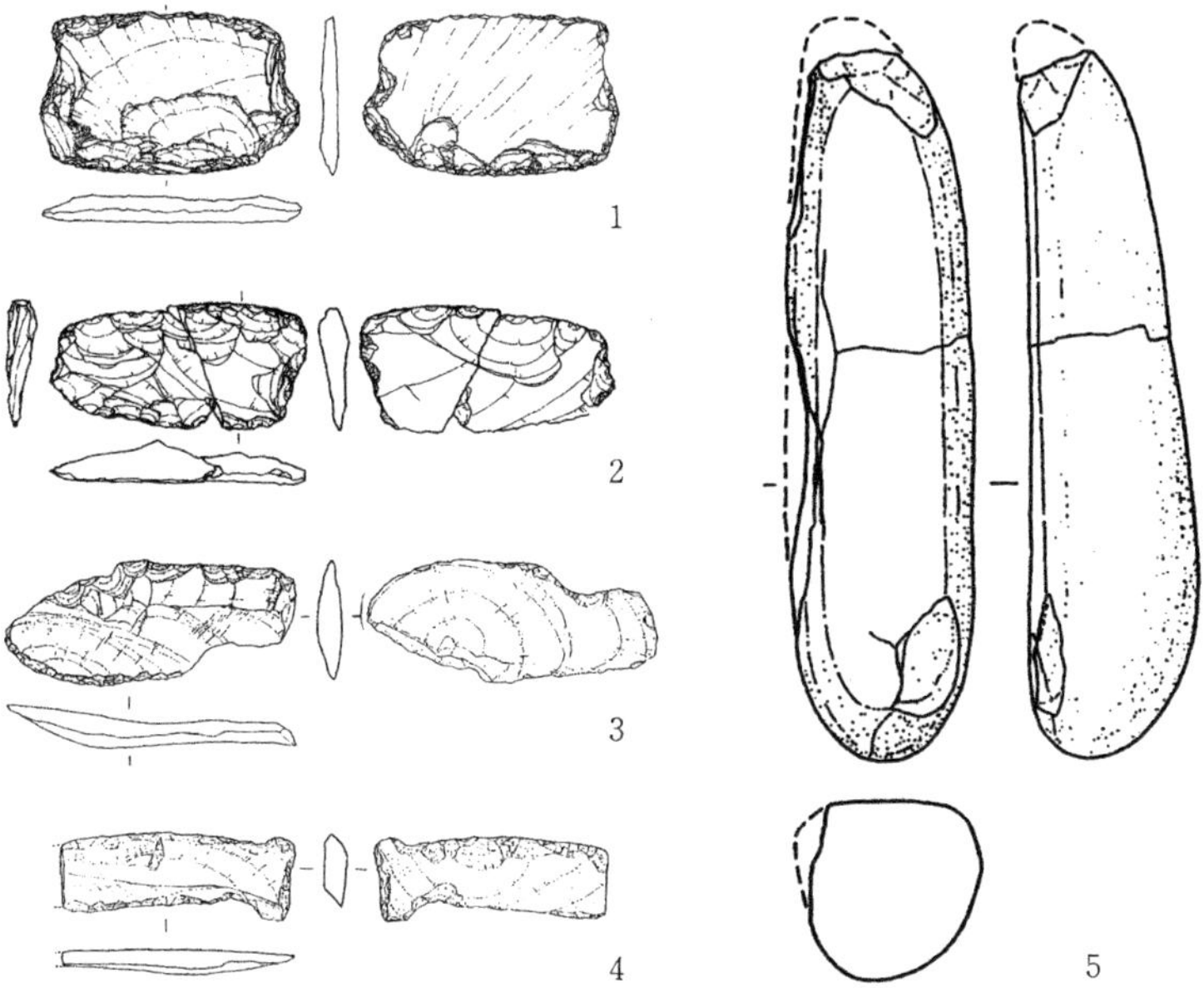

図44　九州縄文時代の打製石包丁（1・2）・石鎌（3・4）・磨棒（5）

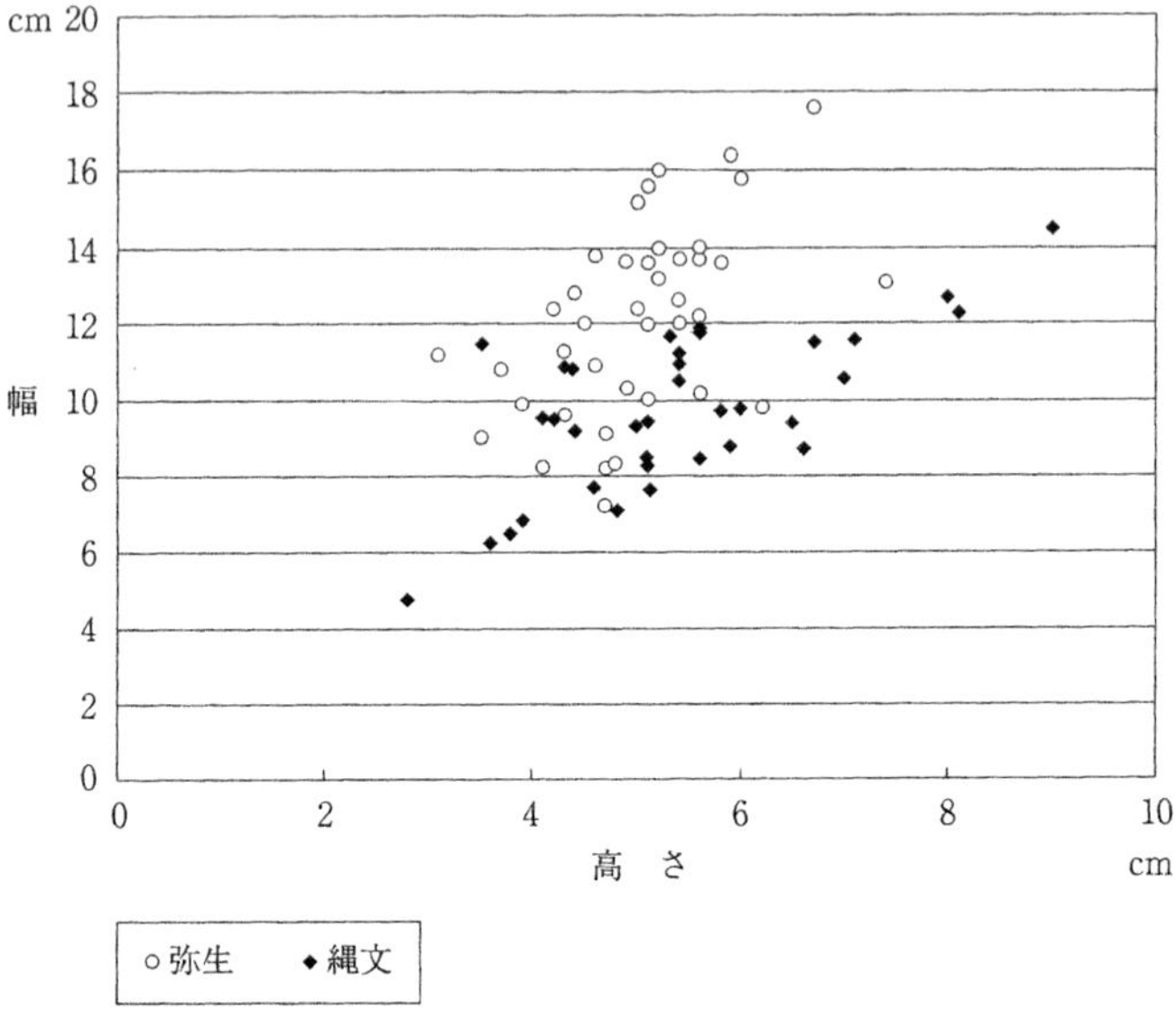

図45　抉り入りスクレーパーと弥生時代の打製石包丁との比較

形と大きさが同じ九州の縄文後晩期の抉り入りスクレーパーも、同じ機能を持っていてもおかしくはない。これらもイネやアワなどの穂摘み具である可能性が存在している。

さらに、刃部と柄部が作り出された石鎌（図44－3・4）が同じ段階から九州で認められ始める。これら打製石包丁や石鎌の突然の出現を説明するにあたって、栽培穀物の存在と関連づけることが許されるならば、これらは収穫具である可能性が高いであろう。さらに縄文後期中葉になると打製石包丁などの収穫具とともに、一部には脱穀・製粉用の磨棒

（図44―5）が北部九州でも認められる段階である（宮本一夫「園耕と縄文農耕」『韓国新石器研究』第一〇号、韓国新石器学会、二〇〇五年）。

その実例が北部九州の縄文後期終末の福岡県広田遺跡から出土した磨棒（図44―5）である。これは発掘報告書には、祭祀用具である石棒であると見なされている。しかし、子細に観察すると、花崗岩からなるこの石器は石棒のように棒状をなすが、その長側の一面にのみ磨面が認められ、その他の面は全く磨かれていない。この磨面のある面のみが使われていると考えられるが、一面のみが磨かれた棒状の石製品といえば、すでに東北アジア農耕化第一段階で説明した華北型農耕石器の磨盤・磨棒の磨棒が思い起こされるところであろう。

また、この磨面部分を顕微鏡観察すると、磨盤や磨棒に認められた光沢がはっきりと見てとれる（図46）。コーングロスと呼ばれる光沢であり、珪酸体が付着したものである。東北アジア農耕化第一段階の華北型農耕石器の磨盤や磨棒に観察された光沢と同じものであり、広田遺跡の棒状石製品は磨棒と見なしてよいことになる。珪酸体が一体何の珪酸体であるかは、ここでは明確にしえないが、華北や朝鮮半島の例からすれば、アワ・キビを脱穀・製粉するものと考えることができる。

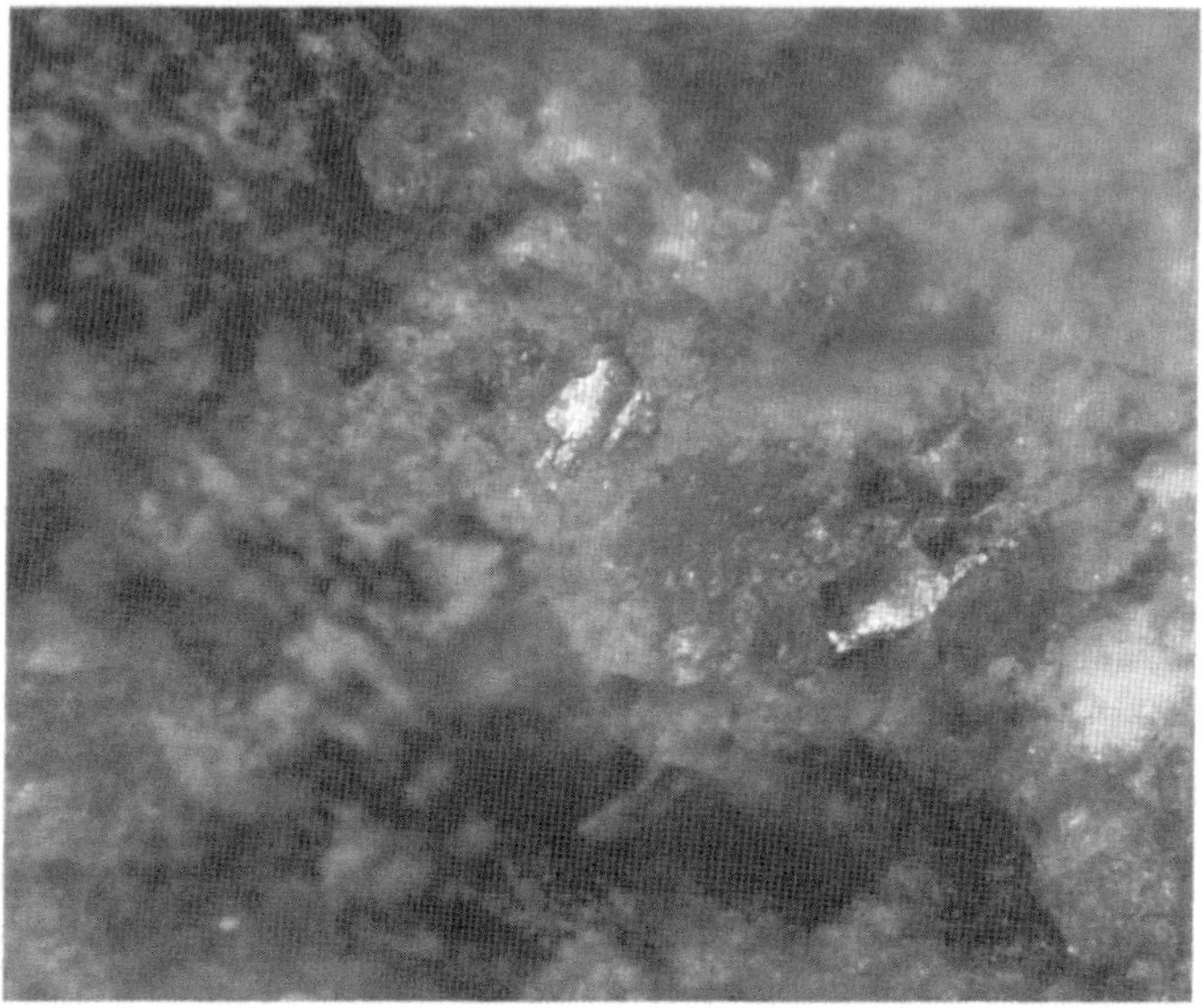

図46　福岡県広田遺跡出土磨棒で顕微鏡観察されたコーングロス

このような抉り入りスクレーパー・打製石鎌や磨棒が、九州における栽培穀物の流入とその栽培化の伸展と呼応したものと見なされる。未だ栽培が低レベル食料生産段階として位置づけられる成熟園耕段階であったとしても、これら農耕関連石器が出現する以前と以後を区別すべきであろう。すなわち抉り入りスクレーパー・打製石鎌や磨棒が出現する縄文後期中葉以前と以後を園耕における段階差として区分することにしたい。単に栽培穀物が存在する可能性の高い縄文中期末・縄文後期初頭から後期中葉までを、成熟園耕期第一段階と呼ぶことにする。さらに収穫具や脱穀・製粉具が多少ながら出現し始める縄文後期中葉から縄文晩期を、成熟園耕期第二段階と呼ぶ。この段階は、狩猟採集社会における補助的生業である栽培化がより普及した段階である。

さらに成熟園耕期第二段階である縄文後期中葉からは、山崎純男氏らによって縄文土器片にコクゾウムシの圧痕がかなりの数発見されている。コクゾウムシとは穀物の貯蔵施設に宿る虫であり、穀物のみを食べる。穀物とともに大陸から渡って来た可能性が高い。コクゾウムシの存在は栽培穀物の貯蔵がある程度普及していることを示しているであろう。その意味では、この段階が栽培食物が生業において普及した段階であることが示されたであろう。なお、仙波靖子氏と小畑弘己氏の縄文土器片の圧痕研究によれば、コクゾウムシの最古の例が熊本県渡鹿《とろく》貝塚の縄文後期前葉の鐘《かね》ケ《が》崎《さき》式から見られ始めるが、その量が圧倒的に増えるのは縄文後期後半以降である（仙波靖子・小畑弘己「土器圧痕資料調査報告」『極東先史古代の穀物3』熊本大学、二〇〇八年）。この縄文後期後半以降にはアワ、ハトムギ、ゴボウなどの圧痕による栽培植物の発見事例がより増えており、食物栽培は段階的に進んでいると考えることができるであろう。

さらに弥生早期には、灌漑をもった水田を伴う初期農耕が始まる。この段階は生業のみならず、生活様式、集落構造、墓制など社会全体が大きく変化した段階である。北部九州ではこのような農耕化過程を段階的に踏んでいるが、これは朝鮮半島の農耕化と対応した変化であるとともに、気候変動とも連動している。

では、園耕が始まる条件である栽培穀物が縄文中期末以降に九州に流入した背景は、一体何であったろうか。この成熟園耕期第一段階までに、朝鮮半島南部ではアワ・キビ農耕にさらにコメが加わる東北アジア農耕化第二段階を迎えている。こうした段階の半島南海岸と北部九州との交流は、外洋性漁撈を中心とする漁撈文化を背景とした交流であった。

朝鮮半島南部と北部九州の交流

ところで北部九州と朝鮮半島南部は、その間に対馬や壱岐《いき》を抱えながらも海で閉ざされた関係にある。朝鮮半島の新石器時代と同時期の縄文時代にはそれぞれの地域の固有な土器文化が展開していた。そのため朝鮮半島南部と北部九州は土器においても明確に分離して眺めることができる。しかし、そうしたそれぞれの固有の土器が海を越えて対岸の地域に及ぶ時期が、かなり古い段階から見られる。朝鮮半島南部と北部九州の交流とは、朝鮮半島南海岸地域と北部九州の沿岸地域との交流であるから、これから両岸地域の交流と呼び替えたい。その両岸地域の交流は、紀元前五〇〇〇年頃の縄文早期末まで遡りうるのである。

こうした両岸地域の関係を土器の存在とその出土量の相対差から模式化して、両地域の関係を示したのが図47である。縄文早期末から前期にかけては、朝鮮半島南部の隆起文土器が、対馬の峰町越高《こしだか》遺跡や越高尾崎《こしだかおざき》遺跡において主体をなし、その分布域のベクトル線が北部九州側まで見てとれる段階である。この流れは、前期のプロト曽畑式の成立が朝鮮半島南部の新石器時代前期の刺突文《しとつもん》系土器によるものであるように、縄文前期まで朝鮮半島南部から北部九州沿岸部といった土器流入のベクトル線が認められるのである。もちろんこの方向とは反対の流れとして、北部九州の土器が朝鮮半島南部にも認められる。釜山市東三洞貝塚などでわずかに見られる九州の塞ノ神《せのかん》式土器や轟《とどろき》B式土器である。相互の交流が土器の両地域の存在から確認されるが、その出土量や広がりから見れば、この段階は朝鮮半島から北部九州へといった勢いが強い段階である。特に対馬の西海岸部においてはその傾向が強い。縄文中期になると対馬の西岸に位置する対馬市峰町夫婦石《めおといし》遺跡では、東北アジア農耕化第一段階以降に相当する朝鮮半島南部新石器時代中期の水佳里《スガリ》I式が見られ、引き続き朝鮮半島の櫛目文土器の勢いが認められる段階である。釜山市東三洞貝塚ではこの時期の櫛目文土器とともに縄文中期の船元II式が出土しており、相互の交流が存

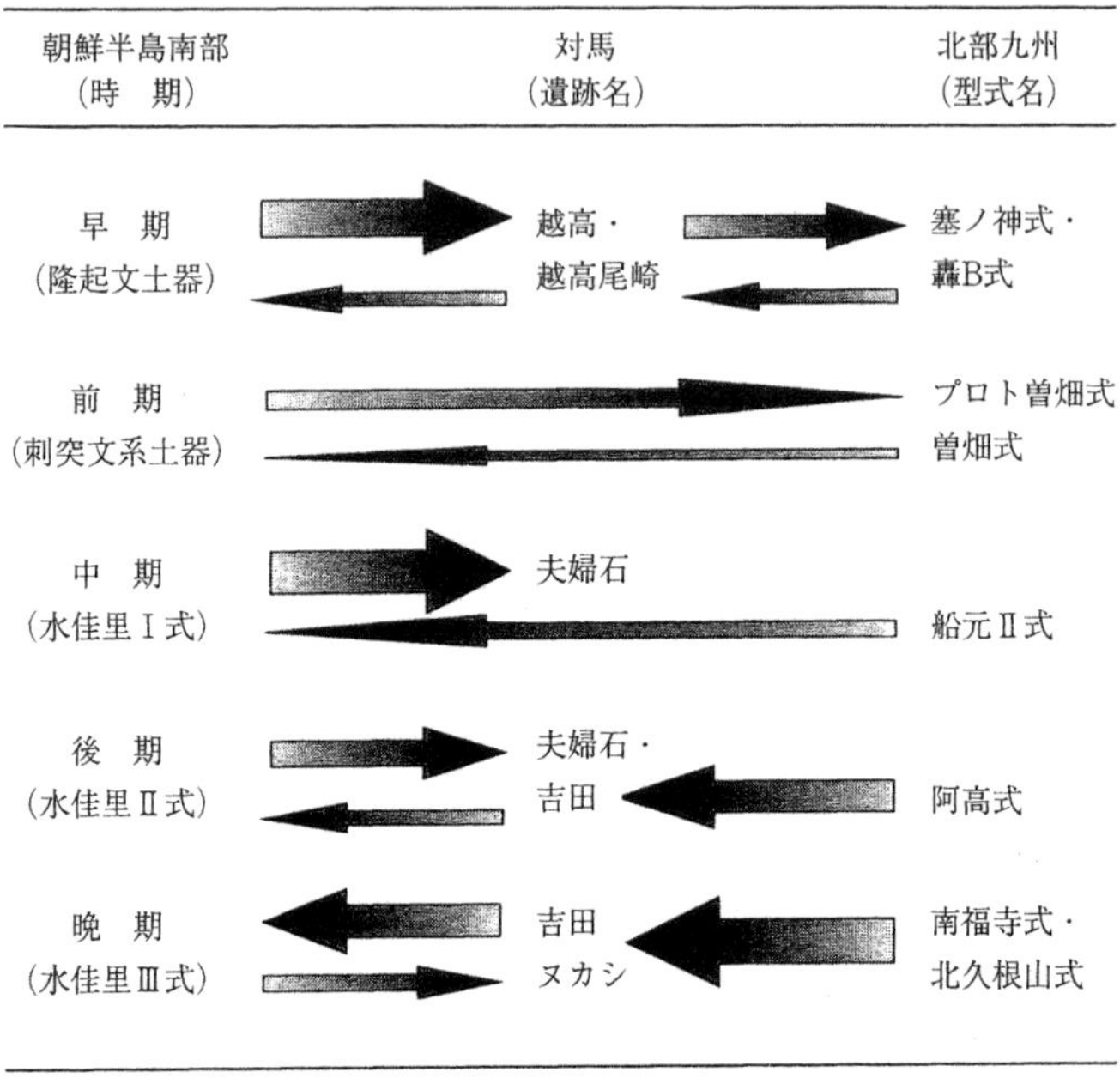

図47　両岸地域に見られる土器の交流

在している。

しかしこうした交流関係が転換して次第に縄文土器の影響や縄文土器の広がりが強くなる段階が縄文中期後葉の阿高式段階である。対馬の夫婦石遺跡や同じく峰町吉田遺跡では阿高式土器とともに朝鮮半島南部新石器時代後期の水佳里Ⅱ式が伴っているが、その量は少なく、その時期的な併行関係とともに、同時期には対馬《つしま》では縄文土器が主体的に存在していることが分かる。さらに朝鮮半島南部においても僅かに阿高式土器が認められるが、北部九州の縄文土器側の朝鮮半島南海岸地域での出土比率が相対的に前段階までより増えていく傾向にある。

この傾向は縄文土器の対馬から朝鮮半島南部への動きが活発になり始めたことを意味しているのである。さらに縄文後期前半の南福寺式《なんぷくじ》から北久根山式《きたくねやま》段階には、対馬の吉田遺跡や豊玉町ヌカシ遺跡において朝鮮半島南部新石器時代晩期の二重口縁土器が出土している。釜山市東三洞貝塚ではその第2層が新石器時代晩期の二重口縁土器段階に相当するが、同一層からは南福寺式から北久根山式土器も出土しており、その出土量は前段階に比べ増加している。この段階に九州側の土器の動きがより強まった傾向にある。

こうした相互の交流は、本来朝鮮半島東海岸から南海岸に分布する石鋸《いしのこ》と呼ばれた銛頭《もりがしら》や結合式釣り針が九州へ流入する背景となっている（図48）。外洋性のサワラなど大型魚や海獣を獲得するためのこうした石鋸・石銛《いしもり》や結合式釣り針が漁具として使われたのであり、漁撈民の往来が土器として遺跡に残っていったのである。縄文早期から中期までは比較的朝鮮半島側の漁撈民の動きが活発であり、それに伴って外洋性漁撈具が九州へ技術伝播していく。これに対し、縄文中期後葉から後期前半にかけてはむしろ九州側の漁撈民の方が朝鮮半島南部を目指していく場合の方が多かったようである。

漁撈民の往来

この時期の吉田遺跡などでは、北部九州の佐賀県伊万里《いまり》市に位置する腰岳産である黒曜《こくよう》石《せき》の剥片が多く見られる。これらの中には腰岳においてしか存在しない黒曜石の露頭《ろとう》に見られる原面を残したものもある。石器の原材料として対馬にもたらされた黒曜石の原石で、不必要な外面が割られて剝ぎ取られた残り滓《かす》である。その必要な部分とは、石鏃などの製品として製作されていたか、あるいは製品を作るための素材剝片に加工されていたのである。そうした製作がこの吉田遺跡でなされたのである。

そして東三洞遺跡などの朝鮮半島南海岸部の遺跡では、この地域に存在しない腰岳産の黒曜石でできた石鏃や石器の剝片が出土している。吉田遺跡など対馬で作られた石鏃や北部九州腰岳産の黒曜石の素材が朝鮮半島南部にもたらされたのである。石鏃などの成品は、対馬やあるいは北部九州で製作されたものがもたらされた場合もあるし、あるいは黒曜石の素材を用いて現地で製作されたものである。そうした黒曜石素材あるいは成品は縄文人の手でもたらされたものである。その痕跡が縄文土器として朝鮮半島南部の遺跡に残っているのである。

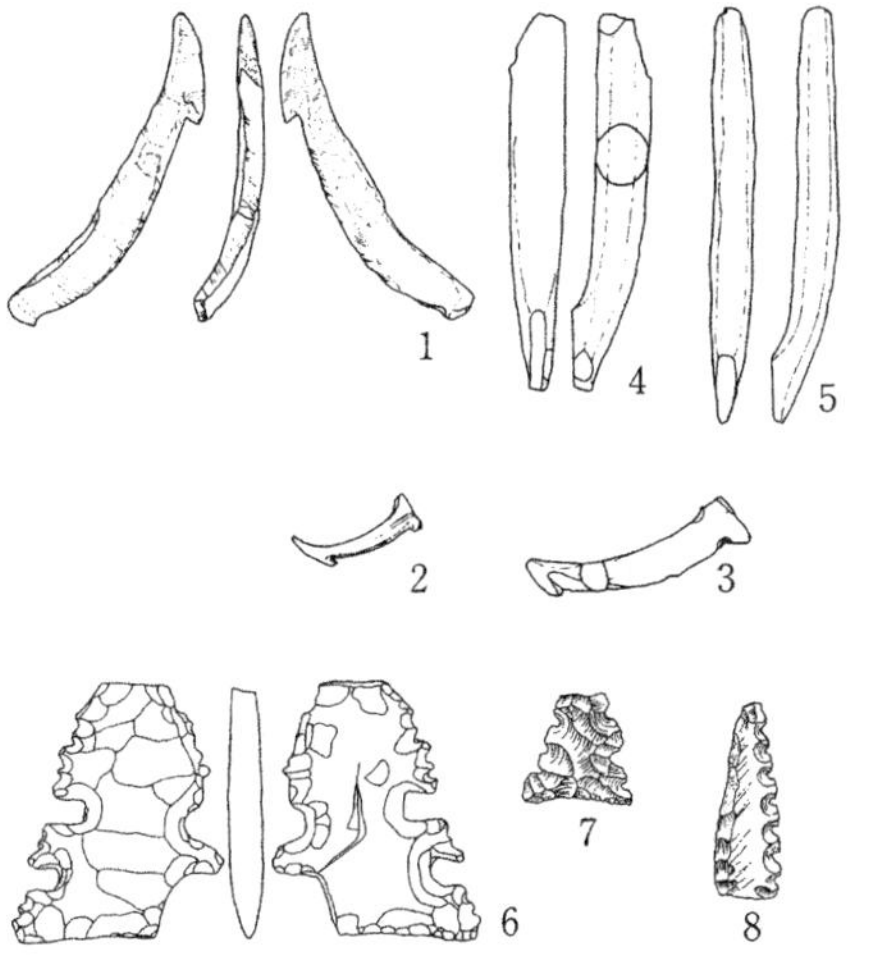

図48　両岸地域の結合式釣り針（1～5，縮尺1/12）と石鋸（6～8，縮尺1/6）
1佐賀貝塚(対馬)，2・3草島(北朝鮮)，4・5鰲山里(韓国)，6深堀貝塚(長崎)，7・8上老大島(韓国)

先に見てきた朝鮮半島南部と北部九州という両岸地域の交流関係において、縄文中期後葉から後期前半にかけてはむしろ縄文人の朝鮮半島南部へ向けて勢いが増していることを述べた。この背景には、腰岳産黒曜石などを携えた縄文人が単に外洋性の漁撈活動だけではなく、腰岳産黒曜石を用いた交易のために朝鮮半島南部を目指したのである。対馬の吉田遺跡などでは阿高式土器や南福寺式土器などとともに新石器時代晩期の二重口縁土器が出土しており、対馬は両岸地域の人々が交易を行うための中継基地であったかもしれない。

両岸地域の交流の変容

これまで述べてきたのは、ちょうど東北アジア農耕化第二段階から第三段階における両岸地域の関係であった。朝鮮半島では補助的な生業としての食料生産段階ではあったが、社会が少しずつ変化していく段階でもある。

こうした東北アジア農耕化の各段階と日本列島との関係を探っていく上では、両岸地域の相対年代をあらかじめ明らかにしておく必要がある。しかも韓国考古学界において朝鮮半島の新石器時代から青銅器時代である無文土器時代への転換に関してはあまり正確な議論が行われてはいないのが現状である。

学問の細分化の中、それぞれが新石器時代と無文土器時代を個別に研究しているために、年代問題を含めて新石器時代から無文土器時代への変化の過程が明らかになっているわけではない。ここらあたりが、実は弥生の開始年代を考えるにあたっても障害となってきたところである。そこで、まずは両岸地域の相対的な年代の併行関係を明確にしておきたい。

すでに述べてきたように、両岸地域の縄文時代と新石器時代の関係は、お互いの地域で出土する土器の型式と型式の共伴関係によって一応推定することができる。越高遺跡や越高尾崎遺跡に見られる隆起文土器と塞ノ神式土器、隆起文土器と轟B2式の韓国での共伴関係、プロト曽畑式と韓国新石器時代前期の刺突文系土器の様式的な類似性、あるいは刺突《しとつ》文系土器の北部九州沿岸遺跡での出土状況、対馬夫婦石遺跡の韓国新石器時代中期の水佳里I式や釜山市東三洞貝塚に見られる水佳里I式と縄文中期船元《ふなもと》Ⅱ式との共伴、縄文中期後葉の阿高式や縄文後期前半の南福寺式～北久根山式と韓国新石器時代の後期～晩期の土器の共伴関係によって、表8のような両岸地域の相対的な併行関係が明らかである。さらにこうした土器型式の相対的な併行関係とともに、近年精度が高まってきたAMSによる放射性炭素年代を用いた九州の縄文土器型式ごとの年代（較正年代）を前章の表7に示した。この表には縄文晩期の黒川式以前のものを掲載したが、土器型式の変遷と放射性炭素年代はほぼ対応しており、矛盾はない。

交流の年代

また、東三洞貝塚における層位や遺構単位での放射性炭素年代を表9に示した。たとえば、新石器時代中期の水佳里I式が出土した東三洞1号住居址は、表9にあるような年代値がでているが、相対年代的には船元Ⅱ式に併行する。船元式そのものの年代値は九州の遺

西朝鮮	中西部朝鮮	南部朝鮮	北部九州	
		早期	轟B	—BC5000
		前期	プロト曽畑	—BC4000
智塔里	Ⅰ・Ⅱ期		曽畑	
金灘里1	Ⅲ期	中期	轟C	←農耕化第1期
南京1	Ⅳ期	水佳里Ⅰ	船元	—BC3000
	Ⅴ期		春日	
南京2	Ⅵ期	水佳里Ⅱ	並木・阿高	←農耕化第2期
		水佳里Ⅲ	南福寺・鐘崎	—BC2000
			北久根山・西平	
コマ形土器	突帯文土器	突帯文土器	三万田・御領	←農耕化第3期
	可楽洞	可楽洞	広田	
	孔列文土器	孔列文土器	黒川	—BC1000
		先松菊里	夜臼Ⅰ	←農耕化第4期

跡ではないが、これにほぼ並行するであろう南九州の春日式の年代値は桐木遺跡でcalBC三〇九〇（calが付く数値は、炭素14年代を樹木年輪年代によって実際の年代に正した、較正年代値であることを示す）年と測定されており、東三洞1号住居址とほぼ同じで年代値を示している。阿高式～南福寺式が出土した対馬吉田遺跡の炭化物の年代測定値は、calBC二五七〇～二二九〇年であり、南福寺式が出土した熊本県一尾貝塚でcalBC二〇二〇～一九九〇年とcal二一二〇～二〇九〇年と測定され、北久根山Ⅱ式の単純遺構である福岡県志摩町岐志元村《きしもとむら》一号住居址の炭化物の年代はcalBC一八八〇～一六八〇である。南福寺式から北久根山式はおおむね紀元前二一〇〇～一七〇〇年の幅に年代値が見られる。

表8　東北アジアの土器編年

中　原	山東煙台地区	遼東半島	西北朝鮮
王湾1期1段	白石村1	小珠山下層	
｜	邱家荘	小珠山下層	後窪下層
王湾1期2段	北荘1	小珠山中層	後窪上層
｜			
王湾2期	北荘2	呉家村	堂山下層
｜	楊家圏1	郭家村3層	堂山上層
王湾3期	楊家圏2	小珠山上層	堂山上層
｜	楊家圏3	双砣子1期	新岩里Ⅰ期
二里頭	照格荘	双砣子2期	新岩里第1文化層
二里岡		双砣子3期	新岩里Ⅱ期
殷墟期	珍珠門	双砣子3期	
西周		上馬石A区下層	
春秋		上馬石A区上層	美松里上層

吉田遺跡で共伴した韓国新石器時代晩期の二重口縁土器は、東三洞貝塚第2層や全《ぜん》羅《ら》南道《なんどう》カルモリ遺跡Ⅲ期に認められる。東三洞貝塚第2層の年代値は紀元前二三八五年であり、カルモリ遺跡Ⅲ期の年代値はcal二六八〇～二四六〇からcal二二四〇～一八九〇年が測定されており、南福寺式～北久根山式の年代値とほぼ一致している。両岸地域の土器型式の相対年代と測定年代には矛盾がないのである。

一方、無文土器と弥生土器の相対年代は武末純一氏などによって示されており（武末純一「弥生時代前半期の暦年代―九州北部と朝鮮半島南部の併行関係から考える―」『福岡大学考古学論集―小田富士雄先生退職記念―』二〇〇四年）、その相対関係はほぼ妥当なものと考えられる。弥

表9　東三洞貝塚における放射性炭素年代　（河2004より）

資料番号	遺　構	層　位	考古学的年代	資料種類	14C 年代 (bp)	補正年代(Cal AD/BC)
東三洞1	1号住居址		中期(水佳里Ⅰ)	木炭	4360±60	2995
東三洞2	1号住居址		中期(水佳里Ⅰ)	動物骨	4680±60	3445
東三洞3	2号住居址		中期(水佳里Ⅰ)	動物骨	4300±40	2950
東三洞4	3号住居址		前期(瀛仙洞)	動物骨	5640±90	4450
東三洞5	3号住居址		前期(瀛仙洞)	動物骨	5540±40	4395
東三洞6		2層	晩期	動物骨	4360±50	2965
東三洞7		2層	晩期	木炭	3910±40	2385
東三洞8		3層	後期	動物骨	4120±40	2680
東三洞9		4層	後期	動物骨	4550±50	3235
東三洞10		5―1層	中期(水佳里Ⅰ)	動物骨	4470±50	3200
東三洞11		5―2層	中期(水佳里Ⅰ)	動物骨	5180±60	3935
東三洞12		5―3層	中期(水佳里Ⅰ)	動物骨	4380±50	3000
東三洞13		5―4層	中期(水佳里Ⅰ)	動物骨	4430±50	3055
東三洞14		5C層	中期(水佳里Ⅰ)	動物骨	4600±50	3390
東三洞15		7層	早期	動物骨	5650±70	4480
東三洞16		7層	早期	動物骨	5180±70	4000
東三洞17		8層	早期	動物骨	6740±40	5650
東三洞18		8層	早期	動物骨	4400±40	3005
東三洞19		9層	早期	動物骨	6910±60	5785
東三洞20		9層	早期	木炭	5910±50	4795

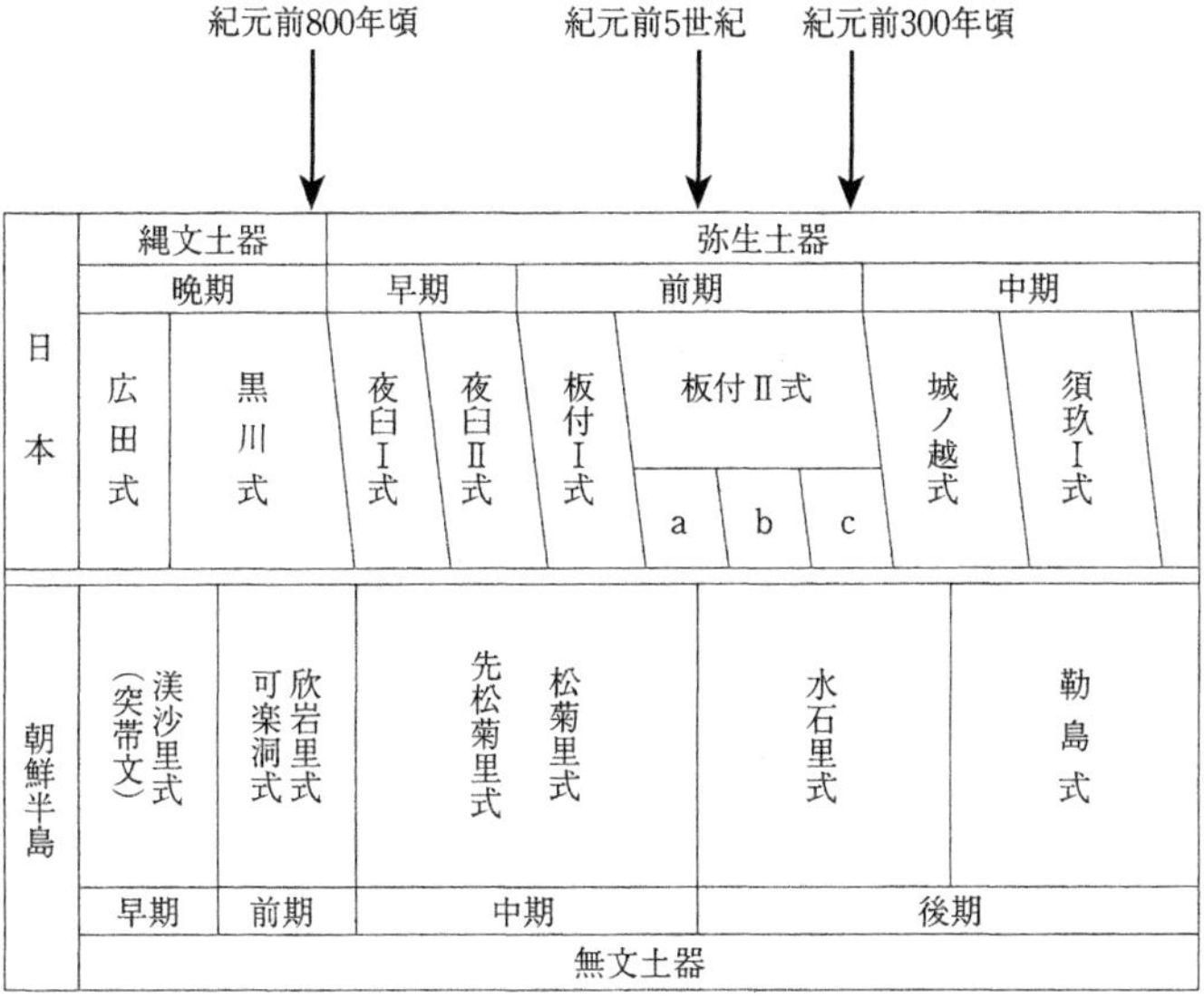

図49　無文土器編年と弥生土器編年の相対関係と暦年代（武末2004を改変）

生の開始時期は先松菊里式という無文土器中期初頭に相当し、弥生前期末から中期初頭が無文土器後期の水石里式終末期に相当している（図49）。

それらに先立つ無文土器前期の孔列文土器は、孔列文が縄文晩期の黒川式に見られるところから、ほぼその段階に併行期の一点があることは確かであろう。近年、孔列文土器に遡る段階の土器として、突帯文土器や、隆帯を口縁に接して施された平底の可楽洞《カラクドン》式土器が設定されている。これらの土器は無文土器時代早前期と呼ばれる段階であるが、問題は無文土器文化の開始年代が縄文後晩期のどの段階にあるかである。これは先に述べたように、朝鮮半島の新石器時代から無文土器への移行段階があまり明確に捉えられていないことに起因する。さらにこの段階の土器が両岸地域でお互いの地域を越えて発見されていないため、その相対的な位置づけが土器の側からは無理なのである。あるいは相互の交流が認められない段階であるところが、むしろ重要であるかもしれない。

ところで、新石器時代晩期の二重口縁土器は縄文後期前半の南福寺式～北久根山式に併行することを述べた。一方、無文土器前期の孔列文土器は縄文晩期の黒川式に併行する。現在東日本と西日本を繋ぐ広域編年において北部九州の黒川式は縄文晩期に相当するが、それを遡る広田式は縄文後期終末期に位置づけられるようになっている。そうであるならば、西平式～広田式に至る縄文後期後半に突帯文期土器の無文土器時代早期や可楽洞式の無文土器時代前期が位置づけられる。あるいは孔列文土器の最古段階のものは縄文後期終末まで遡るかもしれない。

無文土器早期の突帯文期土器の放射性炭素年代は、晋州《チンジュ》市大坪《テピョン》里《ニ》玉房《オッバン》5地区D区域2号住居址でcalBC一五九〇～一三一〇年、calBC一六二〇～一四〇〇年という数値が測定されている。また、慶尚南道晋州上村里B地区2号遺構からはcalBC一四一〇～一一二〇年、江原道校洞《こうげんどう》一号住居址では calBC 一七〇〇～一五二〇年という数値が測定されている。これらの年代値は縄文後期の西平式《にしびら》・三万田式《みまんだ》や天城式《あまぎ》などの年代値とほぼ一致するものであり、これまでの両岸地域の相対的併行関係と矛盾するものではない。かつて無文土器の始まりはほぼ紀元前一〇〇〇年頃と漠然と語られていた時代からすれば、愕然とするほど無文土器の始まりの年代が遡っていることになる。

すでに指摘したようにこの無文土器時代になると両岸地域の交流が途絶えることが興味深いのである。それまでは両岸地域で相互に土器の交流が見られ、さらに腰岳産黒曜石が交易などに用いられたように、両岸地域は海を媒介とした積極的な交流関係が見てとれた。しかしこの段階に至って、突然に交流関係が途絶えたのである。その原因は何であろうか。

無文土器時代の成立はすでに東北アジア農耕化第三段階で詳しく述べたように、本格的な灌漑農耕や大陸系磨製石器などを特徴とするものであり、縄文社会とは社会組織における質的な差異を示す段階である。これまで狩猟採集社会に補助的に農耕を始めた朝鮮半島南部社会にとっては、北部九州の狩猟採集社会民とは漁撈活動を通じても協業できる関係であった。あるいは生業において同じ目的や狩猟方法など同じ生産方式を共有できる関係にあった。

しかし、灌漑農耕を開始するようになった無文土器社会民にとって、これまで交易の対象であった腰岳産黒曜石など打製石器用の石材は無用のものとなっていた。農耕生産のために磨製石器を必要としたのであり、交易の対象品を失ってしまった。こうした無文土器社会の質的転換が、両岸地域の交流関係を突然に閉ざさせることになったのである。言い換えれば、無文土器社会民にとって縄文人を相手にする必要がなくなったと見られるのである。

弥生文化の成立

東北アジアの初期農耕化と北部九州

このようにして日本列島とりわけ九州を東北アジア全体の時間軸の中において話をすることができるようになったと思われる。そこでこれまで述べてきた東北アジア農耕化第一段階〜第三段階という農耕化の段階性と九州との関連や、その波及について述べていきたい。

東北アジア農耕化第一段階には、朝鮮半島南部までアワ・キビ農耕が波及した段階であったが、特に朝鮮半島南部の新石器社会民にとっては依然として狩猟採集を主体としながら、補助的に穀物農耕を生業に取り入れた段階である。いわば低レベルの食料生産段階にしかすぎない。この段階は北部九州でいえば縄文前期後葉から中期前葉の船元Ⅱ式までにあたっている。この段階の両岸地域の交流は対馬の夫婦石遺跡に見られるように依然として半島南部からの土器の広がりに勢いがある時期である。

しかしながら、アワ・キビ農耕は九州へとは広がらなかった。縄文社会には、シソやエゴマのような栽培植物が存在しており、ごく簡単な食料生産や管理栽培のような園耕の行為はあったが、アワ・キビのような主食にもなりうる穀物栽培はまだ存在しない段階である。

東北アジア農耕化第二段階には、朝鮮半島西海岸を伝わり南部までアワ・キビ農耕に加え、谷部などの自然条件による天水田でイネが栽培される段階である。しかしこの段階の農耕は依然として狩猟採集による食料獲得の補助的な役割を担っている段階であり、本格的に農耕に依存する社会には達していない。この段階は縄文中期後葉から後期前半の阿高式～北久根山式土器の段階にあたっている。

この時期、特に土器の流入という点では九州系統の縄文土器が半島南部に流入する段階であり、九州縄文人が積極的に半島南部に接触している。大きく両岸地域の交流関係が転換した段階でもある。その土器が動くベクトル線は、北部九州から半島南部に向けられている。その場合、両者の関係は単に漁撈活動だけではなく、腰岳産黒曜石が半島南海岸においても認められるように、黒曜石原石を交換財としてさかんな交易が行われていた。黒曜石は打製石器の製作に有用であり、狩猟採集を主とする半島南部の新石器時代人にとって必要なものであったのである。

一方縄文人が腰岳産黒曜石やその製品を交換して何を入手していたかが問題になる。半島南部の東三洞遺跡では貝輪を集中的に製作していて、これを交換財として縄文人が入手していたという想定があるが、果たしてそれだけであろうか。むしろ交易活動などの人的な接触の中から、栽培穀物を九州縄文人が獲得した可能性がある。その栽培穀物は主食として利用したというよりは、祭祀などの特殊な行為における特別な食糧であったと考えた方がよいかもしれない。その点でも社会的に栽培穀物の需要が始まったのである。

これが九州への栽培穀物の流入を以て成熟園耕期第一段階と規定した時期である。なお、今のところの考古学的な証拠でいえば、この時期、栽培穀物が九州を越えて瀬戸内以東に広がった形跡はない。また、この時期は西日本の縄文社会が本格的な定住社会を迎える段階である。定住社会において、自然環境や主たる生業に応じて、空間的に棲み分けた集団が交易などを通して相互に依存しながら空間的な分業生活が始まった段階でもある（宮本一夫「瀬戸内の海人文化の成立」『犬飼徹夫先生古稀記念論集　四国とその周辺の考古学』二〇〇二年)。

たとえば海浜部の漁撈集団と内陸部の狩猟採集からなる集団が、交易などによって相互依存的にかつ空間的に分離した形で存在する段階である。この時期に、対馬や北部九州海浜部の漁撈を主たる生業とする集団が、交易のために半島南部を目指したというのも、列島内部の縄文社会の社会的発達による意味合いも強いのである。

続く縄文後期中葉以降の成熟園耕期第二段階は、朝鮮半島では無文土器文化が始まる段階であり、東北アジア農耕化第三段階という灌漑農耕を持った本格的な農耕社会を迎える時期に連動している。朝鮮半島では社会様式が変化し、社会進化が急速に進む段階である。特に石器では扁平片刃石斧、柱状片刃石斧、遼東型石斧、石包丁など磨製石器群が朝鮮半島で普及し、半島南部においては黒曜石製打製石器を必要としない段階に達している。

半島南部と九州では社会格差が広がった段階であり、これまでの交換財による交易活動が破綻し、半島南部にとっては列島に対する魅力を喪失した段階にある。したがってこの段階には目に見える形での両岸地域での交流関係は認められない。朝鮮半島南部と北部九州との相互関係のあり方も急激に変化したのである。相互の対等の関係が崩れ、半島南部にとってはその交易には魅力を感じなくなった段階といえよう。逆に九州縄文人にとって

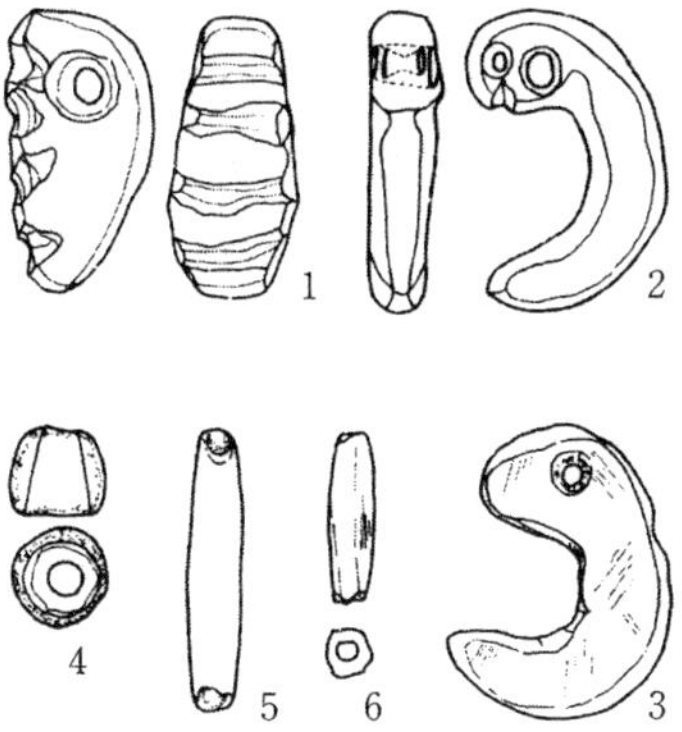

図50　九州縄文後晩期の玉
（1獣形勾玉，2・3勾玉，4丸玉，5・6管玉，縮尺2/3）

半島南部は先進的なあこがれの土地であったというべきであろう。

縄文後期後葉から九州では勾玉《まがたま》や管玉《くだたま》（図50）が集団祭祀の一環として出現する（大坪志子「九州地方の玉文化」『季刊考古学』第八九号、二〇〇四年）が、これら装身具の原型は縄文社会には見いだされない。突然にこうした装身具が生まれたとするよりは、その背景に何らかの原型があったと解釈すべきである。その意味では、この段階に勾玉や管玉は無文土器社会に存在しているのである。これら九州縄文社会に認められる装身具は、半島の無文土器社会の装身具に前身があり、こうした装身具の存在を縄文人は漁撈活動を介して情報収集していた。

あこがれやエキゾチックによる志向的な模倣であったと考えられる。さらに土器の色調の模倣（松本直子『認知考古学の理論と実践的研究―縄文から弥生への社会・文化変化のプロセス―』九州大学出版会、二〇〇〇年）もこれにあてはまるであろう。あるいはエミュレーションという

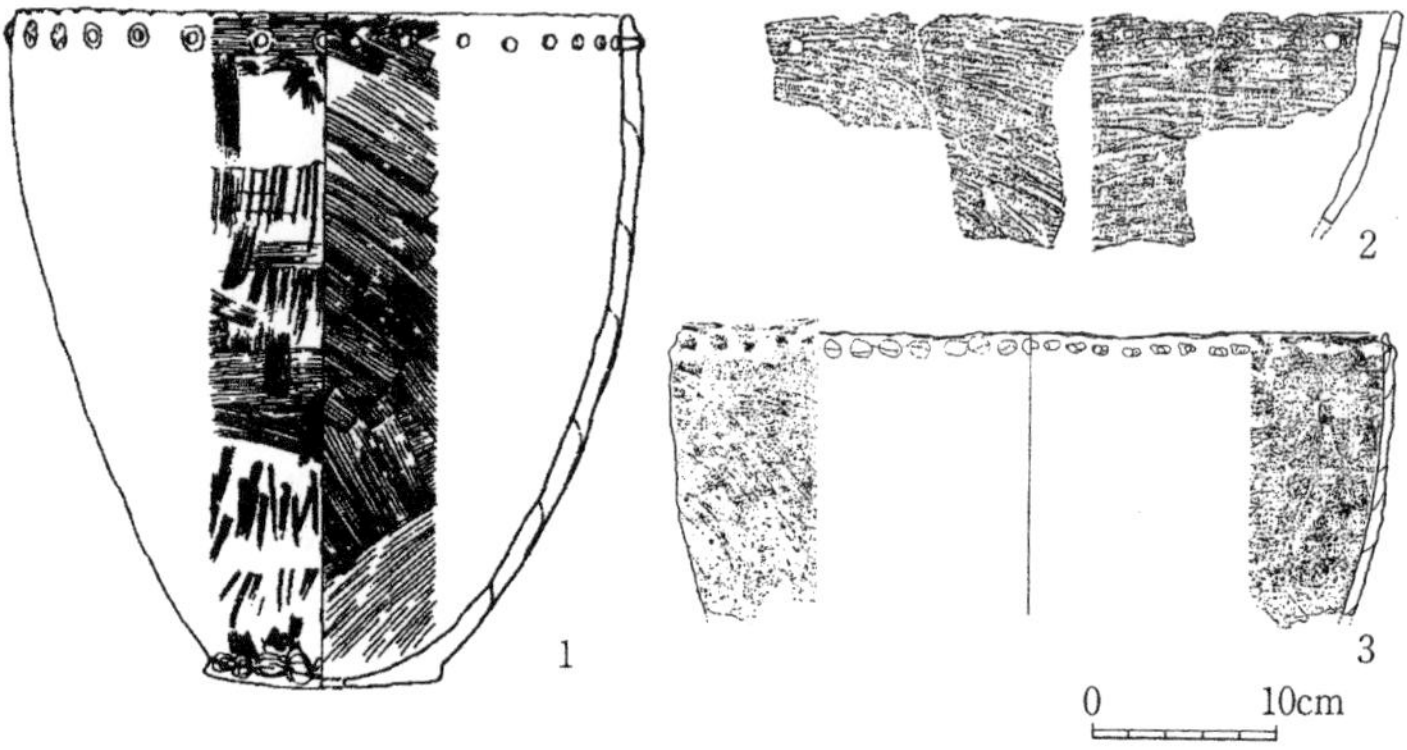

図51　孔列文土器（1韓国玉房）と擬孔列文土器
（2福岡貫井手ノ本，3島根佐田講武）

縄文人の集団内部における競争関係がこうした志向的な模倣を助長した可能性がある。半島南部と何らかの繋がりがある象徴物である勾玉や管玉を持つことが集団内部の権威であったり、集団間の格差を助長するものであった可能性がある。半島南部と北部九州という両岸地域の交流関係に変化が見られ、九州縄文人にとっては進んだ先進社会として半島南部はあこがれや尊敬の対象となっていた。そうした地域と何らかの関係を持っていることを社会集団内に見せることが、またその社会内での立場や地位を高めることにつながる。それが勾玉や管玉の模倣の始まりであったのである。

さらに縄文晩期になると朝鮮半島無文土器である孔列文土器の模倣が、黒川式土器という九州固有の縄文土器（図51）に始まる。この場合は孔列文土器の文様部分である孔列文様のみを真似ていく。勾玉・管玉といった集団内ではやや高位レベルでの志向的模倣から、日常土器といった社会の低レベルにおいても志向的模倣が広く普及することになったのである。それほど九州縄文人にとっては農耕民である無文土器社会があこがれの対象であったのである。

縄文社会のこの孔列文様を模すという志向的な模倣は、九州から列島の中国地方にまで広がっていく。さらにこの段階には、北九州市長行《おさゆき》遺跡で磨製石包丁が発見されているように、磨製石包丁も半島南部から流入し始めるようになる。半島からの直接の人の動きである渡来人の動きも始まった可能性がある（田中良之「西日本」『弥生文化の研究3　弥生土器Ⅰ』雄山閣、一九八六年）。これは寒冷d期と前章で述べた紀元前一〇〇〇年頃の寒冷期に、北米の年輪で認められた紀元前一二〇〇年頃と紀元前七五〇年頃の二つの寒冷期があったが、この前者に対応するものであったかもしれない。

東北アジア農耕化第四段階

気候変動に伴う農耕渡来民の南下は、新耕作地を求めた移住であり、これらの人々が環濠集落、支石墓、土器製作技法や土器様式といった社会システムを携えて半島から北部九州へ渡ってきた。これが東北アジア農耕化第四段階の動きである。そしてこの動きが北部九州における弥生時代の始まりを促したのである。

ところで朝鮮半島の無文土器社会は、東北アジア農耕化第三段階の画期により、本格的な灌漑農耕とそれに伴う農耕具、さらには木製農具を製作するための木材加工用石器が発達した段階であった。ところで、東北アジア農耕化第二段階の遼東半島では、これまでの深鉢から同じ煮沸具を山東龍山文化の影響の中で罐に置き換える現象が見られた。ここではこの罐のことを分かりやすくするため甕と呼んでおきたい。甕、壺、鉢といった基本的な土器組成が確立していた。

こうした基本器種を遼東半島の双砣子三期を介して受容したのが朝鮮半島の無文土器社会であった。いわば縄文から弥生に見られるような土器組成のドラスティックな変化は東北アジア全体で始まっていたのである。東北アジア農耕化第三段階を起因として生まれた無文土器社会は、灌漑農耕や大陸系磨製石器といったもの以外に、土器組成を変革した段階でもあった。

こうした社会変化を受容した無文土器早期・前期社会は、突帯文土器、孔列文土器と次第に変化していく。無文土器前期には長方形の大型住居が認められ（図52―1・2）、その

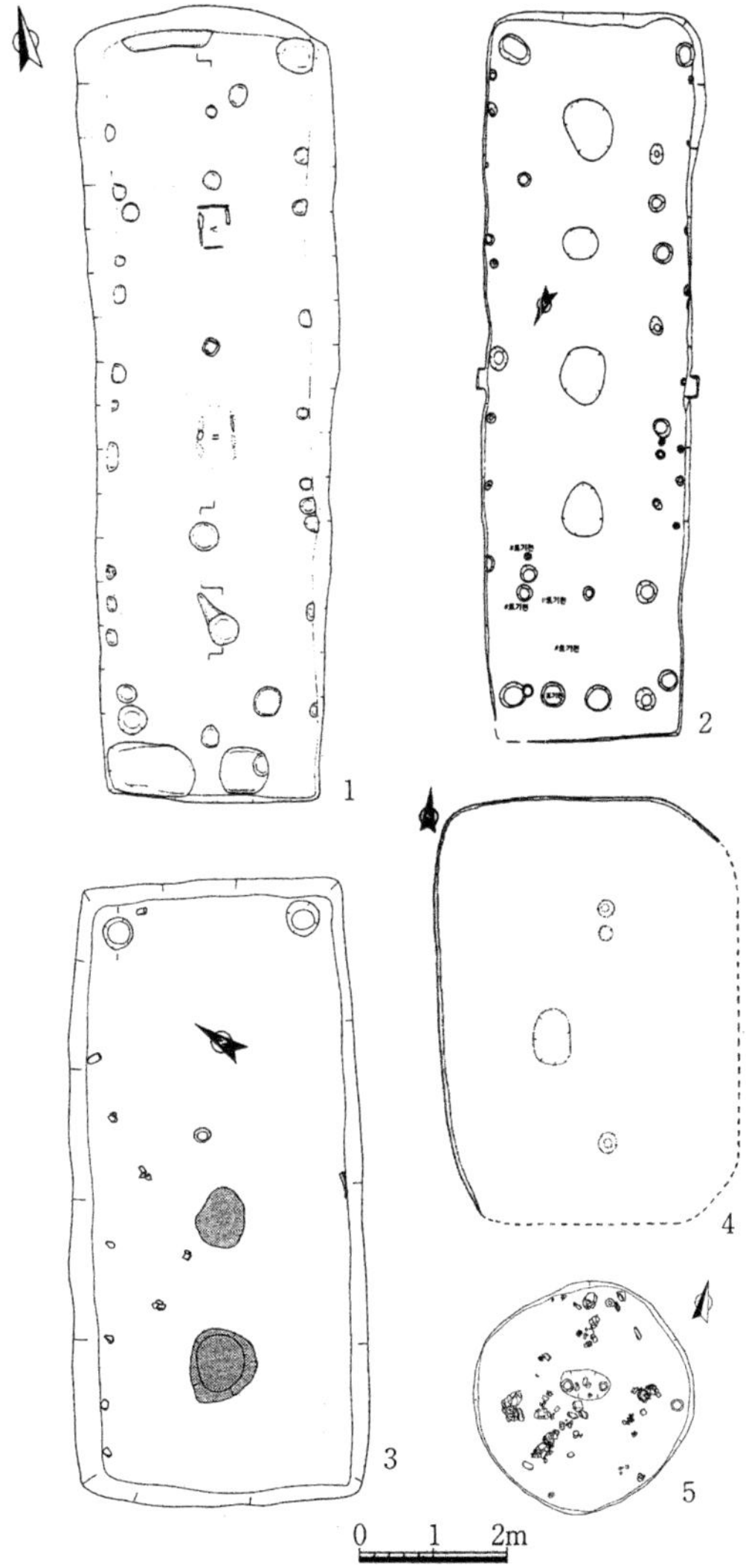

図52　無文土器文化期における住居の変遷
（1龍亭洞，2館山里，3白石洞，4盤松里，5寛倉里，縮尺1/150）

内部には複数の炉をもち、炉と炉の間には柱穴も認められ、隔壁が存在していた可能性が高い。いわば一つの家が複数の部屋からなるが、その部屋毎に炉を持ち、部屋ごとに生活が営まれていた。部屋単位で世帯が分離していた可能性が考えられている。決して居間や寝床、台所といった具合に現在の家屋のように機能分化していたわけではない。複数の世帯が同一の家屋に共生するあり方は、同じ血縁家族の分離した世帯と見るべきであろう。同じ血縁関係者が世帯を異にしながら共存するあり方は中国新石器時代中期に見てとれるが、拡大家族と呼ばれる血縁関係をもととしたリネージ（血縁家族単位）が増殖していく有様が住居に反映したものである。

無文土器前期ではこうした複数世帯の長屋式住居から二世帯家族の複式住居（図52―3）へ、さらに単一世帯の小型住居（図52―4）へと変化していく。拡大家族から核家族化へという変化が認められるのである。中国新石器時代でいえば、新石器時代中期の仰《ぎょう》韶《しょう》文化から新石器時代後期の龍山文化への社会変化に置き換えてみることができる。農耕の伸展とともに拡大家族から核家族への変化は、血縁集団すなわちリネージ単位での生産活動が、さらに拡大再生産される過程で、世帯を単位とする生活基盤とそれらの血縁を核とする協業によるリネージ単位での生産活動単位が拡大していく様を表していると考えられる。これは生産すなわち農耕への労働の集約化を意味するものであるとともに、社会の爆発的な拡大と人口増加を意味するものである。

この単一世帯の小型住居が一般化し、地域的に拡大伝播していくのが無文土器時代後期の松菊里型住居である。方形や円形の住居プランからなるが、住居址の中央に円形土坑をもち、円形土坑内に二本の柱穴が配置されるもの（図52—5）から、円形土坑の外部に円形土坑を挟むように二本の柱穴が建てられる構造へと次第に変化していく。

端野晋平氏によれば、錦江流域など朝鮮半島中西部に生まれた松菊里型住居は、一方では朝鮮半島西南部へ、他方では宝城江流域から南江流域や金海地域へ、さらには北部九州へと広がりながら、それぞれの地域で在来の社会受容における地域変化を遂げながら、伝播していく（端野晋平「松菊里型住居の伝播とその背景」『九州と東アジアの考古学—九州大学考古学研究室50周年記念論文集—』二〇〇八年）。松菊里型住居とは、まさに核家族化を代表する住居であり、その伝播時期がまさに先松菊里式段階の北部九州の弥生早期に該当するのである。

この時期は、前章でも述べてきたように気候が一次的に寒冷化する寒冷d期に相当している。松菊里型住居を始め松菊里文化の拡大はこうした一次的寒冷化に基づく集団の分村化という側面も認められるが、さらには無文土器文化内部での拡大家族から核家族化への移行期に対応しており、集約的農耕化に見られる人口の増加と社会集団の拡大する時期に相当しているのである。おそらくはこの段階には河岸段丘や低丘陵での畠遺構と谷部や扇状地での水田が複合的に経営される完成された灌漑農耕が確立した段階である。

集約的農耕化による大規模な集落は、先松菊里式段階の環濠集落である慶尚南道検丹里《コムタンリ》遺跡や、柵列が巡らされていた拠点的な大規模集落である忠清南道扶余《プヨ》郡松菊里遺跡などに見られる。また、リネージやそれらを束ねた上位の集団単位である氏族（クラン）単位での格差を生み出していく段階であり、中には首長的な墓、ないし首長を構成する家族墓のようなものが見られ始める。それが遼寧式銅剣や勾玉などの玉類が副葬された松菊里遺跡の石棺墓であったり、巨大な方形基壇に取り囲まれた支石墓である慶尚南道昌原市徳川《トクチヨン》里《リ》支石墓などである。

集約的農耕化を果たした先松菊里式段階こそ、寒冷d期という外的要因とともに社会発展に伴う人口増加という内的要因の両者が一丸となって引き起こされた文化伝播時期であり、集団の拡大や移住の段階であったのである。それらの移住はわれわれが想像するほどは規模の大きなものではなかったであろうが、その移住や文化伝播のスタイルが農耕民に起因していたことが重要である。それが、土器製作技術や土器組成などの生活様式から、支石墓、環濠集落、大陸系磨製石器、水田などの広範囲な文化様式を一度に北部九州にもたらすことになったのである。この先松菊里式段階に見られる松菊里式文化の広がりが、東北アジア農耕化第四段階である。まさに集約的農耕化の広がりとして位置づけることができるであろう。

渡来人と縄文人

集約的農耕民であった渡来人が、この東北アジア農耕化第四段階に到来することになった。私の青銅器の比較研究からするとその実年代は紀元前八世紀頃ということができる。その渡来民の規模はそれほど大きくなくとも、その後の縄文人との交配で急速に形質も渡来化して渡来系弥生人が成立することが形質人類学的な検討から述べられている（中橋孝博『日本人の起源』講談社、二〇〇五年）。

在来縄文人にとって農耕渡来民は敵対する人々ではなく、成熟園耕期第二段階の縄文後期後半以降あこがれの対象であり、歓迎される人々であった。無文土器人との関係性を誇示することこそが九州縄文社会人にとってはその集団内で有益なことであったのである。高文化への志向性がもともと存在していたことによるものであり、東北アジア農耕化第四段階の渡来民との交配は抵抗感のないものであった。むしろ縄文人側からして進んで求められたものである。

また、縄文社会が父系社会ではない双形社会であり、家族構成からして容易に交配を可能にしているという背景も理由に挙げられるであろう（田中良之『骨が語る古代の家族』吉川弘文館、二〇〇八年）。一方で、渡来人側も朝鮮半島南部社会に限れば世代交代において父系系列が単系列化した段階にはまだなく、双系社会であり、その意味ではお互いに交配しやすい環境にあった。北部九州では、狩猟採集社会から初期農耕社会への転換は容易なものであったのである。そして、集約的農耕渡来民は在来縄文人と交配する形で、主体である在来縄文人を基盤に弥生文化という文化変容を果たすことになった。

この段階には、形質的には渡来人と交配していない縄文系の人々も、文化や社会を変容させていることが、福岡県志摩町新町支石墓や佐賀県唐津市呼子《よぶこ》町大友支石墓の発掘調査から知ることができる。遺跡の立地や人骨の安定同位体比分析から、魚貝類に食生活を依存した人々であることが明らかであり、かれらは農耕を生業にしない漁撈民であった。古人骨の形質人類学的にみても縄文系の人々に属する。

これらの支石墓の被葬者たちは、支石墓という半島南部の墓制を用い、さらには墓葬の供献土器として壺形土器を用いた。明らかに縄文社会になくその系譜は半島南部に求めざるを得ないものを、縄文系の形質をもった人々が採用しているのである。少なくとも渡来系の人々とは交配関係にない在来の人々もこぞって新来の文化を受容している。これは成熟園耕期第二段階以来の価値観に基づく縄文人側の文化受容のあり方でもあったのである。

そして、大友支石墓で認められたように、支石墓の内部構造は半島南部の石槨《せっかく》構造に近いものからそれが簡略化する方向に変化するとともに、縄文以来の墓制である小児用の土器棺に壺形土器を用いたり、支石墓の墓葬に成人用の甕棺を用いるなど、在来的な変化を遂げていく（宮本一夫「大友支石墓の変遷」『佐賀県大友遺跡—弥生墓地の発掘調査—』考古学資料集一六、二〇〇一年）。また一方で、そうした墓地は、各世代のリネージの代表者を埋葬した墓葬である可能性がある。リネージの増殖を基とした氏族（クラン）単位の結びつきという社会システムを、縄文人たちが半島の無文土器社会人から学んだのであろう。

このように、弥生文化の成立は東北アジア農耕化第四段階という東北アジア全体の農耕化の波によって第一義的にはもたらされたものであったが、その急速な変化や受容を可能にしたのは、それ以前から培ってきた九州縄文人の叡智と意思にあったのである。それゆえ、急速な文化変化とともに渡来人との交配による急速な形質変化、さらには在来の縄文文化の伝統をも取り入れた文化変容を果たすことができたのである。

日本農耕文化の起源——エピローグ

華北から遼西・遼東など中国東北部を介して沿海州南部や朝鮮半島南部まででアワ・キビ農耕が広がるのが、東北アジア農耕化第一段階である。山東半島の東南部など黄海沿岸から山東東端を経て遼東半島を介してやはり黄海沿岸の西海岸を南下するように朝鮮半島中西部、さらに朝鮮半島南部へとイネが広がるのが東北アジア農耕化第二段階であり、これまでのアワ・キビ農耕にさらにイネが加わる複合的な栽培穀物が出現した段階である。

東北アジア初期農耕化

これまでの段階は少なくとも朝鮮半島では栽培穀物やそれに付随する道具は存在していても、あくまでも狩猟採集社会においての補助的な食料生産段階であった。

これが大きく変化したのが東北アジア農耕化第三段階であり、第二段階と同じく山東半島東端から遼東半島、さらに朝鮮半島西海岸に向って黄海沿岸を伝わるように朝鮮半島中西部から南部へと広がる灌漑農耕とそれに付随する農具や木材加工のための磨製石器が広がっていく。いわゆる大陸系磨製石器が広がる段階である。そしてこの段階は大きく朝鮮半島の社会を変えた段階であり、まさに朝鮮半島における縄文から弥生への質的転換が始まる段階であった。すなわちこの段階から朝鮮半島で無文土器社会が始まり、農耕を主体とする生業形態へと転換していったのである。

さらに朝鮮半島において集約的農耕化が果たされる段階が、無文土器時代前期から後期への転換期であり、松菊里文化に見られた集約的農耕化の伸展とともに、集団内部での拡大再生産から新耕作地を求めた人の動きである。これが東北アジア農耕化第四段階であり、この流れの中に弥生社会が成立していくのである。

そしてこれら四つの段階には、それぞれの因果関係として気候の冷涼化が起因していた。東北アジア農耕化第一段階は、紀元前三三〇〇年頃に見られる冷涼化により、西北朝鮮や牡丹江上流域の内陸部で農耕技術を保有した狩猟採集民の、人口を維持するための分村化に見られるアワ・キビ農耕技術の広がりである。この現象は、土器様式、華北型農耕石器、柳葉形磨製石鏃など文化コンプレックスとして物質文化が広がる段階として理解された。

東北アジア農耕化第二段階は紀元前二四〇〇年頃であり、アワ・キビ農耕にさらにイネ作農耕を受容した黄海沿岸の山東半島東南部から山東半島東端の煙台地区の龍山文化民が遼東半島に移住する時期にあたっている。これも寒冷期における人口維持のために人の移住が見られた例であろう。そして進出地の遼東半島では、血縁集団単位であるリネージ単位での社会格差が存在し、移住民を中心とした階層構造の維持のため、見えない部分では龍山社会に多く見られるような規範や葬送行為によってその地位を保持しようとする。また、一方で外見的に見える墓葬の構造では積石塚という地域的な特殊性を帯びた墓制を開発し、在来民との交配によって生み出された新たなアイデンティティを創出している。しかしこうした移住民の社会的地位も世代を超えて維持することは難しく、新たな在来民との交配によって生まれた新興のリネージが社会的な上昇を果たしていく。まさに社会の流動化が見てとれるのである。

そして紀元前一六〇〇年頃の東北アジア農耕化第三段階である岳石文化の山東半島東端から遼東半島への移住は、より大きな刺激を与えることとなった。本格的な大陸系磨製石器の創出とともに灌漑農耕が伝播した可能性があり、ここに朝鮮半島における新石器時代から無文土器社会の成立を生み出す大きな原因が潜んでいるのである。そして、この場合も岳石文化民というより進んだ生産活動を行い、青銅器文化を携えた農耕民の移動が主因となっている。これもまた冷涼化を基点とした農耕民の移動であるとともに、農耕民そのものの集約的な農耕化に伴う内的な人口の増加構造に、必然的に生み出された農耕民の広がりであったのである。

これまでの三段階の農耕化には、農耕技術を保有した狩猟採集民や農耕民あるいは集約的農耕化を果たした農耕民の動きこそが、従来の狩猟採集社会に農耕技術や文化伝播を引き起こした大きな導因となっている。そしてこの場合の狩猟採集民や農耕民の移住には、食料生産を枯渇させる冷涼化という外的な要因が大きかったのである。一方、集約的な農耕化を果たした段階でもその移動や分村化には外的な気候の冷涼化という要因が必要ではあったが、さらにそれを加速させたのは、農耕に生産労働を集約させていたことによる集団内部に必要な人口維持装置としての分村化や移住であったのである。

こうした状況が引き起こされたのが無文土器時代後期の松菊里式土器社会の膨張である。まさに気候の冷涼化とともに、集約的な農耕化を果たした無文土器時代後期社会そのものにそうした集団の拡大の要因があったのである。その分村化の連鎖の末端が北部九州に到達した渡来民であったのである。その年代は紀元前八世紀頃のことであった。

このように、北部九州に始まる灌漑農耕を持った弥生文化は、決して突然に現れた急激な変化であったわけではないのである。

縄文から弥生へ

初期農耕に至る以前から見られる朝鮮半島との接触過程があった。縄文中期末・後期初頭以降の成熟園耕期第一段階、縄文後期後半以降の成熟園耕期第二段階という栽培穀物の受容と段階的な依存度の深まりがあった。さらには志向的な半島南部への関係依存を経て、渡来農耕民の移住を契機とした灌漑農耕という初期農耕社会への転換がなされたのである。そこには農耕技術やそれに伴うシステムというものが広がる契機として、農耕民の側にその大きな導因が存在していたということを挙げることができる。そして、その導因の背景として初期的には気候の冷涼化という外的要因が存在したが、農耕に労働を集約化した農耕民にとって、本来的に分村を含めた人口維持装置としての集団の拡大と分節が存在していたのである。まさに集約的農耕民がもつ平面的な広がりが弥生社会の成立においては重要であった。

さらには、弥生社会成立以前において、成熟園耕期第一段階の漁撈社会による交易を中心とした関係性から、成熟園耕期第二段階においては無文土器社会人との交易関係の破綻から、それとの接触を示すことが縄文集団内での社会的地位を高めることに繋がっていくという変化が存在している。実際の接触を持たなくとも、外見的な模倣行為によってあたかも無文土器社会人と接触していることを示すことができたのである。こうした志向的な模倣行為や無文土器社会へのあこがれこそが、渡来農耕民と接触する九州縄文人にとって、二つの社会民の融合を加速させたといえるであろう。そして、リネージ単位での増殖という社会システムを縄文人が弥生早期に受容した可能性がある。

しかも、こうした農耕化の動きは、単にこの両地域の関係によって生まれたものではない。東北アジア農耕化の段階性に認められたように、二次的農耕社会という東北アジア全体の漸移的な農耕化への道のりの、最終過程として北部九州に始まる弥生文化が位置づけられたのである。すでに農耕化の各段階に多層的に繰り広げられてきた文化受容とその変容は地域ごとに時間軸毎にグラデーションをもって変異しているのである。東北アジア農耕化はある一定の方向性を以て時間軸と水平軸を伝わる伝播現象ではあるが、それは単なる文化伝播という言葉では片づけられない、文化受容と文化変容の連鎖である。さらにそれが歴史的な蓄積として残り再生産されるという、複雑性の塊となって残存していく。

さて、表10に示したのがその道のりであるが、変化の方向性は一定でも、それらが地域

表10　東北アジア農耕化の段階性

年代	山　東	遼東半島	朝鮮半島北部	朝鮮半島南部	北部九州	
		小珠山下層		新石器早期	縄文早期	
BC4500	大汶口		智塔里	新石器前期	縄文前期	
		小珠山中層				
BC3500						農耕化第1期
		呉家村	南京1期	新石器中期	縄文中期	←
		郭家村3層				
BC2500						農耕化第2期
	龍山	小珠山上層	南京2期	新石器後期		←
BC2000		双砣子1期		新石器晩期	縄文後期	
	岳石	双砣子2期				農耕化第3期
BC1500	殷	双砣子3期	コマ形土器	突帯文土器		←
				横帯斜線文土器		
BC1000	西周	上馬石A地点下層		孔列文土器	縄文晩期	農耕化第4期
	春秋	上馬石A地点上層		松菊里	弥生早期	←

を隔てて受容されて変容していく過程は異なっている。そして、この農耕化の過程は日本列島を東に進んでいくのであり、この過程全体を含めて述べるならば、日本列島内での弥生化も東北アジア農耕化全体のベクトル線上にあることが理解できるであろう。

弥生早期の北部九州での灌漑農耕化に引き続き、弥生前期に見られる遠《おん》賀《が》川式土器の東漸は、まさに関門海峡を渡って本州に達していく灌漑農耕化の道のりである。東北アジア農耕化というベクトル線上に乗った連続する農耕化であった。これも、北部九州における渡来人を契機として生まれた農耕化した縄文人すなわち弥生人が、集約的農耕民として拡大・分節する人的な広がりやその社会システムの受容によって、隣接地域で文化変容していったものである。

そしてそこに見られる灌漑農耕文化の受容は、まさに受け入れる地域社会の実状によって変容していったといえるのである。同一のベクトル線上に見られる受容と変容が、時間軸という垂直的な、そして地域的という水平的な蓄積によって、農耕化という歴史的な再生産が進められていく。

縄文から弥生への転換は、二次的農耕社会である東北アジア全体の農耕化として語ることができたのである。そして、これが日本農耕文化の起源であった。

あとがき

地球温暖化によって環境と人間社会との関わりがにわかに注目されている。考古学においても、一九六〇年代の新考古学運動の中、環境が人間社会を規定し、その環境にいかに人間が適応したかが注目された。環境や自然が大きな存在として位置付けられたが、一方では環境決定論としてそれが批判されることとなった。一九八〇年代のポスト・プロセス考古学においては、環境に適応する人間といった受動的存在としての人間の見方に対して、むしろ能動的に対処した人間社会やその個人へ評価の対象が移っていったといえよう。しかし今日は、人間社会が引き起こした地球温暖化という未曾有の連鎖的社会問題の出現から、社会と環境がいかに密接に関連していたか、あるいは相互の関係の中に人間の歴史がいかに再生産されてきたかを改めて認識することとなっている。

本書は、そうした今日的な社会と環境との関係を踏まえて、日本列島に農耕が出現する過程を東アジア全体の歴史的コンテクストの中から描いたつもりである。それは一言で言えば、一方向へのベクトル線の上に受容と変容の積み重ねをもった複雑な歴史大系であったといえよう。それをどこまで説得力をもって語れたかは、読者それぞれの反応に任さざるをえないが、あくまでも社会と環境との連鎖的な関係性における相互的な歴史的再生産過程を描きたかったのである。

私自身、縄文から弥生への歴史的転換に関しては様々な思いがある。それは、亡くなった立命館大学の家根祥多さんと、無文土器と弥生土器との関係を求めて、学生の頃に韓国への調査旅行を行ったことに始まるだろうか。その後、京都大学の助手時代には和歌山県瀬戸遺跡の土器分析を行い、愛媛大学の助教授時代には江口貝塚の調査をはじめとして瀬戸内の突帯文土器から弥生土器成立の問題を扱った。

しかし何よりも九州大学へ赴任してから、唐津市大友遺跡や森田遺跡で支石墓を発掘調査し、直接大陸との接点にふれることができたことにある。この間、古人骨の調査を踏まえて、同僚の中橋孝博、田中良之の両先生からは、形質人類学や考古人類学の立場からいろいろとお教えいただいた。また、調査や授業を通じて、西谷正、小池裕子、岩永省三、溝口孝司、辻田淳一郎の各先生からも様々な刺激をいただいた。まさに九州大学での教育研究が本書を完成させていただいたと言っても過言ではない。まずはこれらの先生方に感謝申し上げねばならない。

私は本来日本考古学で打ち立てられた考古資料を積み上げて帰納的に結論を提示するという伝統的な立場にある。したがって、研究においては経験的に事実を積み上げていく傾向にある。すなわち調査研究を通しての体験による経験型の研究者である。本書もそうした調査や発掘調査の成果によるものである。

沿海州での発掘調査では、調査を主催された熊本大学の甲元眞之先生や小畑弘己さん、ロシア科学アカデミーのヴォストレツォフさんのお世話になった。中国での調査は、本文に記したように日本学術振興会科学研究費Ａ（海外学術調査）による、山東大学東方考古研究センターとの共同研究によって可能になった。私には珍しく仮説検証型の調査を行い、成功することができた。調査に参加していただいた愛媛大学の田崎博之さん、宮崎大学の宇田津徹朗さん、また山東大学の欒豊実先生や靳桂雲先生、煙台博物館の王錫平館長、王富強副館長にはいろいろとお世話になった。また九州大学考古学研究室の多くの大学院生にも調査に参加してもらった。このような調査仲間の存在があってこそ、本研究が遂行できたのである。

さらに本書の内容は、二〇〇八年春に一ヵ月にわたって山東大学において行った集中講義の内容に基づいている。講義を通じて、本書の大筋をまとめることができた。

このように、本書は、調査や研究のためにいつも家を空け、代わりに留守を守ってくれている家族の後押しがなければ、書き上げられなかった仕事でもある。改めて妻と娘に感謝したい。また、早くに執筆を依頼されたにもかかわらず、いっこうにはかどらない原稿を辛抱強く待ちわびていただいた吉川弘文館の永田伸さんにもお礼を述べたい。

今夏も国外の発掘調査を二つ予定している。さらなる経験の道のりを期待するところである。

二〇〇九年五月

宮　本　一　夫

著者紹介

一九五八年、島根県松江市に生まれる
一九八四年、京都大学大学院文学研究科修士課程修了
京都大学文学部助手、愛媛大学法文学部助教授をへて
現在、九州大学大学院人文科学研究院教授
（考古学専攻）

主要編著書
中国古代北疆史の考古学的研究　中国の歴史01神話から歴史へ　遼東半島四平山積石塚の研究（共編著）　中国初期青銅器文化の研究（共編著）

歴史文化ライブラリー
276

農耕の起源を探る
イネの来た道

二〇〇九年（平成二十一）八月一日　第一刷発行

著　者　宮《みや》本《もと》一《かず》夫《お》

発行者　前田求恭

発行所　株式会社　吉川弘文館
東京都文京区本郷七丁目二番八号
郵便番号一一三―〇〇三三
電話〇三―三八一三―九一五一〈代表〉
振替口座〇〇一〇〇―五―二四四
http://www.yoshikawa-k.co.jp/

印刷＝株式会社 平文社
製本＝ナショナル製本協同組合
装幀＝清水良洋・長谷川有香

歴史文化ライブラリー

1996.10

刊行のことば

現今の日本および国際社会は、さまざまな面で大変動の時代を迎えておりますが、近づきつつある二十一世紀は人類史の到達点として、物質的な繁栄のみならず文化や自然・社会環境を謳歌できる平和な社会でなければなりません。しかしながら高度成長・技術革新にともなう急激な変貌は「自己本位な刹那主義」の風潮を生みだし、先人が築いてきた歴史や文化に学ぶ余裕もなく、いまだ明るい人類の将来が展望できていないようにも見えます。このような状況を踏まえ、よりよい二十一世紀社会を築くために、人類誕生から現在に至る「人類の遺産・教訓」としてのあらゆる分野の歴史と文化を「歴史文化ライブラリー」として刊行することといたしました。

小社は、安政四年（一八五七）の創業以来、一貫して歴史学を中心とした専門出版社として書籍を刊行しつづけてまいりました。その経験を生かし、学問成果にもとづいた本叢書を刊行し社会的要請に応えて行きたいと考えております。

現代は、マスメディアが発達した高度情報化社会といわれますが、私どもはあくまでも活字を主体とした出版こそ、ものの本質を考える基礎と信じ、本叢書をとおして社会に訴えてまいりたいと思います。これから生まれでる一冊一冊が、それぞれの読者を知的冒険の旅へと誘い、希望に満ちた人類の未来を構築する糧となれば幸いです。

吉川弘文館

〈オンデマンド版〉
農耕の起源を探る
イネの来た道

On Demand
歴史文化ライブラリー
276

2021年（令和3）10月1日　発行

著　者　宮《みや》本《もと》一《かず》夫《お》
発行者　吉川道郎
発行所　株式会社　吉川弘文館
〒113-0033　東京都文京区本郷7丁目2番8号
TEL　03-3813-9151〈代表〉
URL　http://www.yoshikawa-k.co.jp/

印刷・製本　大日本印刷株式会社
装　幀　清水良洋・宮崎萌美

宮本一夫（1958～）

ISBN978-4-642-75676-1